新装

ヤマト国家は渡来王朝

澤田洋太郎【著】

新泉社

はしがき

士農工商の身分制がおこなわれていた時代には、公家や武家では「氏・素性」が重んじられ、出自が定かでない者に対しては「どこの馬の骨か」といった侮蔑の言葉が投げかけられた。そして、自分の家の先祖をできるだけ由緒のあるものにしようというので系図の偽造までおこなわれていた。しかし、一般庶民の場合は「家」という考えはなく、「姓」を名乗ることも許されず、住んでいる土地の名前で他者と区別されたり、自分たちの保護者である寺社や大名の名を冠して身分を表わしたりするだけであった。

二〇世紀も末近い近年の日本では一部に「祖先のルーツ探し」に興味をもつ人はかなりいる。しかし、下手に他人の先祖のことを詮索したりすると「差別の意図につながる」として痛烈な糾弾を受けかねないのが実情である。とはいうものの、ときの総理大臣のことを半ば揶揄の感情を交えて「今太閤」とよんでみたり「殿様」と称したりするような奇妙な風潮はマスコミの世界に未だ残っている。

ところが、隣の朝鮮半島では話が違う。どこの家にも一〇数代、四〇〇年くらい前までの系図があって、各自の本貫地（先祖の出身地）は明らかにされている。それだけではなく、そこには「同姓不婚」の鉄則が堅く守られており、同じ先祖をもつ男女の間では結婚さえ許されなくなっている。対馬海峡を隔てただけで、日本と朝鮮ではどうしてこのような大きな違いができたのであろうか？

その疑問に対しては、すぐさま明快な答えを出すことはできないが、直感的に言えそうなことは、日本の支配階級はすべて遠い昔に朝鮮半島から渡来してきた者であり、その下にあって日常は田畑を耕したり、魚を取ったりして暮らしていた大多数の倭人たちは、自分たちに恵みを与えてくれる偉い人には従順であり、先祖の徳を讃えたりするのではなく、ひたすら土地の神を祀って生きてきたからということなのではなかろうか？

その見方については、倭国に導入された「姓《かばね》」の制度は新羅の「骨本制《コムプル》」に起源があり、朝鮮半島で「姓」を重んじる慣行ができたのは、中世の高麗王朝の時代に上からの強制によって庶民にまで「同姓不婚」の制度が適用されるようになったのであって、古代の一般の韓人たちは倭人と同じように「姓」などというものはなかったというふうに説明されるかもしれない。しかし、日本でも韓国・朝鮮のどちらの場合においても、王族や貴族ないし武人階級では祖先を尊崇し、その系統にこだわる気持ちが強かったことは間違いないと思われる。

筆者は、前著『伽耶は日本のルーツ』で、天皇家やもろもろの豪族の祖先は「朝鮮半島南部の慶尚南北道の西半にあった伽耶地方から渡来したものである」とする仮説をかなり大胆なシナリオとして唱えてきた。そして、ヤマト王朝の成立後にも、景行天皇や欽明天皇については、もともと伽耶の一部である多羅国（現陜川）や金官加羅国（現金海）の王族であり、海を越えて渡来して来たものであった可能性が高いと唱えてきた。さらに、六〜七世紀のヤマト王朝は百済と深い関係にあり、新羅とは対立する政策をとってきたことにも触れた。しかし、その由来や内実に関しては、あまり掘り下げた考察はしてこなかった。そこで本書では、日本史全体を通じて、前著でたどってきた「日本民族のルーツ」について、より核心に触れるような推論をめぐらしてみようと考える。

結論を先に言うならば、本書ではヤマト国家は徹頭徹尾「渡来王朝」によって支配されてきたということを実証してみようと思うのである。しかし、ここで誤解してはならないことは、朝鮮半島から渡来してきた天皇家の祖先というのは本来、北アジアの騎馬民族なのであって、現在の一般の韓国・朝鮮人の祖先とは同族ではないということである。日本が弥生時代から古墳時代に移るころには、朝鮮半島南部には農業や漁業に従事する韓人とともに倭人がいたが、その支配者層はどちらも騎馬民族の出であり、庶民がもっていない金属の武器を有していた。すなわち、どちらの場合にも王族と庶民とを混同して考えてはならないということである。

そして、ある時期には倭人と韓人とは仲良く——時には争いながら同じ土地で暮らしていたというのである。つまり、庶民である倭人もその支配者である人たちも「どちらも朝鮮半島から渡来した」と言っても、単純な意味での「日韓同祖論」は成り立ちはしないのである。韓人と倭人とは、顔もよく似ているし多くの共通点もあるが、そのルーツや文化的伝統は同じではない。もちろん、隣接して暮らしていたのであるから、両者の間に混血もあったし、日本列島に渡来したのは倭人だけではなく多数の韓人もいたはずである。しかし、そのことは、今日の日本民族と韓国・朝鮮民族との親善関係のあり方の問題とは明らかに次元の違う問題である。その点、誤解されないようにお願いする。

本書をお読みいただく前に以上のことを最初に明記しておきたい。したがって「渡来王朝説」というのは、あくまで社会の支配階層について言えることであって、その下にあった一般庶民である倭人のルーツはこれと混同して考えてはならないということである。もちろん、列島先住民であったいわゆる縄文人のルーツは別に考えるべきものである。

ところで、一九九四年になり朝鮮半島の北半について、「核疑惑問題」が報じられると、朝鮮の民族衣装であるチマ・チョゴリを纏う高校生が被害に遭う事件が続発した。こうした事態が起こったことは日本社会の人権意識の低さの現われであり日本人として恥ずかしいことである。しかしそのことを無意識的に「日韓同祖論」と結びつけ、近親憎悪の心理で説明したり、二〇世紀前半の植民地支配の時代に植えつけられた差別の罪過と断じたりすることは、それはそれなりに誤りではないが、日本社会の差別の根源がはるか古代につながっている事実を抜きにしては正しい問題の解決にはならないと思う。また、こうした問題を最近の世界各地で起こる民族紛争と短絡して解説する向きもあるが、日本民族の歴史の特殊性と人類普遍の民族成立の事情の共通性とを正しく関連づけて論ずるのでなければならないであろう。

ともあれ、日本民族の構成と歴史の展開の筋道には謎が多い。本書では、日本の歴史の「真相」について論ずるにあたって、最初から右に述べたような結論があって、それを導きだすように語るのではなく、逆に時代を遡る形で「渡来王朝」の形成過程を探ってみることにした。その方法は、

「正史」に盛られている記事の中に見られる矛盾なり疑問なりに着目し、それを理性的に解明するには「どう考えるべきか」という発想によりたいと思う。言い換えれば、頭から「渡来王朝があった」というふうな一方通行的な展開ではなく、「こう考えなくては理解できない」というふうな思考経路をたどろうというのである。

本書では、多くの先人が残してくださった優れた考察を数多く紹介させていただきながら、非力を顧みずわたしなりの努力によって可能な限り多くの読者の皆様に納得が得られるような結論を導きだすよう心がけてみたいと思う。果たして、どこまで「真相」に迫れるかは予断できないが、とかく直感に頼りがちだった前著『伽耶は日本のルーツ』のシナリオが「けっして独断と偏見によるものではなかった」ということについて、少しでも補強を加え、ご理解を深めることができればと念じている。

ヤマト国家は渡来王朝●目次

第4章　近江王朝は百済王朝か　75

第5章　欽明王朝は「百済系」か　97

第6章　任那諸国をめぐって　127

装幀　勝木雄二

第1章　源平交替は、新羅・百済のせめぎ合い

「源平交替説」は何を物語る

学校や地域の運動会のときや競技団体の練習試合の際などには、よく全員が紅白二班に分かれて対抗戦がおこなわれている。しかも、その方式のことをしばしば「源平戦」とよんでいる。それはなぜであろうか？　言うまでもなく、それは『平家物語』などに描かれている源氏と平家の武者たちの合戦になぞらえ、二つの集団が技を競い合う姿を表わしたものである。その場合、紅白の二色が旗印に選ばれる理由は、その昔の源氏の武士団は白旗を、平家の軍勢は赤旗を掲げて戦ったことに因んでいる。

ところが、ここで気になることがある。それは、今から千数百年の昔に朝鮮半島で対立していた新羅と百済の場合にも、新羅は白を、百済は赤を自らのシンボル・カラーとしていたという事実があるのである。このことは源平の紅白と何か関係があるのではなかろうか？　それは関係があるというより、ズバリ言って、朝鮮半島から日本に渡って来た新羅系の人たちの子孫が源氏となり、百

済系の者が平家となったとは考えられないであろうか？　そのことについては、おいおい検討することになるが、とりあえず結論的に言うとすれば、いささか言い過ぎではあろうが、大筋としてみるならば、あながち見当はずれのことではなさそうに思われる。

と言うのは、中世以来の日本では武家の棟梁となろうとする者は自らの家の祖先を源氏かもしくは平家のどちらかに結びつけ、その血筋を誉れあるものとして権威づけようとしているからである。それがそのまま新羅と百済に結びつかないまでも、奈良時代以前の日本列島には朝鮮からの渡来者が多く住んでおり、先祖の出身地別に分かれて地域社会を形成しており、互いに競い合っていたことは間違いないと思われる。そして、江戸時代の歴史好きの人の間では、天下を取った将軍家などの血統は源氏と平家とが交替して受けつがれてきたというふうに、まるでそれが仕来りであったかのように語られていたことから、右のような想定が当たっている可能性はかなり高いと思う。

たしかに、最初に征夷大将軍に任じられたのは源頼朝で、その後、鎌倉幕府の執権となった北条氏は平家の出であると称していた。それを倒して室町幕府を開いたのは源氏の嫡流の足利氏だった。ついで、天下の統一を目ざした織田氏は平家の系統であるとされており、最後に将軍となった徳川氏は源氏の出であるとされている。織田と徳川の中つぎの形になっている豊臣氏の場合は例外的に無姓であったので、秀吉は自らを藤原氏の出であるかのように細工をしようとしている。

この「源平の交替現象」には特別の根拠があるわけではなく、たまたまそうなっただけのことではあるが、それがいかにも法則であるかのように、もっともらしく語られてきた背景には、一一世紀ごろから主として関東地方で生まれた武士団のほとんどが、源平いずれかの武将の下に統括されていたという事実があり、一二世紀後半の源平の対立・抗争の歴史がいかにも華やかであったことと無関係ではないと言えよう。

ところが、一七一九年に徳川幕府との交流のために日本にやって来た朝鮮の通信使の申維翰は、次のような興味あることを言っている。それは、将軍家の業績について、「家康は秀頼を立て、久しからずしてこれを撃滅した。次いで平(豊臣)氏一族を誅し、源氏の旧物をことごとく復した」と批評していることである。このことは、李氏朝鮮の立場からすると、二〇年あまり前に朝鮮を侵略した豊臣氏のことを平家(百済)系とみなし、それを破った徳川を源氏(新羅)系とみなしていたことを物語っている。彼らは、日本の中で「源平交替説」が唱えられていたなどということを知っているはずはない。それなのに、こういう言い方をしたことは何を意味しているのであろうか？　彼らは、足利氏と徳川氏が源氏の出であることを知っていたかもしれない。もしかすると、朝鮮では源氏とは新羅の同族であるというふうに思っていたのではあるまいか。

李氏朝鮮では、七世紀後半に百済は新羅と戦って敗れ、多数の人が朝鮮半島から日本に逃げ込んだことはよく承知しているはずである。また、日本列島には新羅系の人たちが多数いて、日本列島内部で百済系と勢力争いをしていたとの認識をもっていたと思われる。そこで、新羅が朝鮮半島を統一して千年も後まで、朝鮮では百済勢力をいわば敵国のように思っていたとは考えられないであろうか？

源・平・藤・橘の四貴姓

今日でも、朝鮮の社会にはヤンパン（両班）とよばれる家柄がある。それは「良家」とか「名門」を表わす言葉で、六世紀のころ新羅で成立した「コルプム（骨本）制」に由来するものである。それは、最高の身分である王族のことを「真骨」といい、その下に六頭品―五頭品―四頭品―平民という階層性のある身分から構成されるものであった。そして、官位や官職は各家の身分に応じて与えられることになっていた。両班というのは、文班と武班の二つのことであり、文武の官人になる資格のある家柄を意味していた。

それに対して日本では、五世紀から七世紀にかけて、各豪族には臣《おみ》・連《むらじ》・君・造《みやつこ》・史《ふひと》などの家格を表わす「姓《かばね》」が与えられ中央政権内部での勢力地図が彩られていた。そして、天武天皇の時代に新に、真人・朝臣・宿禰《すくね》・忌寸《いみき》・道師・臣・連・稲置という「八色《やしき》の姓」が定められ、官位・官職の基準となる家格制度が建てられた。これは、新羅の「コルプム制」を真似たものであるとされている。しかし、九世紀ごろから後になると、各氏族の勢力の浮沈興亡によって家格の基準が代わり、中世に近づくに従い、朝廷で任官できる家柄といえば、ほぼ「源・平・藤・橘」の四家に限られてきた。そのうちで主として武官をだしたのは源氏と平氏で、文官には藤原氏と橘氏から任用される例が多かった。

「源」という姓を最初に賜ったのは、桓武天皇の皇子の嵯峨天皇の八人の子であったとされている。そして、以後、仁明・文徳・清和・陽成・醍醐・村上というふうに代々の桓武の子孫の天皇の皇子の多くは、「源」の姓を賜っている。その中にあって、その子孫から前九年の役で活躍した頼義・

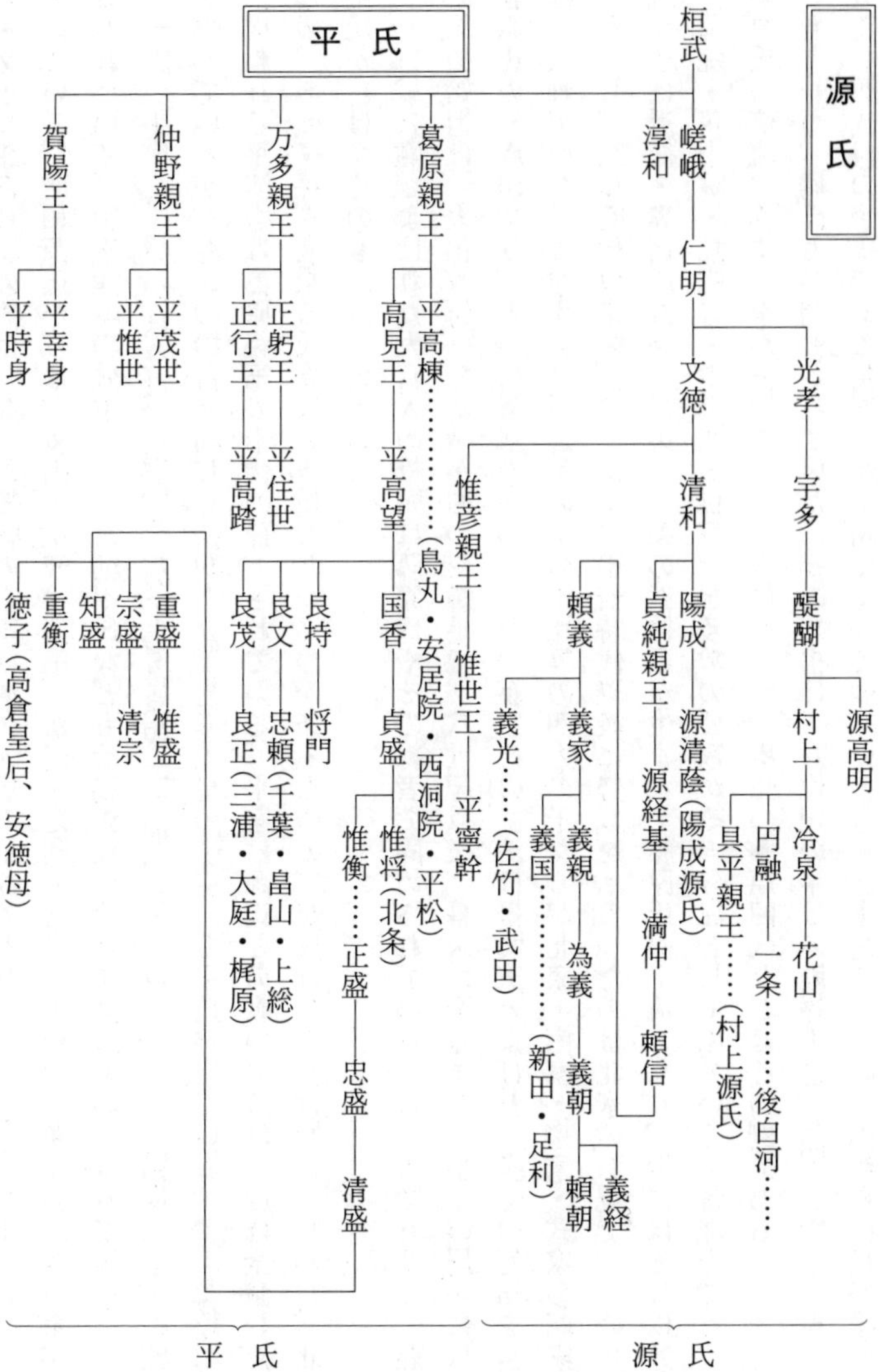
源氏
平氏
桓武
嵯峨
淳和
仁明
光孝
文徳
宇多
醍醐
源高明
村上
冷泉
花山
円融
一条……後白河……
具平親王……(村上源氏)
清和
陽成
源清蔭(陽成源氏)
貞純親王
源経基
満仲
頼信
頼義
義家
義親
為義
義朝
頼朝
義経
義国……(新田・足利)
義光……(佐竹・武田)
惟彦親王
惟世王
平寧幹
葛原親王
平高棟……(鳥丸・安居院・西洞院・平松)
高見王
平高望
国香
貞盛
惟将(北条)
惟衡……正盛
忠盛
清盛
良持
将門
良文
忠頼(千葉・畠山・上総)
良茂
良正(三浦・大庭・梶原)
万多親王
正躬王
平住世
正行王
平高踏
仲野親王
平茂世
平惟世
賀陽王
平幸身
平時身
重盛
惟盛
宗盛
清宗
知盛
重衡
徳子(高倉皇后、安徳母)
平　氏
源　氏

義家父子や鎌倉幕府の開祖となった頼朝の系統は清和天皇の子孫であり、「清和源氏」とよばれ最も栄えている。清和源氏からは、多田・土岐・武田・新田・足利・吉良・木曽など多くの武将の家が分かれている。肥後熊本の城主となった細川氏なども清和源氏の流れを汲むものとされている。

一方、平家（平氏）のほうは、桓武天皇の子の葛原親王と他の三人の皇子たちが最初に「平」の姓を賜っているが、源氏の場合と同じく仁明・文徳・光孝天皇の子孫にも平氏が出ている。『平家物語』に現われる平清盛は葛原親王の十代の孫とされている。平家は源氏との戦いに敗れ一族は全滅したため、その子孫を名乗る氏族は北条氏などいくつかあるものの、源氏ほど多くはない。しかし、北条氏からは多くの家が分かれている。

一方、公卿とよばれた大宮人の筆頭は藤原氏やその縁者で固められていた。言うまでもなく、藤原氏の始祖は「大化改新」で功績があった鎌足で、八世紀以後、幕末に至るまで天皇家の周辺には藤原氏の一族が侍り、大いに勢威を誇っていた。藤原氏の主流は摂関家とよばれ、多くの妃嬪を宮廷に入れていた。藤原氏では、鎌足の子の不比等の四人の子たちが北家・南家・京家・式家の四家を興こし、奈良時代以来栄えていたが、平安時代以後に勢威をふるったのは北家の系統で、その系統からは近衛・鷹司・五条・二条・一条の五摂家が生まれて藤原氏の主流となり、後にはそれ以外に閑院・花山院・勧修寺・中御門・日野など多数の公家がその分流として出ている。各地方でも、藤原氏の傍流と称する家が権力をもつようになった。奥州の藤原四代などはその例である。

もう一つ、橘氏も名門とされていた。その始祖は、六世紀の半ばの敏達天皇（欽明天皇の子）から数えて四代目の子孫である葛城王が臣籍に降って橘諸兄と号した家系で、その子孫からは長谷雄や逸勢などの著名人も出ているが、分流の家門は多くはない。後醍醐天皇に仕えた楠木正成は橘氏を称している。

このような四貴姓の家柄を名門とする思想は、あくまで公家や武家という支配階級のもので一般庶民のものではなかった。ただし、こういう遠い祖先の家柄に執着するのは中世の末ごろまでであり、実力本位の戦国時代以後はそれほど重い意味はもたなくなったと言える。とは言うものの、今日に至るまで「毛並みの良さ」などという言い方が用いられ、祖先からの血統を尊重する気風は、社会の底辺を滔々として流れていることは否定できない事実である。

桓武天皇の周辺の百済人

一九九四年は「平安遷都」の一二〇〇年目に当たるというので京都では盛大な祝典がおこなわれた。古代日本の都は、五世紀の初めに河内から大和に入った履中天皇以来、飛鳥周辺にあった。ただし、七世紀の後半には、一時、孝徳天皇が難波に都を遷したり、天智天皇が近江朝を開いた時代があったが、六七三年に天武天皇が飛鳥に都を再建した。唐の都城にならった最初の本格的な都は、六九四年に持統天皇が営んだ藤原京だった。そして、七一〇年に元正天皇が平城京を建設し、いわゆる奈良時代となる。大和の景観は朝鮮南部に似ており、多数の帰化人が住んでいた。七八一年に皇位をついだ桓武天皇は、人心の一新をはかろうとして山城に長岡京を造営したが、その都には怨念がこもっているというので、一三年後にはさらに北の葛野《かどの》の地に壮大な平安京が定められたわけである。

桓武天皇の曾祖父は天智天皇で、六六三年に百済救援のために近江朝廷軍を派遣し、白村江で唐と新羅の連合軍と戦ったが大敗している。そして、その後、多数の百済の官人が近江朝に仕え行政などの面で活躍し、六六五年には百済の民四〇〇余人を近江国の神崎郡に移され、翌年には二〇〇〇余人の百済の男女が東国に移されている。このように、近江国はさながら百済の国がそのまま移ってきたかのような有様だった。しかし、六七二年の壬申の乱によって近江の都は焼き払われてしまう。その後を受けて、『日本書紀』が天智天皇の弟であるとしている大海人《おおあま》皇子（天武天皇）は飛鳥に都し、以後一〇〇年間、天武天皇の子孫が皇位をついできた。そして、その皇統が絶えると、七七〇年には天智天皇の孫の光仁天皇が皇位を受け継ぎ、次いでその子の桓武天皇が即位したわけである。

桓武天皇は、平安遷都の詔勅で「葛野の大宮の地は山川も麗しく、四方の国の百姓の参り来たらんことも便にして……」と新都を讃え、「この国、山河襟帯、自然に城をなす。この形勝により新号を制すべし。宜しく山背国を改めて山城国となすべし。また子来の民、謳歌の輩、異口同音に号して平安京という」と高らかに唱え、新しい時代の到来を誇らかに宣言している。また、即位の宣命では「朕が親母高野夫人を皇太夫人と称して冠位上げまつり……」と述べ、母方の血筋を重視している。

では、山部王とよばれた桓武天皇の母の高野夫人というのはどういう人物であろうか？　彼女の父は百済の武寧王（五〇一～二三年在位）の子孫で和《やまとのふひと》史氏の出で乙継といい、母は同じく百済系の土師宿禰真妹である。桓武の曾祖父の天智が百済王朝を近江に再興したのに対して、桓武は百済王朝の血をひく女性を母としてもっていたわけである。しかも、桓武天皇の周辺には多数の百済人が侍り、あたかも近江朝が復活したかのような観があった。そこで、そのへんの様子を系図によって見てみよう。

『続日本紀』の天平神護二（七六六）年の記事には、「百済の義慈王（六四一〜六六〇在位）の子の禅広（善光とも書く）は日本に定住して百済王の号を賜った」という記事がある。つまり百済王朝の子孫は日本で王号を維持して堂々たる貴族として存続していたのである。そして、禅広の曾孫の敬福は天平二十一（七四九）年には陸奥守として東大寺の大仏鋳造のため黄金九〇〇両を朝廷に献上した功によって従三位を授けられている。

右に見るように、桓武天皇に仕えた官人や後宮に入った百済系の女性はきわめて多い。これ以外にも、百済系の帰化人である坂上田村麻呂の娘の春子や同じく飛鳥部奈止麻呂の娘の百済永継なども宮廷に入れている。しかも、桓武天皇自身の母の高野新笠は、百済の武寧王の子の和乙継の娘である。こうしたことは、この天皇が単に「百済贔屓だった」というだけでは済まされない。もっと重大な意味がなくてはならないはずである。

『続日本紀』の天応元（七八一）年十二月の記事を見ると、父の光仁太上天皇が亡くなったとき、「天皇哀号、咽に摧て自ら止むること能わず」と書かれている。「アイゴー」というのは朝鮮の人が死を悲しんで声をあげて泣くことである。これはどういうわけであろうか？　桓武天皇は、なぜ父の死に際して日本風の悲しみのし方をしないで朝鮮の仕来りに従ったのであろうか？　こうした事情を総合的に見れば、桓武天皇は曾祖父の天智天皇が真剣になって百済を救援しようとし、百済王

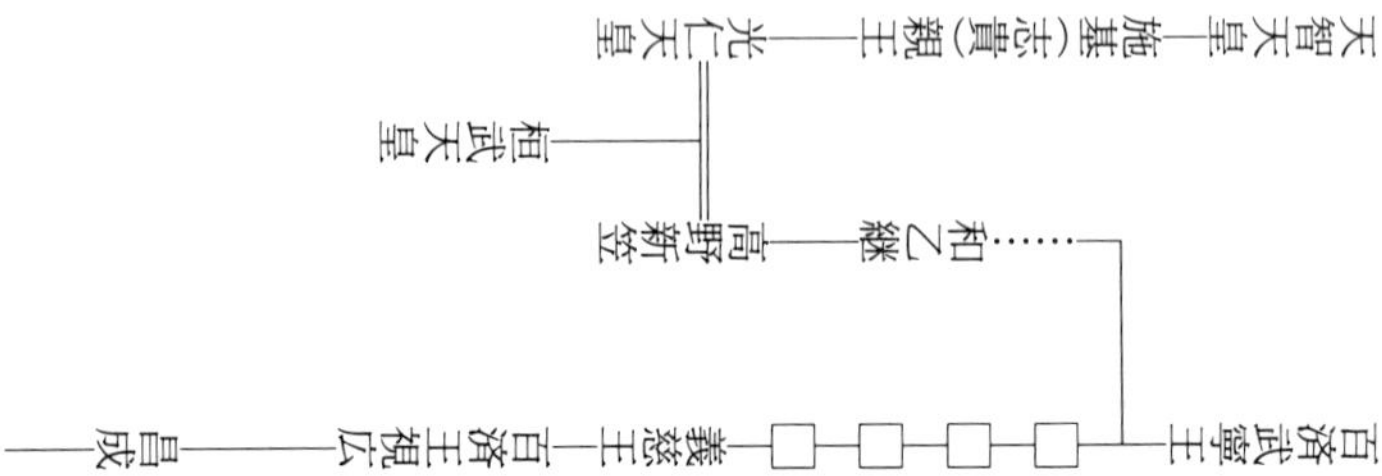

天智天皇
施基(志貴)親王
光仁天皇
桓武天皇
高野新笠
和乙継
百済武寧王
義慈王
百済王視広
昌成

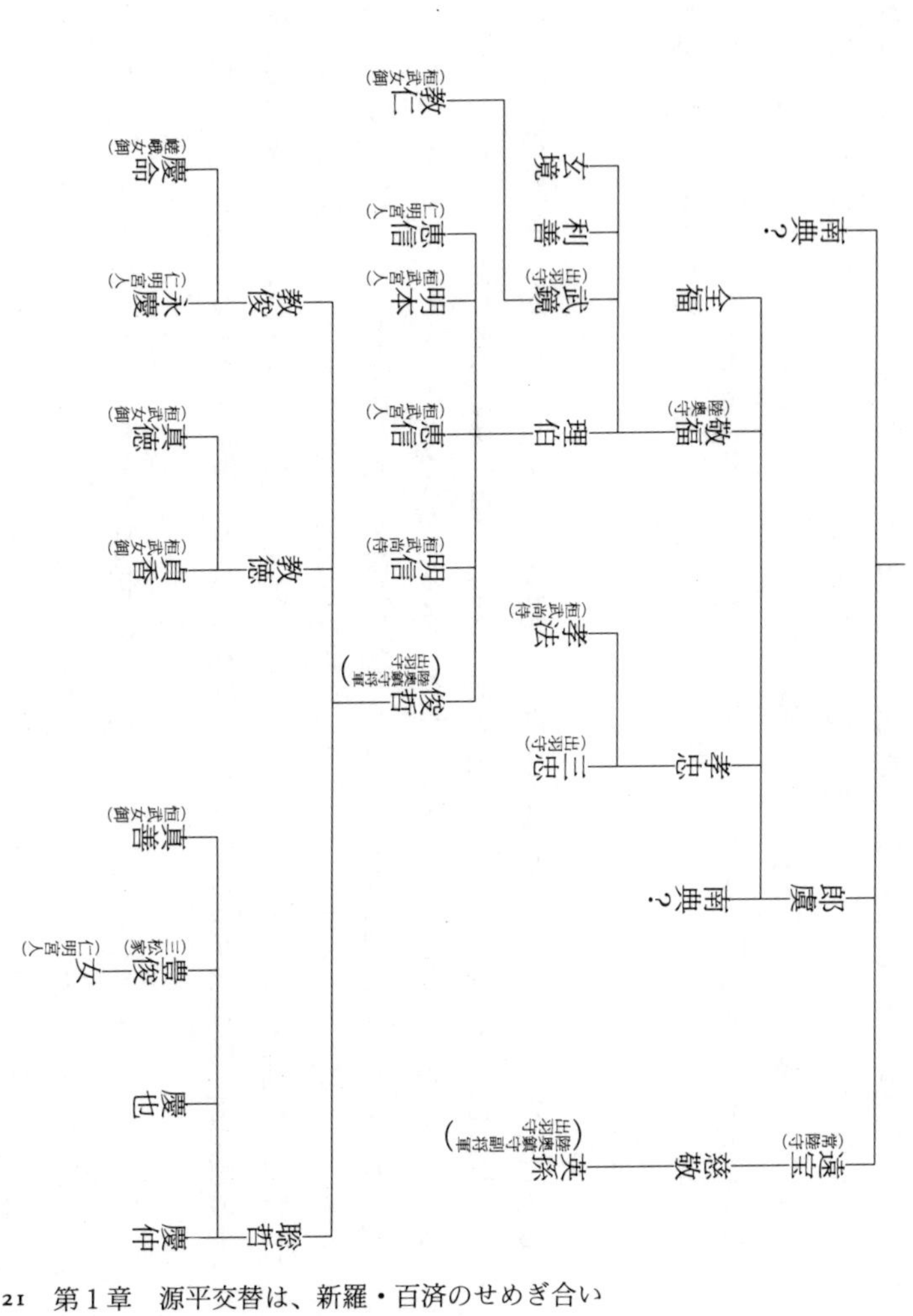
南典?
郎虞
遠宝（常陸守）
全福
敬福（陸奥守）
南典?
孝忠
慈敬
英孫（陸奥鎮守副将軍 出羽守）
玄鏡
利善
武鏡（出羽守）
理伯
孝法（桓武尚侍）
三忠（出羽守）
教仁（桓武女御）
恵信（仁明宮人）
明本（桓武宮人）
恵信（桓武宮人）
明信（桓武尚侍）
俊哲（陸奥鎮守将軍 出羽守）
教俊
教徳
聡哲
慶命（嵯峨女御）
永慶（仁明宮人）
真徳（桓武女御）
貞香（桓武女御）
真善（桓武女御）
豊俊（三松家）
女（仁明宮人）
慶也
慶仲

の遺族を近江に迎え入れたことを承けて、その直系の子孫として「日本の天皇家は百済王家を引き継いだものであり、その伝統を守っていく責任がある」と考えたとしても不思議ではないと思う。さらに、より端的に言うならば、桓武天皇の心性は百済人そのものだったということになりはしまいか。

桓武天皇に関しては、もう一つ重大な記事がある。それは、一四世紀の南北朝時代に南朝側の重臣だった北畠親房が書いた『神皇正統記』にある次の記述である。それによると「異朝の一書に、……昔、日本は三韓と同種と云事ありし、かの書をば桓武の御代にやきすてられしなり」とある。つまり、桓武天皇は焚書をして「不都合な記録を抹殺した」と南朝の忠臣が認めているのである。これは、カングリをするまでもなく、平安時代が始まるころに、「日本の皇室と朝鮮の百済王家とは同族である」という記録が存在していたが、自らが百済の血を濃厚にひいていることを自覚していた桓武天皇が「証拠湮滅」をはかって「皇室百済王朝説」に関する書物を焼いてしまったのであると考えざるをえない。

日本の中の朝鮮文化と渡来系氏族

そもそも弥生文化は朝鮮半島から移って来たものであるから、日本の各地に朝鮮に由来するものがいくらでも見つかることは当然であり、少しも不思議ではない。言葉の面でも、「綾」というのは、朝鮮の安耶地方の織物が精巧であったことに由来するものであり、「紅」というのは「クレ」すなわち高句麗の「藍」であるというように、日本語の単語の語源についても、その系統そのものについても、前著『伽耶は日本のルーツ』にも記したように、その根拠が朝鮮に見出される例は数多く指摘されている。因みに、倭風の織物は倭文《しず》とよばれた。

また、『記・紀』が記す史実を見ても、新羅の王子の天の日矛がやって来たという話をはじめとして、百済からは秦の王統の後裔であるという弓月の君や阿知使主が来朝したとか、呉(高句麗)の伎工が来て技術を伝えたなど、朝鮮半島からの渡来者の記事はきわめて多い。さらに、日本神話の世界でもスサノオは新羅と関係が深い。それらのことについては、これから逐次触れていきたい。

こうしたことを踏まえ、少しく現代の日本の事情を見てみよう。慶尚南道に生まれ、少年時代に日本に一家で移住して来た小説家の金達寿氏は、『日本の中の朝鮮文化』というシリーズの書物を発表しているが、その中で、地名を含める数多くの文化遺蹟が朝鮮に起源をもっていることを事例をあげて指摘している。

その中で最も直接的で明快な例は、新羅神社という名の社が静岡県浜松市・岐阜県多治見市、兵庫県姫路市、青森県八戸市など全国に九社もあることである。また、全国に二七六〇社以上もある白山神社も新羅に起源を有する神社であり、その他、白木・白子・白石・白髭・白山などの地名もまた日本に移住してきた新羅人が付けた名前であるという。

そして、大阪府枚方市には特別史蹟の百済寺跡がある。そこに隣接する地には百済王神社があり、その他にも各地に百済神社がある。大阪市生野区の旧鶴橋町一帯はもと百済郷とよばれており、そこを流れる平野川の流域は律令制時代以後も百済郡とよばれていた。現在でも、生野区には在日韓国・朝鮮人が数万人も住んでいる。その他、百済系の人が住んでいた証拠が見つかる土地は全国にかなり多い。

高句麗系の地名も多い。『続日本紀』の霊亀二（七一六）年の記事には、「駿河・甲斐・相模・上総・下総・常陸・下野の高麗人一七九九人を以て武蔵国に遷し初めて高麗郡を置く」とあり、現在も埼玉県日高市には高麗若光を祀る高麗神社・聖天院がある。この高麗氏からは駒井・井上・神田・武藤・金子・和田など多くの氏族が派生しているという。そして、東京都には狛江市や二十三区内にも駒場・駒込・駒沢など「駒」の字が付く地名が多く、関東地方には高句麗系の渡来者がかなり多かったことを物語っている。また、武蔵にはスサノオを祀る氷川神社が多く、足立という地名が示すように出雲からの移住者が多い。朴炳植《パクビョングシク》氏に言わせると、彼らは朝鮮南部の安羅（咸安）からの渡来者の子孫であるという。

このように、源氏や平家の武士団は、関東地方にいた多数の朝鮮系の移住者の子孫たちが集まり、それぞれが桓武天皇の子孫の皇子で地方に進出した者を首領と仰ぎ、中央からは半ば独立した勢力圏を形成していったものと思われる。関東以外の土地でも似たような事情で寺社の荘園の警護を請け負う形で武士団が結成されていった。

なお、それとは別に、関東地方をはじめ全国各地には「散所」・「別所」とか「院地」とよばれる「浮囚」の収容所がいくつもつくられていた。それらは、飛鳥時代以後の中央政権による「東方経営」（高校の教科書で蝦夷征討のことをそうよんでいる）によって土地を奪われ、やむなく強制労働をさせられていた人びとを囲い込んだ地域のことである。それはかなり広い範囲に及んでいた。森鷗外の小説にでてくる「山椒太夫」とは「散所の管理人」という意味である。これらの人びとの一部は南北朝時代（一四世紀）になると解放されて後醍醐天皇派や足利氏派の先兵とされ、応仁の乱から戦国時代にかけては足軽として武士団の手先として活用されるようになる。ただし、彼らは「日本列島原住民」の子孫であり、源平合戦などで活躍した武士団とは関係ない。

さらに、前著で「日本のルーツ」であるとした「伽耶」に因む地名は、吉備（岡山県）に多い。現在の高梁市の一帯は古代には賀陽《かや》郡があったし、このあたりには栢野・栢寺・唐戸・蚊屋など数多くの「カヤ」地名が分布している。また、この地にある「鬼ノ城」は朝鮮式山城であることも有名である。そして、丹後（京都府北部）にも加悦《かや》町があるし、博多湾岸にも可也山があるといように各地に同じような伽耶系の地名がある。

そこで問題となるのは、これらの朝鮮系の文化や地名を日本列島に持ち込んだ新羅人・百済人・高句麗人そして伽耶人が移り住むようになったのは、どの時代であり、どのくらいの人数だったかということである。それについては、簡単に答えることはできない。七世紀以後の渡来者のことは、『日本書紀』や『続日本紀』に幾つか書かれているが、それ以前の古墳時代にも、さらに弥生時代にも何回かにわたって朝鮮半島の住民が波状的に渡来して来たからである。と言うより、これから考察していくことであるが、日本古代史を飾る氏族は天皇家を含めてそのほとんどすべてが朝鮮半島からの渡来者の子孫であったと言っても過言ではないということになろう。

ただ言えることは、早い時期に朝鮮から渡来した「古来《ふるき》のカラ人」は家格が高く、五〜六世紀以後の渡来者のことを「今来《いまき》のカラ人」として差別してきたということである。つまり、天皇家や有力豪族たちは、自らを高天原から神々に随行して降臨して来たというふうに唱え、ヤマト王朝の確立以後の渡来者である「今来のカラ人」を「帰化人」と称したということである。そのことは、平安時代に編集された『新撰姓氏録』からもある程度うかがい知ることができる。そこには、各氏族の建前上の家格が分類されている。

そこで、最も家格が高い「皇別」とされている春日氏・蘇我氏・上毛野氏などは、天皇家から分れて出たとされている。次に「神別」と区分されている家系は、「天神族」つまり高天原の神から発するとされる大伴・中臣・紀氏などと、「天孫族」つまり天照大神からウガヤフキアエズまでの神から分かれたとされている出雲臣氏・尾張氏・海部氏などの二派に分けられている。これらの「皇別」と「神別」の氏族は、自分たちが朝鮮半島からの渡来者であるという真相を隠し、その一方で「地祇」すなわち「天孫降臨」を迎えたとされる三輪氏・鴨氏や隼人族などの諸族は、建前上は被征服者とみなされている。そして、「今来のカラ人」というのは、『姓氏録』で「蕃別」とされているもので、新羅系・百済系だけではなく、漢系など十数派に分けられている。

右のような「渡来」の具体的な時期やその展開過程などについては、今後、あらためて章を追いながら論じていくことにしたい。

「源平の対抗」とはどういうことか

朝鮮からの渡来者たちは、それぞれ出身地を同じくする者が一つの地方に住み、他の系統の者との間には交流はあっても別個の生活意識をもって各地に分散して暮らしていたものと考えたい。そして、一一世紀ごろになり、中央からの貢租の取り立てなどに対抗して有力者の下に身を寄せ、負担を軽減する道が探られるようになる。

一方、平安京にあっては、天皇家の皇子たちを中央の支配が行き届きにくい関東地方などに下向させ、地方の治安の維持をはからせるとともに、朝廷の権威を浸透させ政治体制の強化がはかられることになる。こうして生まれたのが源氏と平家の武士団だった。

そもそも「武士」とか「侍」とよばれたのは、平安初期の貴族の身辺を警護する家人のことであり、平安京の禁中の滝口に詰める武者たちや皇太子の住む東宮を守る帯刀《たてわき》とよばれた男たち、あるいは「北面の武士」とよばれた先の天皇の居所である院などのガードマンが最初の「さむらい」であった。西行法師も若いころは「北面の武士」だった。その人員としては、伊勢平氏など京に近い土地の若者が利用されている。

ところが、朝廷から地方の国司に任じられた者が、奈良時代に始まった遙任（任地には赴任せず、利権だけを受け取る）ではなく、受領《ずりょう》として直接に現地に赴くようになると身辺の警護のために武士を雇うようになった。こうして、坂東武者すなわち関東地方にも武士団が形成されていく。そこで、後世に「源平の対抗」という図式が描かれるようになる二つの系統について、ごく乱暴な言い方をするとすれば、平家（平氏）というのは、桓武天皇系の皇子を頭にいただく同族集団のことであり、そこには主として百済からの渡来者の子孫が集まったことになろう。そして、源氏というのは同じく清和天皇などの系統の皇子の下に団結した同族集団で、源氏は主として新羅系の渡来者の子孫で構成されていたということになる。高句麗系・伽耶系は、それぞれ都合によって源平のどちらかに味方したことであろう。

もちろん、平家イコール百済系、源氏すなわち新羅系というのは、あくまで建前上のことであり、かならずしも事実に即していたとは限らない。しかし、白旗を掲げる源氏には新羅三郎義光という名前があることから新羅との関係がうかがわれるし、百済人に囲まれた桓武天皇を祖と仰ぐ平家が百済系に支持されていたという推論は、概して言えば当たっているはずである。「桓武平氏」の場合は、祖先である桓武天皇が百済系であったことは知っていたと考えられるが、「清和源氏」の場合は、かならずしも自分たちの祖先を新羅系と思っていたわけではない。源氏が氏神のように尊崇していた八幡宮に源頼信が捧げた願文には、「八幡神は、われらの祖先の応神天皇である」と述べているだけである。つまり、平安時代になって勢力を伸ばしてきた百済系に基盤を置く平氏との対抗上から、新羅系の住民を組織していったに違いない。

ところで、「百済」という文字は本来は「ペクチェ」と発音される。それが「くだら」と読まれる理由については諸説があるが、「偉大なるわが母国」といったような思いがこめられていたことであろう。一方、「ペクチェ」の発音は訛って「ペケ」となり、それを漢字で「平家」と書いたとは考えられないであろうか。また、新羅系の人たちは、百済系の人間のことを「くだらなる奴ら」と罵り、そこから「くだらない」という言葉が生まれたと思われる。「新羅」の本来の発音は「シルラ」であるが、新羅はもともとは「斯盧」という名の小国だったから、「白」という字の付く言葉の多くは新羅に関連していると思っていいであろう。そこで、百済系の人たちは、気心の知れない者に対しては「しらじらしい」という言葉で警戒したものと言えるのではなかろうか？

もっとも、アラビアやペルシア語に詳しい榎本出雲氏らは、北魏に逃れた鮮卑系の賀という男に

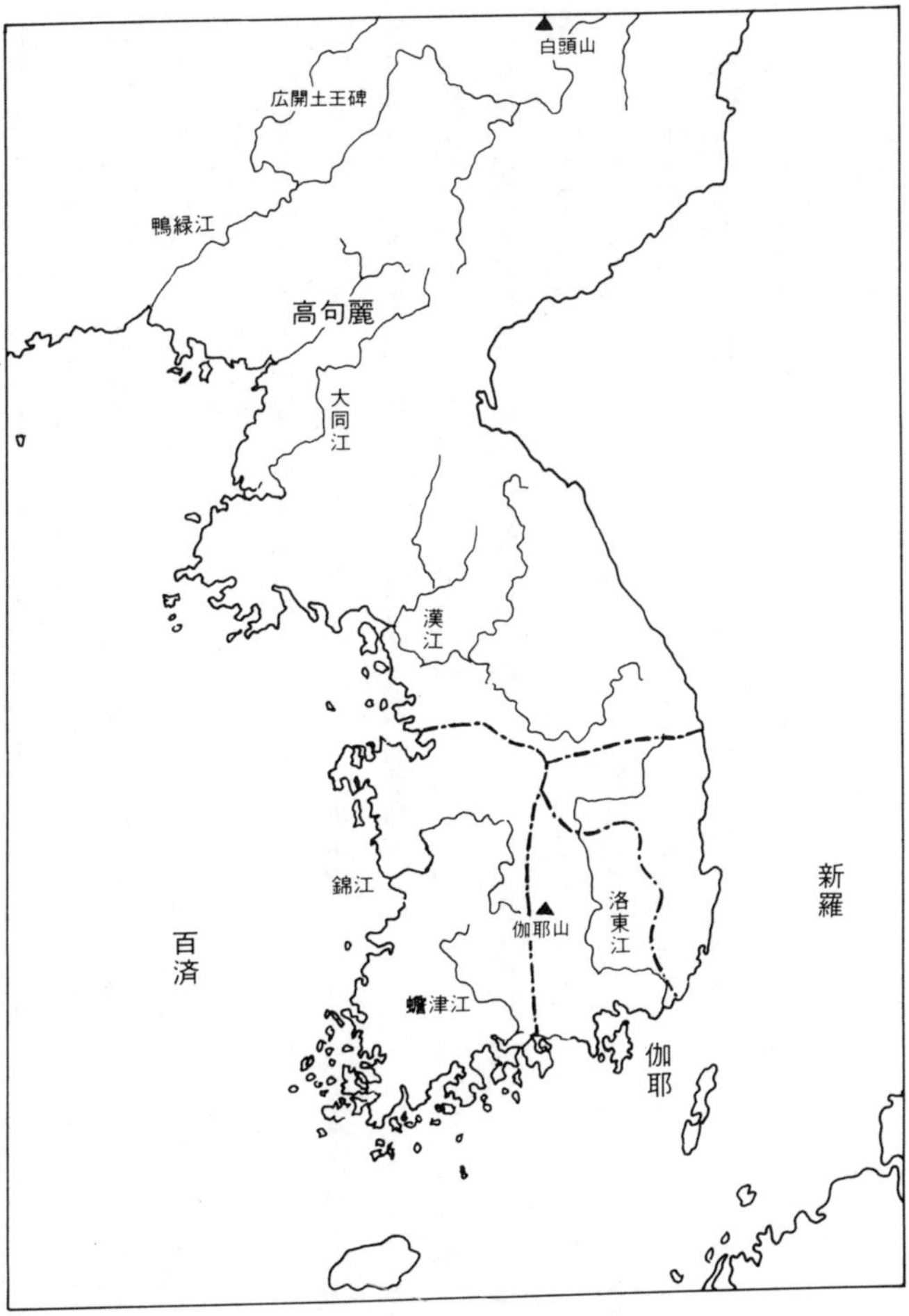

三国時代の領域（『伽耶国と倭地』新泉社刊より）

対して北魏の太武帝が「卿はわれと同姓、よろしく源氏と為すべし」と言ったということを根拠とし、源氏は北魏（鮮卑系）の出であるとしている。そして、隋の時代に「北平郡」といい唐の時代に「平州」といった地方が遼西（中国の東北部）にあったから平氏は渤海沿いの海人系であろうと言っている。あるいは、これが正しいかもしれない。しかし、いずれにしても、源平の呼び名の根拠は海外にあることは確かである。

桓武天皇以後の日本では、公家は概して百済系に親しみをもち、民衆も同じような感情を抱いていたように思われる。しかし、武家の場合はどうやら新羅系のほうが勇猛果敢であったようである。前にも述べたように、李氏朝鮮では源氏すなわち新羅系に好感を示している。それは、七世紀の後半に新羅が百済と高句麗を滅ぼして全土を統一したとき、百済の王族は競って日本に亡命して行ったため、以後の朝鮮では百済を軽侮する気持ちが強く、日本は敗残者の庇護者であるというふうに考えていたであろう。

なお、七世紀まで百済があったのは現在の全羅南北道を中心とする一帯であり、新羅の本来の勢力圏は慶尚南北道の東半に相当している。日本に来て拉致事件にあった金大中氏の本貫は半島南部の金海であるが、その勢力地盤は百済の故地であり、歴代の韓国大統領の多くは新羅系の地の出であることにも何となく因縁めいたものを感じる。

第2章　軽皇子は新羅の文武王か

聖武天皇をめぐるの謎

文部省が定めた『学習指導要領』には、中学校の社会科の「歴史的分野」の授業でかならず教えなくてはいけないという人物の名が二〇名ほどあげられているが、その一人に聖武天皇がある。では、この天皇は名前が表わすような聖天子なのであろうか？　ところが、この天皇は不気味なまでに多くの謎に包まれた人物なのである。

第一に、聖武天皇の誕生の月日が不明なのである。『続日本紀』の大宝元（七〇一）年の記事の末尾には「是年、夫人藤原氏、皇子を誕す」と取って付けたように記している。つまり、当時は将来皇太子となるべき皇子の誕生の記録がなかったわけである。そこで約七〇年後の史書編集者がやむなく追記したのであろう。

第二に、この皇子の名は首《おびと》皇子というが、この呼称は『続紀』にはなく、一四歳で元服し、その半年後に皇太子になっている。それなのに、二四歳まで即位が阻まれているのである。なぜ、その歳まで叔母の元正天皇が皇位をついでいなくてはならなかったのであろうか？　皇統の系図によれば、天武――草壁――文武――聖武と男子直系で皇位がつがれてもよさそうであるのに、健康な男性が二〇歳をこえても皇太子のままでおかれたということは異常な事態というべきであろう。

そして、第三の謎は、即位の翌年の九月の詔を見ると、「朕、寡薄を以て景図に嗣きあたり、戦々兢々……」という文句があり、三〇〇〇人の男女が出家入道させられている。聖武天皇は何ものかを強く恐れている。そして、天平九（七三八）年、藤原四兄弟をはじめ多数の官人が病歿したが、この年の十二月には、聖武天皇の母の宮子の病気が回復する。皇子を産んで以来、三六年間「幽憂に沈み、久しく人事を廃す」とされていた宮子が、二年前に唐から帰国した僧玄昉の看病によって治癒し、ここに初めて母子対面が実現したという信じがたい話が『続日本紀』に載っている。

聖武天皇についての謎のうち、最も奇怪なものは、天平十一年、藤原広嗣の乱が起こったとき、朝廷は直ちに大野東人らを派遣してこれを平定したが、天皇は「朕、意う所あるに縁りて、暫らく関東に往く」と詔し、皇后を平城京に残したまま都を離れ、以後、約五年間にわたって「謎の彷徨」をしたことである。そして、恭仁《くに》、紫香楽《しがらき》、難波と各地を遍歴している間に、この天皇の心は次第に仏教に傾斜していき、国分寺建立の詔（天平十三年）や盧舎那大仏造立の詔（天平十五年）を発し、やがて自らを「三宝の奴」と称するまでに至っている。いったい、これほどまでの乱費をして仏教に打ち込んだのはなぜであろうか？　この詔勅の三か月後、天皇は突如皇太子に位を譲る。その理由は必ずしも明白とは言えない。それには何か背後に理由が隠されているのではなかろうか？

しかも、『続日本紀』は聖武天皇が亡くなったときには、葬儀など一応の記事は掲げているが、この天皇の人柄や治績については何一つ触れないでいかにも素っ気ない書きぶりをしているのである。そのくせ、四年後に亡くなった光明皇后については、「幼にして聡恵、早く声誉を揺せり……」と讃えている。日本の正史では、皇族に限らず、一流人物の死亡記事は、人物評としての多くの讃辞で飾られている。それなのに聖武天皇だけは唯一の例外で、全編を通じて一か所も人物評や讃美の言葉を載せていない。

これらの不可解きわまる多くの疑問について考え、納得がいく答えを得るためには、その父であるとされている文武天皇に目を向けるべきであろう。そして、『続日本紀』やそれに先立つ『日本書紀』に秘められている「隠された意図」があるとすれば、その解明に取り組むべきであろう。

万世一系の皇位の謎

日本最初の正史である『日本書紀』は、六九七年の秋八月に病床にあった持統天皇が皇太子の軽皇子に位を譲ったところで、きわめて唐突な形で終わっている。そして、それを受けた形で、続く『続日本紀』は、「天武天皇の孫、日並（草壁）皇子の遺子が即位して天之真宗豊祖父（文武）天皇となった」というところから始まっている。このような二つの史書の切れ目は、なんとなく不自然に思えてならない。なぜ、そういうことになったのであろうか、なんとしても理解に苦しむところである。

そのことについて、筆者があえて疑問を提出する理由のうち最大のものは、『日本書紀』が成立したのが養老四（七二〇）年のことであり、文武天皇が亡くなったのはそれより一四年も前のことであるから、その治績の記録なら修史官の手元に豊富にあったことは疑いないはずであるにもかかわらず、それを記念すべき史書に収録することを見送り、次の世代の史書である『続日本記』に譲ったことが不可解であるからである。しかも、文武天皇の在位期間中には大宝律令が制定されているし、各種の新制度は着実に整備されつつあり、ようやく日本国は法治国家となろうとしていたのである。もし正史を編集する目的が、このように輝かしい新国家の姿を内外に正式に示すことにあったとすれば、当然、文武天皇の数多くの業績を書き込まなくてはならないはずである。それがそうではなく、尻切れトンボのような形で『日本書紀』が終わり、両書の間に大きな亀裂が入り、そのつながりが見事に断絶していることには、不気味さを感じさせられる。

ところで、『続日本紀』の編集は、第一巻の巻頭に「従四位下民部大輔兼左兵衛督皇太子学士臣菅野朝臣真道等奉」とある。それは、光仁天皇の時代（七七〇年代）に相当している。そのころには『続日本紀』の書き始めの文武天皇（六九七～七〇七）の時代のことを知っている人が一人もいなくなっている。つまり、そういう時点になって初めて『続日本紀』の編集作業がおこなわれたということである。それは何故であろうか？　その答えとして、すぐに頭に浮かぶことは、文武天皇の時代について『日本書紀』がそれ以前のこととして記してきた「歴史」の延長線上にそのまま書き続けることができない何らかの事情があったのではなかろうかという疑問である。

別の言い方をすれば、文武天皇という人物について何か大きな秘密があったので、それを正史に書き記すかにつき、『日本書紀』が撰上された養老四年の時点ではどのような形にすべきか決定しかねていたからではないかということである。そう考えると、それから半世紀が経って編集された『続日本紀』との間には、形の上では記事的な継続性は一応は保たれており、内容的にもその整合性の維持は考慮されてはいるものの、二つの史書の一貫性・継続性は必ずしも十分であるとは言えない。このように『日本書紀』が文武天皇の時代を含めていないことは、その裏には何らかの秘密があり、それは大いに究明を要する謎であると言うことができる。

文武天皇は在位一一年で亡くなったが、その時には遺児の首《おびと》皇子（後の聖武天皇）がまだ幼少（五歳）であるというので、文武天皇の皇后であった阿閇《あべ》皇女（天智天皇の娘）が元明天皇として皇位につき、さらに元正天皇を経て、文武の死後一九年後に皇太子が二四歳になってはじめて位を譲っている。そこで、元明天皇の即位のときの宣命を見てみよう。

そこには、「威《かしこ》き近江大津宮に御宇大倭根子天皇の天地とともに長く、日月とともに遠く改るまじき常の典と立て賜ひ敷き賜はる法を受け賜りまして……」という文句が現われる。このことの意味は、「皇位は天智天皇が定めた天地とともに遠く改めまじき常の典――「不改常典」に従うべきものであると説いているわけである。しかし、「不改常典」の内容については、それが何を意味するかは述べられていない。

そのことについては、そのころ『近江令』というものがあって、それに嫡子相続が規定されていたと考える学者もいる。しかし、六九六年に高市皇子が死去したときの皇嗣選定会議の席で葛野王《かどの》が発言したという内容が『懐風藻』に載っており、「直系の皇男子が皇位を継承する」という意味のことが述べられているので、それがここでいう「不改常典」の内容であるとする意見もある。しかし、いわゆる「万世一系」の皇位の継承法なるものが、奈良時代にあったとはちょっと考えにくい。

ところで、『日本書紀』と『続日本紀』では、「天智——天武——持統（女）——文武——元明（女）——元正（女）——聖武——孝謙（女）——淳仁——称徳（女。孝謙の重祚）——光仁——桓武」というふうに皇位がつがれたとしている。そして、天智——天武の間は兄弟相続であり、天武——持統は夫婦相続であるとしている。しかも、持統という女帝ができたのは、六八六年に天武天皇が亡くなったときに二五歳の皇太子の草壁皇子（母は持統）は位につかず、皇后だった讃良皇女が皇位につき持統天皇となったとしている。しかし、その理由は明瞭には述べられていない。当時、大津皇子や高市皇子のような有力な皇位継承の候補者がいたから後継者を決めかねたのであると一応は考えられている。そのうちの大津皇子は、父の天武の死後ただちに反逆の罪を着せられ死を選ばせられている。

しかし、持統天皇が期待をかけていた実子の草壁皇子は六八九年に二八歳の若さで亡くなってしまう。その子である軽皇子はまだ幼少であったため、引き続き祖母の持統天皇が以後八年間も孫の成人を待って皇位を守り、ようやく六九七年になって文武天皇の即位が実現したというのが『日本書紀』が伝える皇位の継承の「事実」である。しかも、そのような経過によって即位した文武天皇もまた幼い首皇子（後の聖武天皇）を遺して亡くなったので、再び祖母の元明天皇（草壁皇子の妃で、天智の娘）が、さらに引き続き叔母の元正天皇（草壁皇子と元明天皇の間の娘。文武天皇の姉？）が、首皇子が成人するまでのつなぎとして天皇位を守ったということになっている。

このような『日本書紀』と『続日本紀』の記事は限りなく創作臭く感じられる。とはいうものの、それをそのまま信用したとすると、もともと皇位は天武——草壁——文武——聖武というように、男子の直系で継承することになっていたが、皇太子が幼少の場合には、祖母や叔母が「つなぎの女帝」として成人の日まで皇位を預かるという慣行があったというふうに通説ではなってくる。この場合、男系の皇位継承が「不改常典」であり、そこには草壁の遺児に皇位をつがせようというのが持統天皇の悲願であり、その執念がかなったという涙ぐましい物語が生まれてくる。

しかし、それには大いに疑問がある。草壁皇子は二八歳まで皇太子のままで亡くなり、聖武天皇は二四歳になって初めて皇位についている。なぜ、二〇歳前後で即位が許されなかったのであろうか？　その裏には隠された秘密があったと考えられないであろうか？　これだけの矛盾を根拠として結論を出すには早いが、端的に言うと、「正史」の記事は当時の実質的な権力者だった藤原氏によって真相が隠蔽されたのであり、内容空虚な「万世一系の皇統」という美しい観念で操作し、ついには架空の存在である「つなぎの女帝」まで創造するという作文によって綴られた、というふうに疑いたくなってきはしまいか。

なお、日本神話に見られる「天孫降臨」の物語について、それは「女帝が孫に皇位を伝えた」という二度にわたる史実に基づき、天照大神が孫のニニギノミコトを高天原に降らせたというストーリーを作ったのであるとする見解がある。しかし、わたしにはそういう説明では納得できない。むしろ、その反対のケース——「神話を素材にして史実を創作した」ということではなかろうか？『日本書紀』に「天孫降臨」という神話が書き込まれていたが故に、後に『続日本紀』が「女帝から孫が皇位を引き継いだ」というストーリーを真実のものらしく印象づけるための伏線として利用されたと言いたいのである。

軽皇子——文武天皇をめぐる謎

右に見たように、持統天皇が夫の天武天皇の死後、成年に達していた皇子たちをさしおいて即位したとされている裏には、何らかの秘密があったはずである。また、草壁皇子の即位が彼女の宿願であったとしても、その死去の前後に何か記事にできない秘密があったことは確実である。そこで、草壁皇子とその子であるとされている軽皇子——後の文武天皇に関して『続日本紀』の記事などから感じ取られる多くの不可解な疑問について述べることにする。

まず第一に、草壁皇子は六八九年に、文武天皇は七〇七年に亡くなっているが、どちらについても正史である『日本書紀』と『続日本紀』はこの二人の歿年齢を記していない。いくらなんでも、『書紀』の編集時からさほど古くはない時代のことであるから、それが不明だったとは考えられない。つまり、何らかの理由があってこの二人の年齢を書くことができなかったからであると思わざるをえない。実に奇妙な話である。しかも、この二人の功績を讃えたり死を悼んだりする言葉は聖武天皇の場合と同じく何も記されていない。それも不可解なことである。

次に、日並（草壁）皇子とその子の軽皇子（文武天皇）とは、どういう人柄だったのであろうか？日並皇子については、『万葉集』に「石川女郎に贈り賜ふ歌（一一〇歌）」というのが載っている。また、軽皇子についても、宇陀の安騎野に狩り出たときの歌として随行した柿本人麻呂の歌が五首載っており、その中には「東の野に炎の立つ見れば……」という有名な歌（四八歌）がある。そして、『続日本紀』の文武天皇の即位の記事には、「天の縦《ゆる》せる寛仁、慍《いか》り色に形はれず、博く経史に渉り、尤も射芸に善し」という一応の讃辞が記されている。

このように、軽皇子は健康で立派な成人であったはずである。ところが、実に不可解なことがある。それは、この天皇は在位一〇年半の間に一度も皇后を立てていないのである。そんな奇怪な話があるであろうか？ 世の歴史家諸氏が熱っぽく説くように、持統天皇の宿願が実って、孫の軽皇子がめでたく文武天皇になったのであるとしたら、真っ先にすべきことは皇后の選定でなくてはならないはずである。ところが、この天皇は祖母の「熱烈な期待」に背き正式な皇后を立てていない。これはまったく理解に苦しむところである。この重大な疑問に、何故か歴史学者たちは口を閉ざしている。

もっとも、文武天皇には、藤原不比等の娘の宮子を夫人とし、一人の皇子——後の聖武天皇が生まれたことになっており、それ以外にも紀朝臣竈門の娘と石川朝臣刀子の娘を妃としたとされている。したがって、彼が女嫌いであったわけではない。とは言うものの、この二人の妃は一六年後の和銅六（七一三）年に同時に「嬪の号を称することを得ず」とされている。その意味については、聖武を皇位につける障害を除くためと考えられる。

その他にも幾つかの疑問がある。後に聖武天皇が即位するまで皇位を守ったとされる元正天皇は、草壁皇子と元明天皇の間の子であるから、当然、文武天皇の姉妹ということになるはずであるが、『続日本紀』には、そのことを示すような記述が一つもない。それも不思議と言えると思う。また、そもそも文武天皇の名が「軽皇子」というのは何故であろうか？ また、その諡号を見ると、「天真宗豊祖父天皇」となっている。比較的若くして死んでいるはずなのに、「祖父」とよばれることも理解に苦しむ。

そして、まだ奇妙なことがある。文武天皇の即位三（七〇〇）年、新羅の使者がわざわざ孝昭王の死去の報告に来ている。何故その必要があったのであろうか？　その件については、天皇は「それ蕃君、異境に居すると雖も、覆育に至りては允に愛児に同じ」と答えている。新羅のことを天皇が「蕃君」と呼ぶのは失礼ではないのか？　また、「愛児と同じ」というのは異国の人に対して狎れなれし過ぎるということになりはしないか？

以上のような数々の疑問を放置しておいたままで、草壁――軽皇子（文武天皇）――首皇子（聖武天皇）という男子の直系の父子関係が続いたと無邪気に信じることは許されないのではなかろうか？　とりわけ、軽皇子は草壁皇子の子とは考えにくく、本章の末尾で述べるように、首皇子との親子関係にも疑問が感じられる。

以上のような疑問に答えるために決定的な意味をもつのは、これらの人物の年齢を確かめることでなくてはならない。まず、文武天皇の歿年齢は「正史」には記されていないものの、『懐風藻』・『扶桑略記』・『水鏡』・『一代要記』・『皇代記』などには、ほとんどが「二十五歳歿」としている。そして、一般にはそれが正しいものと信じられているが、恐らくは奈良時代の『懐風藻』に書かれていることを、後の代の人がそのまま転記したものと思われる。しかし、鎌倉時代に作られた『愚管抄』には、文武天皇は「諱は軽、十五にして在位、（死去の）御年は二十五あるいは七十八」と記されている。また、宮内庁に現存する『帝王系図』には、「白鳳十二年に誕生し、慶雲四（七〇七）年に六十五歳で亡くなった」という意味のことが記されている。その計算によると「白鳳十二年」というのは六四七年――当時の年号は大化――ということになるから疑問が残る。
いずれにしても、文武天皇の歿年齢には若年・高齢説の二説があることは見逃すわけにはいかないであろう。なお、軽皇子の父である日並皇子すなわち草壁皇子については、六八一年生まれで、六八九年に二八歳で亡くなったというのが定説である。

文武天皇とは新羅の文武王のことか?

NHKでは、一九八〇年から一九八一年にかけて、「知られざる古代史」というテレビのシリーズものを放映した。それによると、大和の三輪山を中心とし、「太陽の道」とされる北緯三四度三二分の線上に、東から神島・伊勢の斎宮・室生寺・長谷寺・三輪山・檜原神社・箸墓・日置荘・大鳥神社・淡路の伊勢の森などの聖地が並んでいるという。この番組の制作を担当したチーフ・ディレクターだった水谷慶一氏は、これと同じような神秘的な意味をもつ直線が朝鮮半島にもあることを発見している。

それによると、新羅の古都である慶州《キョンジュ》にある第四代の脱解《タレ》王陵から東南東に直線を引くと、その上に石窟庵と感恩寺があり、その先の海中には大王岩という岩が顔を出しているという。水谷氏は、この直線のことを「龍王の道」と名づけている。この大王岩というのは新羅の海岸の少し沖の海の中にある。そして、そこにはなんと新羅の第三〇代の文武王の水中陵があるのである。しかも、驚くべきことにはこの文武王は、亡くなる直前に「東海の龍となって国を護りたい」という念願を遺言してこの岩に葬られたという伝説があるという。

朝鮮の正史である『三国史記』の「新羅本紀」には、文武王は「群臣はその遺言によって、東海の浜辺近くの大石の上に葬った。俗伝では、王は龍に化したという。そこでこの石を大王石といった」と記している。そして、文武王の遺言を掲げている。

また、脱解王というのは、新羅の第四代の王であるが前王の子ではなく、倭国の東北千里にある多婆那国で卵から生まれたので、箱に入れられて海に流されて朝鮮に着き、才能を認められて新羅王になったと『三国史記』に記されている。ここで多婆那国というのは倭国のことであり、それが龍王の国であるとすれば、文武王は六〇〇年も前の祖先である脱解王の故郷に憧れたことになる。そして、この線上にある石窟庵は吐含山頂にあり、如来坐像のある寺であるが、二人の王を結ぶ何らかの意図をもって建てられたものと思われてくる。

ここで気になるのは、この新羅の文武王と日本の文武天皇の諡号が同じであることである。それは、偶然であろうか？　文武王が「東海の龍になりたい」というのは、「日本に行きたい」という意味ではなかろうか？　もしかして、「この文武王が日本に来て文武天皇になった」というようなことは考えられないであろうか？　新羅から見てほぼ「龍王の道」の延長線上に文武天皇の終焉の地である奈良の都があることも興味深い。

では、この二人の「文武」を名乗る王者が同一人物であるというような信じがたいアイデアは成立する余地があるのであろうか？　そのことについて検証してみよう。

新羅の文武王というのは、六四〇年代に倭国にやって来たことのある金春秋すなわち後の武烈王の子であり、六六一年に即位している。そして、朝鮮の正史である「新羅本紀」は文武王について二章を当て、その治績を詳しく掲げている。その二〇年間の在位中に、新羅は唐と結んで百済と戦い、それを滅ぼしている。その後、六八一年の七月に文武王は世を去ったとされている。

そこで問題となるのは、そのときの彼の年齢である。ところが、『三国史記』は人物の年齢関係は一切記していない。しかし、『海東金石苑』の「新羅文武王陵碑」には「享年五十六」とあるから、六二六年生まれということになり、もし文武王が亡くなったとされる六八一年に新羅を離れて倭国に来たとすれば、文武天皇が亡くなったとされる七〇七年には八一歳になり、『愚管抄』の伝える文武天皇の歿年齢の別説の七八歳とほぼ一致する。

しかも、文武王が亡くなったとされる六八一年という年は天武九年のことであり、その年にはなんと草壁皇子が立太子したとされているのである。そうなると、新羅王だった人物が飛鳥にやって来たことを、『日本書紀』では天武天皇の皇太子が決まったというふうに書いたのではないか、という想定が浮かび上ってくる。こうして、「文武王イコール文武天皇説」は、かなり成立の可能性が高まってきたように思われる。

では、この仮説について、もう少し説得力のある解明の道はないであろうか？　その件については、在野の東洋史学者である小林恵子氏は、『倭王たちの七世紀』という著書で次のような点をあげている。文武王の遺言に、「自分は内政・外交ともになすべきことをした。もはや思い残すことは無いから、遺骸は火葬にするように」という指示をしているが、その年の元日、「一日中、暗くて夜のようであった」という記事がある。これは「文武王が倭国に亡命した」ことを暗示するものではなかろうかというのである。

また、小林氏の説は次章以下でも一部紹介することになるが、天武天皇というのはもともと高句麗の大臣だった泉蓋蘇文が倭国に来て大王となったものだとしており、その一方で、彼が新羅の隣国の金官加羅国の、金庾信の姉の宝姫と結ばれて生まれたのが文武王であるとしている。その論証は詳細をきわめており、残念ながらここでは解説を加える余裕はないが、もし、その説が承認されれば、ズバリ天武・文武は直系の父子であり、血統を無視した皇位相続ではないということになってくる。

それはさておき、軽皇子は立太子の半年後に持統天皇から位を譲られている。そして、在位中に「大宝律令」を定め、遣唐使を派遣して唐との関係を修復している。そこで、この「文武王・文武天皇説」を無理に証明しようとする代わりに、この説が正しいとすると右にあげた幾つかの疑問が見事に解けてくことを指摘することにしたい。例えば、新羅から王の訃報が届いたのも同族の訃報だから当然ということになる。また、それに対して飛鳥朝廷が「蕃国扱い」の態度をとったことも必ずしも無礼ではないとして理解し易くなってくる。また、文武天皇が高齢であったということになれば、皇后を立てなかったことについてもスムーズに納得がいく。ただし、夫人や嬪が定められたのは単なる身の回りの世話役であると思えばいい。そして、「天真宗祖父天皇」という倭名の意味も理解し易くなってくる。

軽皇子が草壁皇子の子なのではなく、新羅からの渡来王であったとすれば、むしろ問題なのは、六四五年生まれとされている持統天皇との間の関係であろう。年齢的には、文武王のほうが一九歳ほど年長に当たるわけである。つまり、天武天皇が亡くなった六八六年には、文武王は六〇歳で、持統皇后は四一歳だったことになる。そして、三年後に、草壁皇子は二八歳で亡くなっている。もし、そのとき『書紀』が記すように草壁皇子に本当に軽皇子という幼児がいたとすれば、持統天皇がその子を皇位につけるために「後家の頑張り」をしたという話も嘘とは言えないかもしれない。しかし、そういう皇子がいなかったとすると、皇位をついでいたのは高市皇子あたりであり、その後見役として新羅から渡来した文武王がついていた、ということになるであろう。

高市皇子の子の長屋王の邸跡から発見された木簡には「高市親王」という文字が記されている。「親王」という文字は「天皇の子」以外には用いないから、「天武の死後、大津皇子を排除して皇后が天皇を称制した」という『書紀』の記事は信頼性に欠け、「高市天皇が実在していた」というのが真相であり、右の仮説は十分に成立する可能性が高いと思う。つまり、持統天皇は即位していなかったというのである。

『日本書紀』が持統天皇の譲位で筆を擱いた理由は、「次に皇位をついだ文武天皇は草壁皇子の子の軽皇子という一四歳の青年であった」と書きたくとも、それはまだ二五年前のことであり、いかになんでもそれが嘘であることを多くの人が知っていたからであろう。そう考えてこそ、文武天皇の即位を『続日本紀』に譲ったことの意味が理解できる。

また、「軽皇子」という名前も気になる。これと同じ「軽」の字が付く皇子は他に二人いる。それは、允恭天皇の子は木梨軽皇子と宝皇女（皇極・斉明天皇）の弟の軽皇子（孝徳天皇）のことである。「カル」というのは朝鮮語で「刀」のことであり、その名は渡来系の人物に付くという有力な説がある。孝徳天皇は親新羅政策をとっているから、新羅の王族であった可能性はあると思う。同じことは、文武王が新羅からの亡命王であるとすれば、その倭国名にふさわしいと言えそうである。

さらに、持統天皇は『書紀』によると大内合葬陵に夫の天武天皇とともに眠っているとしているが、『本朝皇胤紹運録』という書物にはそうではなく、文武天皇の檜前安古陵に葬られているとしている。もしかすると、文武王と未亡人の持統皇太后との間には「老いらくの愛」が生まれていたかもしれない。

このように、「文武天皇渡来説」は、かなりの高い確率で成立しそうに思われてきた。

聖武の謎に答える

もし、文武天皇が六二六年の生まれであるとすると、七〇一年生まれの聖武天皇がその実子である可能性は常識から考えてほとんどないとすべきであろう。ということになれば、『続日本紀』にこの皇子の誕生についてその誕生日さえも記されていないことの意味は「当時、朝廷には皇太子候補の誕生などという記録がなかったので、史書の編集者が七〇年後になって追記したからである」と理解できることになる。

では、聖武天皇が皇太子に指定されたのが一六歳で、即位する二四歳になるまで叔母が天皇だったことや、即位の詔勅には「戦々兢々」という文字が使われていたり三九歳のころに起こった藤原広嗣の乱に異常な反応を示して各地を彷徨したりしたように、この天皇は何者かに常に怯えていた理由は何であろうか？

また、心の底から仏教に帰依し、財政を傾けることを厭わず壮麗な大仏殿を建立するようになった原因は何であろうか？

その答えは、聖武自身が自分の生まれについて強い疑問を抱いており、それを口にすることさえできなかったからであると考えざるをえない。つまり、聖武は「わたしは文武天皇の実の子ではない。したがって皇位につく資格に欠けている。それなのに藤原一族の強引な政策によって天皇にされてしまった。だから、いつ何時、反対者が現われ自分は皇位から追放されるかもしれない」という不安にさいなまれていたというわけである。

ところが、聖武が三六歳のとき、母の宮子は永らく心神喪失状態にあったのが、突然、快癒して母子対面が実現している。それはどういうことであろうか？　その答えは、聖武の父が誰であるかを知っている重要な生き証人である宮子は心神喪失だったのではなく、その秘密を知る藤原四兄弟の手で宮廷のどこかに軟禁されていたが、すでに彼らが四人とも死に、しかも長い年数が経ったので、今さら彼女が何を口走ったとしても「狂人の言うことだから……」というわけで自由の身とされた、というわけである。そう考えれば聖武の言動の謎もすべて了解することができることになるし、それ以外に説明はつかないであろう。聖武の異常な怯えも、自分の出生の秘密を察知したからであろう。

もし、聖武が高齢で死んだ文武の子でないとすれば、彼の実の父は誰であろうか？　また、聖武の母の宮子は藤原不比等と賀茂比売の間にできた娘で文武天皇の夫人（天皇の后妃の中で最下位の女性）であるとされているが、そこに何か秘密はないであろうか？　というのは、同じ不比等の娘でも藤原鎌足の娘の五百重娘が生んだ光明子は聖武の皇后にまでなっているからである。この件については想像をたくましくする以外に答えようがない。しかし、次節で述べるように藤原一族は宮子について大きな秘密を握っていたことは確実である。そして、何くわぬ顔をして宮子が生んだ男子を皇太子に祭り上げ、やがて天皇の位につかせ、自分たちの末の妹である安宿姫（後の光明皇后）を配偶者とし、藤原氏のコントロール下において権力維持をはかったことになる。

では、聖武はほんとうに「出生の秘密」を知っていたのであろうか？　そのことを裏書きするかのように、天平宝字八（七六四）年に聖武の娘の称徳（孝謙）女帝は驚くべき詔勅を発しているのである。そこには、「先帝（聖武）の御命もって朕に勅り給ひしく……主を奴となすも、奴を王となすといふも、汝のせむままにせよ」という奇怪な文言を読むことができる。それは端的に言えば「天皇には、皇統とは無関係の者をつけてもいい」と聖武自身が言ったというのである。この詔勅があったからこそ、称徳女帝は怪僧道鏡を愛し彼を天皇にしようという考えをもつようになったのであろう。世の論者は、故意あるいは不注意によってこの重大な言葉を無視しあるいは見落とし、いかにも道鏡に皇位を狙う邪悪な野心があったかのように唱えている。しかし、この詔勅が厳存するかぎり、そういう解釈は女帝の真意を見損ない、歴史の真実の把握に関して大きな誤りを犯すことになるのではなかろうか？　この詔勅こそ聖武の本心であり、愛する娘に対して、自分が生涯こだわり続け、悩み抜いてきた不安と不満を発散した本音であったに違いない。

こうして文武は新羅からの亡命ないし渡来王であり、聖武は文武の子ではないという想定から始まり、聖武の母の宮子の出自の秘密を経て称徳女帝と道鏡の恋愛の背景に至るまで、一貫した筋道が通り、日本古代史の隠された謎の解明に一つの光明が見えてきたように思う。もちろん、聖武の真の父の名は誰かについては、それは藤原不比等であろうなどと揣摩臆測することもできるが、『続日本紀』が記すところをそのまま信じることは理性が許さないとまでは言うことができよう。

藤原不比等と『日本書紀』

天平感宝（後に改元して勝宝）元年四月、聖武天皇が発した「三宝の奴」の詔には不思議な文句がある。「県犬養橘夫人の天皇の御世、重ねて明き、浄き心を以て……祖父大臣の殿、門荒らし穢すことなく……」というものである。県犬養橘夫人というのは光明皇后の母の三千代のことである。それを読むとまるで、三千代が天皇であったかのように読める。そうではないとしても、祖父大臣つまり藤原不比等の存在を聖武は強く意識していることは確かである。この聖武天皇の心のどこかには、母の宮子の素性についての疑問がまつわりついていて、その根源には祖父の不比等や三千代夫人が見え隠れしていたと思われる。

ところで、宮子の出自については哲学者の梅原猛氏は『海人と天皇』（朝日新聞社刊）という著書の中で面白い説を唱えている。それは、道成寺（安珍・清姫の伝説で名高い）に伝わる「海女伝承」の中に、「紀州日高郡に九人の海人がいて鮑《あわび》や栄螺《さざえ》を取っていたが、その中の一人で『宮』という乙女が海底の光を求めて潜水し、黄金の千手観音像を得、髪の毛に包んで持ち帰った」という話があることである。この「宮子姫説話」には幾つかの別説があるが、梅原氏は、聖武天皇の母の宮子はこの「海人の娘」であるのではないかという。そして、「宮子は不比等の娘ではない」と結論している。

つまり、不比等は「海人の娘」を自分の子であるように仕立てて文武天皇の夫人として送り込み、そして生まれた子を首皇子と名づけて後々、藤原氏が外戚の立場にあって自由に操れる天皇にしようと企んだのではないかという解釈をする余地が生まれてくる。

ここで、律令制度を導入したり『日本書紀』を完成したりして、七世紀以後の日本の歴史の筋道をつけた舞台裏で大きな役割を果たしたと思われる藤原不比等の存在について、少しく触れておこう。彼の人間像には謎が多く、父鎌足と妻の車持国子の娘の与志古娘との間の次男とされているが、実は、天智天皇の子であったという説も唱えられている。それはともあれ、不比等の幼少時代については『尊卑分脈』に、「避くるところ」があって田辺史《ふひと》大隅に養われた、と記されている。田辺氏は「漢系帰化族」で、不比等が生まれたのは六五九年ごろであるから、壬申の乱（六七二年）の後の混乱時には少年期であったことになる。権臣の子が何故に新王朝の保護を受けられず、一時的に身を保つ方便として田辺氏に頼らねばならなかったのかは不明である。ともあれ、「ふひと」という名は、田辺氏が史家であったことに由来するものと考えられる。

不比等は、持統三（六八九）年に判事（刑部省の職員。訴訟の裁定などを掌る）となっているが、それより少し前に任官し、文武四（七〇〇）年に刑部《おさかべ》親王とともに勅命によって「大宝律令」の編纂に参与し、翌年、大納言となり、和銅元（七〇八）年には右大臣に昇進し、養老二（七一八）年には太政大臣とする詔を得ながら拝辞している。そして、二年後にまるで『日本書紀』の完成を待つかのように死去し、歿後、太政大臣正一位を贈られている。

その係累を見ると、当時の権力者が網羅されている。中でも、妻の県犬養三千代の前夫は美努（濃）王（敏達天皇の曾孫の栗隈王の子）で、不比等がそれを奪う形で結ばれている。美努王の子が後に橘諸兄となり、奈良時代の政治史で一役演ずることになる。
三千代こそ、朝廷内でも辣腕を揮い宮子を文武天皇の妃に送り込み、誰か（もしかして不比等?）が生ませた首皇子を聖武天皇に仕立て上げたのではなかろうか？

藤原不比等の業績と思想については、上山春平氏が『神々の体系』で詳細に分析しているが、それを要約するならば、①国の統治者に「天皇」という呼称を採用し、現人神として位置づけたこと。②大陸的官僚制度を導入し、旧い氏姓制度を破壊し、各個人は「姓」により祖先の名誉を保留しつつ、中央が与える位階に相当する官職に任ずる体制を確立したこと。③修史事業を蔭で指導し、唐や新羅らに対等な歴史をもつ国家として仕立て上げた――ということになるであろう。

それを『日本書紀』の編集について言うならば、「万世一系」という理想主義哲学を樹立し、それを建前として現実の王者交替の史実を巧妙に隠蔽したということに尽きる。しかも、高天原神話を創作し、その中に天皇家と藤原氏をはじめ各氏族の祖先の神をはめこみ、国家行事としての神祇官の職務を藤原氏の同族の大中臣氏の手に握らせたことは巧妙なやり方であった。それとともに、大和の土地神である三輪山の祭祀を封じたり、皇祖神を伊勢に遷したりして民衆から隔絶させたのも抜群の構想によるものと言えよう。

第3章　壬申の乱は新羅・百済の代理戦争

壬申の乱の原因

前章では、文武天皇は新羅の文武王のことであるという疑いが濃厚であるとしたが、その祖父ということになっている天武天皇には何か新羅との関係が隠されていないであろうか？

『日本書紀』全三〇巻のうち第二八・二九巻は天武天皇に当てられ、そのうち第二八巻は「壬申の乱」の経緯を詳しく述べている。この事件は『書紀』編集の半世紀前のことであるから、当時のことを知る人も少しは生きており、以後、戦乱は無かったから記録も豊富にあったはずである。また、このあたりの記述はきわめて具体的であり、かなり正確なものと考えてよさそうに思える。しかし、その反面、この戦乱の結果、近江にあった天智天皇系の朝廷は倒され、皇位は天智天皇の弟であると『書紀』が記している大海人皇子（天武天皇）の手に落ちる。つまり、この戦いは皇位簒奪のために起こされたものであることは隠れもない事実であるから、正史の立場からするとそのことを正統化しなくてはならなくなり、当然、戦乱の本質を直視することを避けたいという動機がからみ、採用される史実についてもかなりの歪曲が加えられていることは否定できないはずである。

「壬申の乱」の発端については、六七一年十月、近江の都で病床にあった天智天皇が大海人皇子に対して後事を託したところ、皇子は「天皇のために出家して修道する」ことを請い許され、ただちに出家して吉野の山に隠遁したというふうに『日本書紀』は記している。これは、もしも大海人が天皇の言葉を真に受けて、「後事を引き受ける」とでも答えたとすると、「それは大友皇子を排除して皇位を狙う気があるからだ」ということになり、処刑は免れないと恐れたというふうに一般には理解されている。そこで、大海人皇子は後に持統天皇になる妃の鸕野讃良《うののさきら》姫とともに近江の都を去り、十二月に天皇が亡くなるのを待って、翌壬申の年の六月、吉野を脱出して美濃の国に赴き、兵を集めて決起する。これに対して、近江朝側では天智の子の大友皇子が皇位についていたとは思われるが、急ぎ軍勢を送って大海人側の動きを抑えようとするが失敗し、大友皇子（明治時代に弘文天皇という名が諡られている）は自殺し、天皇の位は大海人の手に落ちる。こうして次の年の正月を期して大海人は飛鳥の浄御原《きよみがはら》で正式に即位し、ここで新王朝が開かる。

では、「壬申の乱」とよばれるこの戦乱の始まった真の原因は何であろうか？ それについては、天智・天武の両者の間にはかねてから抜き差しならぬ対立があったと考える向きがある。例えば、額田《ぬかだ》女王をめぐる二人の争いによるという「恋いの鞘当て説」である。それは、『万葉集』第一巻にある「蒲生野に遊猟したまふ時、額田王の作る歌（第二〇歌）」と、それに対して「皇太子（大海人）の答へませる歌（第二一歌）」によって理由づけしようとするものであるが、まさか肝心の相手の額田王が死んで後にそういう昔のことから戦乱を起こすなどということなど到底考えられず、取るに足らない俗論である。さらに、『大織冠伝』には「浜楼事件」が遠因だとする見解もある。それは、不遜な態度をとった大海人皇子のことを天智天皇が激怒して殺そうとしたのを、藤原鎌足のとりなしで事なきをえたというエピソードがある。しかし、言うまでもなく、「壬申の乱」という乾坤一擲の大事件についてこのような個人的感情のレベルの出来事にその原因を求めることは論外と言うべきであろう。

また、歴史家とよばれる人の中には、『書紀』の六六八年九月の条に「時の人の曰く、天皇、天命及《おわ》りなむとす」とあるのを引いて、天皇の中央集権化の政治に不満のある豪族層が多く、大海人皇子はそれらの意見を代表して天智討伐という義挙に出たのである、というような見解を唱えたりする人も出てくる。しかし、その後の事態の推移を見れば、天武こそ即位後に天皇神格主義に立つ政治を進め、近江朝時代よりもっと厳しい中央集権化をおこなっているので、この説も成り立たない。

朝鮮半島の情勢

もし、「壬申の乱」の根本的な原因を尋ねようというのならば、大和岩雄氏らが説くように、国内事情よりも海外情勢に目を向けなくてはならないはずである。それは、七世紀後半には朝鮮半島は大混乱の情勢にあり、それをめぐって大国唐が強く干渉していたからである。そのことを念頭において『日本書紀』を見ると、天智天皇が病いに伏す一年前（六七〇年）と、死ぬ一月前（六七一年）との二度にわたって唐の郭務悰らが二〇〇〇余人をひきいて使者としてやって来たという事実がある。ところが、不可解なことに、その来訪理由が『書紀』には記されていないのである。とりわけ二度目の来訪の場合は、唐使はしばらく筑紫に滞在していたらしく、近江朝側が天智天皇の喪を郭に伝え、甲冑と布・綿を大量に与えたところ、郭らはそのまま帰国したと記されている。そして、その三か月後に「壬申の乱」が始まっているのである。こうなると、大海人が吉野で挙兵したことと、この郭らの来訪とは無関係とは考えにくくなってくる。また、大和氏は「壬申の乱」の直後に、新羅に帰った客人であり官位不明の金押実という人物にも注目し、彼こそ大海人と深く関わっていたとしているのである。

そこで、当時の朝鮮半島の情勢を見てみよう。七世紀前半以来、隋と高句麗の戦いがおこなわれていたが、六一八年に唐が建国されると、高句麗と百済とは早速唐に朝貢している。そして、六二七年、百済は隣国の新羅に攻撃を加えて来る。そういう国難を迎えた新羅では、善徳女王に対するクーデター未遂事件を契機とし、後に武烈王となった金春秋が政権の中枢で力をもつようになり、親唐政策に転換し必死になって外交的に画策したことにより、唐との親善関係を確立することに成功する。そして、王族の一人である金庾信は軍事的に大活躍して形勢を有利にし、六六〇年には唐・新羅の連合軍は百済を攻撃し、ついに泗沘城を陥れる。こうして百済は一時的に亡国の状況に陥る。

このとき活躍した金春秋は、『書紀』には「質として日本に来ていたが六四七年に帰国した」と書かれていることを見逃すわけにはいかない。このことは、「壬申の乱」だけではなく、以後の倭国(日本)の政治の動きを理解する上で基本的に重要な意味を有する事実である。

こうして国家滅亡の危機にあった百済は、倭国に対して救援を求める。それを受けた斉明天皇は、瀬戸内海を西に船を進め、筑前朝倉の橘広庭まで出陣し、翌年、その地で亡くなる。さらに、そのあとを受けて即位した天智称制天皇は倭国にいた百済の扶余王家の王子の豊璋を百済に送り還し、その王朝の滅亡を防止しようとし、さらに六六二年には大軍を百済救援のため派遣したが、白村江の戦いで大敗してしまう。

六六八年九月、唐は高句麗を滅亡させ、百済には熊津都督府を置き百済王朝の血をひく夫余隆を傀儡都督に任じる。そして、高句麗でも降伏した宝蔵王を遼東都督朝鮮王とした。そのため、朝鮮半島の形成は一変し、唐と新羅の関係は悪化する。そこで、高句麗の遺臣たちは唐に対して決起すると、それまで親唐の立場にあった新羅は一転して高句麗および百済の反唐勢力を援け、唐と対決し戦闘を始めたのである。

白村江の戦いで敗れた近江王朝側では、唐軍が攻めて来ることを恐れ、亡命して来た百済人を用いて各地に防御施設を構築していた。そういう時期に唐の使者がやって来たのである。そして、六七二年の五月、郭務悰が筑紫を去る直前には、新羅の力で百済・高句麗の全域の解放に成功している。となると、郭の筑紫訪問の理由は、近江朝に対して亡命している百済の遺臣たちを用いて新羅がおこなっている百済征服を抑止するために戦うことを要請するものであったとしか理解できない。つまり、この時点では、それ以前の唐・新羅同盟に代って、唐と日本(このころ倭は日本と国号を変えていた)の連携をはかろうという交渉がおこなわれたと考えられる。しかし、近江朝側は郭に対して武器などを与えただけで追い返してしまう。

その事実を吉野にあって見届けた大海人は、日本の国内情勢に何が起こっても唐の干渉はないものと判断し、近江政権の打倒を目ざして決起したということになる。なお、それと関連して大和氏

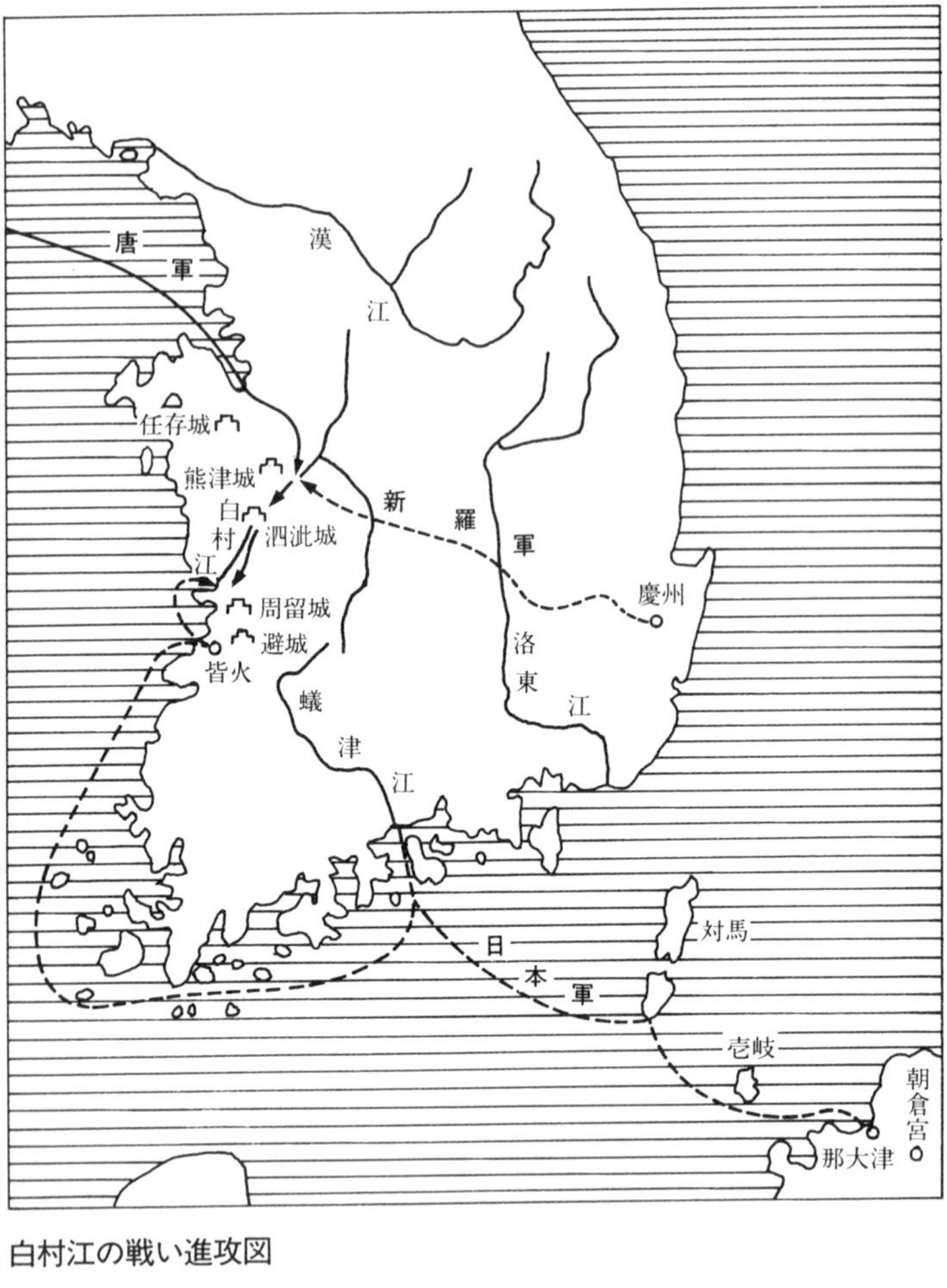

白村江の戦い進攻図

は、天智天皇が亡くなる直前に新羅の金万物がやって来たことが、それとなく『書紀』に記されていることに注目している。それは、新羅への救援の勧誘を求め日本が唐と対抗する姿勢を示してほしいとするものであったと考えられよう。

このように見れば、大海人の挙兵は国内の「親新羅派」の支持によるものということになる。そして、「壬申の乱」以後、二〇年余にわたって、遣新羅使は八回も船出しているが、遣唐使は三〇年間も出されていないことから考えても、「壬申の乱」とは「新羅と唐との代理戦争」であったという一応の解釈が浮かび上ってくる。

「壬申の乱」の展開

六七二年現在の時点で、近江にあった大友皇子(実は天皇であったはずであるが)の立場は、亡命して来た旧百済王室を援け、その血統を保存することに力を貸していたことは疑いない。一方、百済の地はすでに新羅の支配下にあり、かつての盟国である唐とは激しい対立の姿勢をとる文武王が新羅の王者であった。そういう緊張した国際状況にあって、先祖を朝鮮半島にもつ多数の人たちや、そうでなくとも何らかの形で百済や新羅と関わりをもつ者は、こうした状況に無関心でいられたはずはない。

では、「壬申の乱」を「百済系」と「新羅系」の氏族集団の間の対立と結びつけこの二つの勢力間の争い――「百済・新羅の代理戦争」であったとする解釈は成立するであろうか? その件については、近江朝は元百済の官人によって支えられていたから「百済系」とするのはよいとして、大海人皇子を支持して集まった美濃の軍勢は果たして「新羅系」と考えてよいのであろうか？　そのことを考えるため、「壬申の乱」の勃発したときの大海人の行動に目を向けてみよう。

六七二年六月二十二日、大海人は、腹心の村国男依・和珥部君手・身毛広を美濃国に先発させ、兵力を集めるよう命じてから二日後、吉野に向けて出発している。彼が目ざした美濃の安八磨《あはつま》郡には湯沐邑《ゆのうながし》という大海人の釆邑があった。

前章で紹介した小林恵子氏や『騎馬民族の落日』などの著書がある佐々克明氏によると、この地は新羅系の民の多住地であったという。その説の根拠となるのは、『続日本紀』の霊亀元（七一五）年の次の記事である。それは、「尾張国人外従八位上席田《むしろだ》君迩近および新羅人七十四家を美濃国に貫め始めて席田郡を建つ」というものである。このことだけで、大海人が「新羅系」であるとは言えないとしても、「百済系」すなわち近江朝に好意をもたない人たちは、「新羅系」の団結の中核として大海人に期待を寄せたことは確実としてよいであろう。

また、大海人に従った村国氏は尾張氏族とされている。それは、豊後の海部郡から丹後と尾張に移住したと思われる海人族の海部氏の係累であり、大海人の支持者集団に海人族があったことを示しており、「大海人」という名前との関係も示唆され興味深い。次に、「壬申の乱」の展開過程で大海人を支援した有力氏族の中に多品治《おおのほむち》という人物がいる。この多氏や同じく美濃で大海人を支えた小子部《ちいさこべ》氏の祖先は、第二代の綏靖天皇の兄とされている神八井耳命ということになっている。この系統が「新羅系」であるとする根拠は明確とは言えないものの、「百済系」と対抗する立場にあったことはほぼ間違いないと考えてよいのではなかろうか？　このように天武天皇についても、文武天皇の場合と同様に新羅とは深い関係が認められることがわかってきた。

したがって、「壬申の乱」は外部からの支援によって始められたわけではないから、文字どおりの意味での「新羅系」と「百済系」との戦争だったとは言えないとしても、象徴的にとらえればその本質はまさしくそのとおりであり、いわば「第一次源平合戦」とでも言うべきものであったことになるであろう。

ともあれ、現実の戦闘が開始されると大伴氏のような「百済系」にも「新羅系」にも中立派であったものまで含めて、大和にあった氏族はこぞって吉野（大海人）側に従っている。戦闘は意外とあっけなく大海人側の勝利に終わった。そして、大友皇子は首をはねられ、近江朝側では右大臣の中臣金が処刑され、蘇我果安らが配流されただけで済み、ほとんどが恩赦を受けている。また、近江朝の重臣だった物部氏の麻呂はその後、大海人側に帰参して石上麻呂と名を変えて仕えている。

なお、大友皇子については、生き延びて上総に逃れたとする説もある。その子の葛野王《かどの》は幼少であり、母の十市皇女（天武と額田女王の間の子）とともに命を全うしている。大海人の子とされる皇子のうちでは、高市皇子（六五四〜六九六）と大津皇子（六六三〜六八六）とは天武側につき従軍し、草壁皇子（六六二〜六八九）は母と行動をともにしている。

天智・天武は兄弟ではない

「壬申の乱」の勝利者である大海人について知ろうとしても、この兵乱の以前の行動については、その姿が見られないのである。『日本書紀』全体を通じて最も多くのスペースが「天武紀」に当てられているにもかかわらず、この人物の前半生のことは何一つとして具体的な内容のある記事として書かれていない。それだけではなくその歿年齢さえも記されていない。こうした不可解な事実を見逃すことは許されない。『日本書紀』には数々の謎があるが、これこそ最大の疑問であると言わざるをえない。

もっとも、『日本書紀』では、それが大海人皇子をさしているかのように、「太皇弟」であるとか、「東宮太皇弟」という名の人物を何度か登場させている。しかし、その実名は「壬申の乱」について述べた第二八巻以前には一か所も記されていない。

また、六七九年に亡くなった天武天皇の年齢については、『書紀』以外の資料で数えてみると、『本朝皇胤紹運録』には「六五歳歿」とあるから六一五年生まれということになる。ところが、『神皇正統記』によると「七三歳歿」であり六〇七年生まれということになってしまう。一方、天智天皇の場合には、六七一年に四六歳で歿しているから、その生年は六二六年である。そこで両者を比較してみると、いずれにしても弟のはずの天武天皇のほうが年長になる。これでは「天武は天智の同母弟である」としている『日本書紀』の記述と真っ向から対立することになる。

そのことについて考える前に、実の兄弟であるとされている天智・天武の両者の后妃を調べてみることにしよう。まず、『書紀』によって系図を作ると……

┌持統天皇（讃良皇女。天武の皇后）
├元明天皇（阿閇皇女。草壁皇子の妃）

天智天皇（中大兄）
- 大友皇子（弘文天皇）――葛野王――池辺王――淡海三船
- 河島皇子
- 芝基（志貴）皇子――光仁天皇――桓武天皇
- 大田皇女（天武の妃）
- 大江皇女（天武の妃）
- 新田部皇女（天武の妃）
- 山辺皇女（大津皇子の妃）
- 御名部皇女（高市皇子の妃）

天武天皇（大海人）
- 高市皇子――長屋王――安宿・黄文・山背王
- 大津皇子
- 草壁皇子――元正天皇（氷高皇女）――文武天皇――聖武天皇――孝謙・称徳天皇
- 穂積皇子
- 忍壁（刑部）皇子
- 舎人皇子――淳仁天皇
- 新田部皇子――塩焼・道祖王
- 弓削皇子
- 長皇子――川内王――高安王
- 十市皇女（母は額田王。大友皇子の妃）

┬多紀皇女（志貴皇子の妃）
└泊瀬部皇女（河島皇子の妃）

右に見るように、天智天皇の皇太子の大友皇子の妃は天武天皇の娘の十市皇女で、同じく子の志貴（芝基・施基）皇子の妃も天武天皇の娘の多紀皇女である。それに対して、天武天皇自身は、皇后の讃良姫（持統天皇）、大田皇女、大江皇女、新田部皇女というように、四人もの天智天皇の娘を妃として迎えている。さらに、皇太子の草壁皇子の妃の阿閇皇女（後の元明天皇）、大津皇子の妃の山辺皇女、高市皇子の妃の御名部皇女はすべて天智天皇の娘である。

二人の男の間で、女子を交換する形で姻戚関係を結ぶこと自体は東西諸国で珍しいことではない。それはあくまで政治的に対立関係にあり、相互の抗争を避けるための便法であり、いわば政敵どうしの安全保障対策としてのものである。兄弟どうしという血族関係で、こういう婚姻をすることは、外国にも例はない異常なことである。常識的に考えても、このこと一つからこの両者は兄弟ではないと断定して差し支えないと思われる。少なくとも外姻制をとる騎馬民族にあっては絶対にありえないことである。これは、日本の天皇家の祖先が騎馬民族ではないことの証拠なのであろうか？　筆者に言わせれば、両者ともに騎馬民族系なのであり、結論的に言えば、『日本書紀』が大海人による皇位簒奪の事実を合理化するために、天智・天武の兄弟関係なるものを捏造したに違いない。

ところが、『日本書紀』では、天武天皇の生まれについて、「天命開別《あめのみことひらかすわけ》（天智）天皇の同母弟なり」という異例の書き方をしている。通常、天皇記事の冒頭には、その両親の名と何男であるのかを記し、次いで后妃や皇子・皇女の名を記している。天武についてだけ、このような異例の記述、変則的な書き方をしているのは、どういうわけであろうか？　このことは、実は「二人は同母どころか、縁もゆかりもない赤の他人である」ということを、逆に告白しているようなものと考えたい。と言うより、この異例の記述方式が採られていること自体が「天智・天武非兄弟説」の証拠ということができる。

もし、この考えを否定しようと言う人がいたら、「では、なぜ同母の兄弟どうしが政敵間でも珍しい幾重もの血族結婚の網をめぐらす必要があったのか」という問いに明確に答える必要がある。しかし、「天智・天武実兄弟説」を主張しようとする人たちは、「正史の記述は尊重されねばならない」というだけであって、この疑問に納得のいく答えを出している例は残念ながら寡聞にして知らない。

天武天皇の正体

天智・天武の「非兄弟説」はほぼ間違いないと思われる。だとすると、第一に問題となるのは「天武天皇の父は誰か」という疑問に答えなくてはならないことになる。この件について、最初に提案をしたのは前節で紹介した佐々克明氏であり、「天武天皇とは、新羅の王族の金多遂《キムタジユク》である」としている。また、歴史作家の林青梧氏も、その説を継承した論説を『日本書紀の暗号』という著書の中に述べている。

では、その説の論拠を聴くことにしよう。金多遂とはどういう人物なのであろうか？　大化四（六四八）年に日本から唐に赴き、新羅への救援を要請した金春秋が新羅に帰国し、六五四年には武烈王として即位しているが、『書紀』の六八九年の記事には、「新羅の王、沙喙部沙飡（王族に与えられる官名）金多遂を遣して質と為す。従者三十七人」という一文がある。しかし、金多遂が帰国した記事は無く、六六三年には、百済派遣軍は白村江の戦いで大敗している。こうした状況をふまえ、佐々氏らは、「金多遂こそ大海人皇子とされた人物で、近江の天智朝で副大統領のような地位にあった」と考えている。そして、天智天皇は彼を手なづけるために自分の娘を妻として与えたというのである。

なお、金春秋も金多遂も「質」として日本にいたように書かれているが、それは『日本書紀』が体面上そのように記したもので、実際には、日本に多数いた新羅人の利益代表とでもいうべきもので、今日の感覚から言うならば一種の外交官ないし政治顧問的なものであったと考えればほぼ当たっているのではないかと思う。

林氏は、「百済系」と「新羅系」の両勢力の背景につき、大和王朝を実質的に左右したのは飛鳥地方を地盤とする「百済系」の蘇我氏であったと考えている。そして、それに対抗して「新羅系」では、中臣鎌足が新羅の春秋王の秘使の南淵請安の意を帯し、中大兄皇子と提携して蘇我氏の排除を策したのが「大化の改新」であったとしている。この政変の後に、皇位には「新羅系」と思われる軽皇子（中大兄皇子の叔父）がつぎ、孝徳天皇となっている。こうして生まれた新政権は、都を難波に遷し、豪族の私有地を接収するなど唐を模範とした改革をおこなったが、それに対して「親百済派」の反抗もあったため政局は不安定になった。林氏は、そのとき、新羅は金多遂を派遣してテコ入れをはかり、その人物が大海人皇子とよばれ後に天武天皇になったというのである。

史実としては、前述のように、その一〇年後の六六〇年に百済は滅ぼされ、余豊璋はその復興のために百済に帰る。『書紀』では、中大兄の母が宝皇女（皇極天皇）であるが、林説では、彼女は豊璋の叔母であり、彼を援助しようとして無謀な出兵をはかったが大敗して失敗したことになる。

これだけの説明では、大海人の正体が新羅の王族の金多遂であると断定することには躊躇するとしても、この林氏の説くところもそれなりに一貫性をもっており、七世紀後半の政治勢力の動きの大筋を把えるものとして、傾聴に値するものとは言えると思う。

では、もう一つ小林恵子氏の説くところを見てみよう。それによると、「斉明前紀」に「宝皇女は舒明天皇に嫁する前に、高向王《たかむく》と結婚して漢皇子《あやのみこ》を生んだ」とあることから、この漢皇子こそ天武天皇になった人物であるとする。この漢皇子の名は史書にはこれ以外に現われないから、もしかして、それが天武天皇の前身であるとすれば、天智天皇より年長であるが、一応、異父兄弟ということになる。問題となるのは、小林氏が漢皇子の父であるとする高向王とはどういう存在と認識しているかということであろう。

後漢の献帝の孫の阿智王の子に高尊（高貴）王がいるが、小林氏は、この人物が高向王であり、しかも高向玄理のことであるとする。ところが、『書紀』によれば、玄理は小野妹子とともに遣隋使として唐に渡り、六三一年に帰国し、律令制度などの知識をもたらして孝徳王朝のために活躍した国際性に富む人物である。そして、六五四年には遣唐使になって長安に赴き、その地で歿したことになっている。

ところが、同じ小林氏はこれとは別に、『白虎と青龍』などの著書の中で、「天武天皇とは高句麗の怪人である泉蓋蘇文《チョンゲソムン》の後半生のことである」という驚くべき新説を立てている。この人物は高句麗の貴族の出で政治的辣腕を揮ったため、他の貴族たちは六四二年、栄留《ヨンリュ》王とはかって彼を除こうとしたので、逆に王を弑逆し、王の甥の宝蔵《ポジャン》王を立てて独裁者となったとされている人物である。

では、こういう思い切った説は成立する可能性があるのであろうか？　歴史上は、六四五年から六六一年にかけ六度の唐による高句麗攻撃がおこなわれており、泉蓋蘇文の死は確認されていないが、六六五年ごろ以後、彼の名前は高句麗史から消えている。

小林氏に言わせると、蘇文の官位は莫離支《まりき》といい、現代の首相兼陸軍大臣のようなものとされているが、それはアラブ・ペルシャ・トルコ系の言葉で「王」を意味するものであって、きわめて国際性の高い人物であるとしている。また、『日本書紀』の皇極元（六四二）年の条には、舒明天皇への弔問に百済と高麗の使者が来たという記事の中に、高麗の情勢として、「大臣伊梨柯須弥《いりがすみ》という男が大王を殺した」という文言があることを小林氏は指摘している。そして、その大臣とは泉蓋蘇文をさすことは「大王を殺した」とある以上明らかである。しかも、天智三（六六四）年の記事には「高麗の大臣蓋金《からこむ》が死んだ」ということが紹介されており、その際に、「彼は息子たちに水魚のように仲良くして冠位を争うな。もしそうなれば隣国の笑い者になるだろうと遺言して死んだ」という奇妙なエピソードが載っているのである。

日本の正史にこういう記事が載っていること自体が不思議なことである。しかも、一外国人が本国で死んだことや、その遺言の内容まで何故『日本書紀』が記す必要があったのであろうか？　なんとも理解に苦しむところである。それを無理に解釈しようとすると、この記事が『日本書紀』に採用されたのは、「泉蓋蘇文が日本に来て大海人皇子となったのである」という真相を知っていた編集者が、その秘密を何らかの形で正史の記事に残そうと考え、さりげなくこのような記事を残したのであると考えれば一応話の筋は通ってくるであろう。

また、小林氏は、『新唐書』に「高句麗王は六四七年に唐に謝罪使として莫離支の高任武を派遣した」とあることを挙げ、さらに『往代希有記』という伊勢神宮の由来を記した書物に天武天皇のことを仁武天皇と書いていることを指摘し、天武と仁(任)武は同じであると考え、高任武すなわち蘇文に通ずるとしている。『書紀』には、「天武天皇は鬼門遁甲を能くする」と述べているが、小林氏はこのことからも「蘇文が天武になった」とする説が理解し易くなるとしている。

なお、『書紀』が天智・天武の母としている「宝皇女（皇極・斉明天皇）」の名が伽耶の金官加羅国の旧王の仇亥の曾孫の叓信の妹の宝姫の名と一致することに注目し、この二人は同一人物であるという説もあり、天武天皇は朝鮮半島と何らかのつながりがあることは否定しがたい。

天武天皇の正体については、それ以外にもいろいろある。例えば、作家の関裕二氏は、著書『天武天皇の隠された正体』の中で、次のような興味ある説を唱えている。それによると、舒明天皇と法提郎女（蘇我馬子の娘）との間に生まれた古人大兄皇子こそ天武天皇であるという。『書紀』によると、「大化改新」の直後の七月、古人大兄は一時即位を勧奨されたが辞退して髪を剃り仏に仕えると宣言して吉野に入ったとしている。ところがその直後、「古人大兄は謀反を企んでいる」という密告があり、中大兄皇子によって討伐されているが、古人大兄は殺されておらず、後の大海人皇子すなわち天武天皇になったという。「即位を辞退して吉野に入った」ということは、大海人皇子が病床にあった天智天皇の要請に対してとった行動と同じである点は興味深い。

「天武天皇の正体」は、このようにいろいろな説があって特定することはむずかしい。しかし、いずれにしても「天智・天武非兄弟説」を否定することは無理であろう。それを妄想であるとか迷論であるとし目を覆ったり耳を塞ぐわけにはいかない。この「非兄弟説」を正しいと認めるならば、『日本書紀』そのものの信頼性は一挙に崩れ、奈良時代以後の日本の歴史を見る眼も変えなくてはならなくなってくるはずである。

飛鳥王朝の実態

天武天皇が「新羅系」の人物であったことは、飛鳥王朝の対外政策にも反映している。すなわち、天武の在位中には唐とは国交が断絶しているが、新羅との使者の往来はきわめて緊密なものとなっている。「壬申の乱」に勝った大海人皇子は、六七二年九月、飛鳥の浄御原宮《きよみがはら》で即位して天武天皇となる。その政権では、当初は太政大臣も左右大臣も置かれていない。また、豪族勢力も一掃され、天皇独裁の下にその神聖化がはかられた。そのことは、『万葉集』の大伴御行の歌(第四二六〇歌)などに、「大君は神にしませば……」というふうな言い方が現われることからも認められる。また、「壬申の乱」のとき、吉野を脱出した大海人は、伊勢で皇大神宮を遙拝している。このことも注目すべきことであろう。大海人は「新羅系」と考えられるにもかかわらず、「壬申の乱」の際には赤旗を用いている。このことは、彼が自らを漢の高祖になぞらえたからと思われる。

そして、天武王朝では、冠位制が改められて二六階制となり、各氏族の家格は抜本的に変更され新規に「八色《やくさ》の姓《かばね》」が設けられた。また、「国史」の編集が天武によって命じられたということも有名である。その一方、天武は即位後八年、吉野に行幸して皇后と草壁・大津・高市・河（川）島・忍壁（刑部）・芝基（施基）の六皇子に詔して「千歳の誓い」をさせ、相いともに協力を約束させている。ところが、現実はそれを裏切る事態となっていく。

『書紀』によると、天武十（六八一）年二月、「草壁皇子尊を立てて皇太子とす。因りて万機を摂《と》らしめたまふ」とある。この皇子は、天智の娘で天武の皇后であった鸕野讃良姫の実子であり、年齢もそろそろ二〇歳になろうとしていた。

ところが、その二年後には「大津皇子、はじめて朝政を聴く」とある。これは、大津皇子が「天皇としての職務をおこなうようになった」という意味である。ところが、大津皇子は年齢的に第三子であるから、それより九歳年長の高市皇子がいたのである。そこで、天武の死後にこれらの三皇子の間で誰が後継者となるかが問題となった。

大津皇子の母は天智天皇の娘の大田皇女であり、奈良時代の漢詩集『懐風藻』には「状貌魁梧、器宇峻遠、幼年にして学を好み、博覧にして能く文をつづる。壮に及びて武を愛み多力にして能く剱を撃つ。性すこぶる放蕩、法度に拘らず、節を下して士を礼す。是れによって人多く付託す……」とあるように、豪放磊落で人望が篤かったようである。

したがって、草壁が皇太子になったのは天武の皇后への遠慮であったと思われる。ところが、天武の死後その後継者によって、従来の新羅寄りの政策を次第に反新羅的に変更していったという事実がある。それは何故であろうか？　その点について、大和岩雄氏は、「天武の在世中は、隣国新羅は次期の日本の天皇には大津皇子がなることを期待していた」と考えている。

大津皇子が「朝政を聴く」ようになったころから四年間には、多くの天変地異が起こっている。『日本書紀』によると天武十三（六八四）年の十月から十一月にかけて、全国的な大地震があり、翌年一月には「七星ともに東北に流れ、すなわち隕つ」とあり、さらに十一月二十三日には「天文悉く乱れ、星隕ること雨の如し」と記されている。因みに、六八四年の天体の異常というのは七六年周期で地球を訪問して来るハレー彗星のことであり、中国その他の国の史書にも記録されている。その前年の大地震についても、美濃を震源としたマグニチュード八クラスの超巨大地震がこのころあったことが地質学者と地震学者による近年の調査・研究で確認されている。

それはさておき、『書紀』が記す天武天皇の崩御は天武十五（六八六）年九月九日であり、鸕野讃良皇后はただちに称制天皇として政を執ることとし、翌十月二日、大津皇子に、「皇太子に対する謀反」の計画があったとして逮捕され死を賜っている。この件については、多くの論議があるが、その真相は何であろうか？

大津皇子は、天武の存命中の六八三年に「初めて朝政を聴く」と記されており、その時点で大津皇子は実質的な意味では天皇の仕事をしていたことを意味している。それなのに草壁皇子を天皇にしたかった持統皇后は、夫の天武が死んだ時点で、急遽、大津皇子を除く決意を固め、ただちに実行に移ったというわけである。それは通常語られているように単なる排他的で独善的な母性愛がなせるわざであったのであろうか？

そのことに関しては、『万葉集』にある石川郎女《いらつめ》と草壁・大津の両皇子の歌の贈答（第一〇七〜一一〇歌）から、大津賜死事件は「恋の鞘当て」であるとする俗説がある。それは採るに足りないものとしても、大津は自らの死の運命を察知していたとする意見が有力視されている。そのことは、皇子自身が磐余《いわれ》の池の辺で自らの運命を嘆いて涙する歌（四一六歌）などから読み取れるというのである。つまり「大津皇子賜死事件」とは、鸕野皇后が皇位を自分の子の草壁皇子につがせたいために欺計にはめたというのが大方の解釈のように思われる。しかし、『懐風藻』には、新羅の僧の行心が大津皇子に対して謀反をそそのかした、というふうに書かれている。ところが、この「陰謀」の主のはずの行心は飛驒に流されたものの、それに参画したという伊吉博徳たちは処罰もされず逆に出世している。このへんの事情については、当時、新羅が天武の次の天皇として大津皇子に期待をかけていたので、すでに反新羅政策に転換することを決意していた持統は、その干渉を排除するために大津を死に追いやったと見る大和岩雄氏らの見解もある。しかし、逆に考えれば、「大津賜死事件」がおこなわれたため、新羅が日本から遠ざかったとも言えそうである。いずれにしても、大津皇子が新羅寄りであったことは否定できないのではなかろうか。

天武天皇の皇子たちのうちで最年長の高市皇子には、多くの謎が秘められている。その母は胸形君徳善の娘の尼子媛であるとされている。ところが、壬申の挙兵の直後、大海人皇子は高市皇子と対面し、「自分には幼少の孺子（少年）しかいない」と言っている。立派に成人している我が子についてそんなことを言うはずがない。また、『扶桑略記』（金勝院本）には、「高市皇子……天智天皇三男也」と明記されている。そして、「壬申の乱」の最中に、大伴吹負が高市になりすまし、「高市が不破から来た」と叫んだところ、近江軍は引き下がった。それは、「高市が天智の子であった」からではないか。さらに、高市は百済の原に葬られている。それは、高市皇子は新羅系の天武の子ではなくて、百済系だった天智の子であったことを意味しているのではなかろうか。

小林恵子氏は、右のような理由をあげ、「高市皇子は天智の子である」という説を唱えている。これはきわめて説得性に富んだ見方であると思う。

飛鳥王朝の時代には、高市皇子は年長者の割りには草壁皇子や大津皇子と比較してほとんど頭角を顕すことなく霞んだ存在であった。いわば日陰の身の高市皇子は位階こそ順調に上がったが、祖先の原郷である九州の筑紫惣領に任ぜられ中央から遠ざけられていた。しかし、天武天皇が亡くなると、高市皇子にも運がめぐってきた。持統天皇は四年の称制時代を経て、草壁皇子の死を機会として正式に天皇になると、高市皇子は太政大臣という最高位に上ったのである。

ところで、小林氏は、この時に即位したのは実は高市皇子であったという。その理由として、持統十年の高市皇子の死の直前に日食の記事があり、クーデターを暗示していることや、『続日本紀』に持統天皇のことを太上天皇と記しているが、「太上」というのは生前は天皇でなかった者に死後贈る称号であると小林氏は考えている。また、前にも述べたように平城京で出土した木簡や『日本霊異記』には高市皇子の子について「長屋親王」という文字が使われていることも、高市皇子が天皇であったことの確実な証拠であるとしている。

このように、天武天皇自身が新羅からの渡来王であったか否かは確定できないとしても、その即位から一〇〇年間は「新羅系」が権力の中枢に坐っていたことは否定できない事実であり、それは「壬申の乱」の帰結だったということになろう。

第4章　近江王朝は百済王朝か

「大化改新」前後の朝鮮情勢

現在の天皇家は、周囲を大勢の「百済系」の人たちに囲まれていた桓武天皇の直系の後裔であり、以後連綿として一二〇〇年間にわたって続いている。ところが、それに先立つ天武天皇から約一〇〇年間の天皇は「新羅系」と考えられる天武天皇の系統で継承されている。これまで見てきたように、文武天皇はどうやら新羅の文武王のことらしく、天武天皇についても天智天皇の実の弟ではなく、同じく新羅の王族である可能性が強いように思われてきた。しかし、天武天皇の四代の子孫であるとされている称徳天皇から天智天皇の曾孫の光仁天皇への皇位の継承は、多少のトラブルはあったものの革命的な変動ではなく平和的におこなわれている。それに対して、百済人が満ちみちていた天智系の近江朝の命脈は、「壬申の乱」という内戦の結果によって天武系にとって代わられて終っている。このことから見ると、この戦乱の本質は「百済と新羅との代理戦争」と言えそうに思えてきた。

こうした事実は、日本古代史は七世紀を中心とする朝鮮半島との関係から理解すべきであるということを意味している。とは言うものの、五世紀の初めごろ河内平野に成立した応神天皇に始まる「倭王朝」が、途中で継体天皇系と交替したとしても、ほぼ三〇〇年にわたって一系のものとして日本列島内に独立して継続していたように一般には思われている。もしそのとおりであるとすれば、新羅の王であった男が日本にやって来て、突然、「自分を日本の天皇にしろ」と言ったとしても、そういう横車が通ることなど考えられはしない。

したがって、天武天皇や文武天皇について、それがほんとうに「新羅系」であると唱えようとするのならば、七世紀後半の日本列島内部ではどういう政治的経過があったかを解明して、「百済系」・「新羅系」といった勢力がどのようなものであったかを可能なかぎり明確に示す必要があるであろう。それとともに、百済王朝が壊滅の危機に瀕したとき、斉明天皇や天智天皇が何故に国運を賭して救援のための派兵をおこなったのかについても十分に納得がいく解説がなくてはならないはずである。いったい天智天皇は、百済に対してどういう義理があったのであろうか？　ただの親善関係からでは、あれほどの身の入れようは了解しにくい。

こうした疑問に具体的に答えるためには、七世紀後半の倭国――日本の社会の内部で、「百済系」や「新羅系」の勢力関係がどうなっていたか、そして、それが朝鮮半島の百済国・新羅国の動きとどのようにつながっていたかを、もう少し掘り下げて考えてみることが求められてくるはずである。そこで、「壬申の乱」の時点から歴史を三〇年ぐらい遡らせ、「大化の改新」の時代前後の内外の情勢について目を向けることにしたい。

七世紀の朝鮮半島は高句麗・百済・新羅の三国が唐を交えて三つ巴の対立・抗争に明け暮れしていたことはすでに述べた。そこで、時代を六四〇年代にとり、もう少し詳しく調べてみたいと思う。まず、高句麗では六世紀初め以来、隋による数度にわたる攻撃を受けていたが、六一八年に隋が滅び唐の時代になると、栄留王はただちに新王朝に朝貢し和平を実現した。ところが、六二八年、新羅は唐に向けて「高句麗が道を阻むので入朝できない」と訴え、高句麗に攻撃を仕掛けて来たため、両国の関係は悪化する。

六四一年、百済では武王が亡くなり、長男の義慈王《ウイジャ》が即位し、多数の王族・豪族を粛正して独裁権力を確立している。また、その翌年、高句麗では泉蓋蘇文《ヨンゲソムン》が莫離支《まりき》（軍部の大臣）となり強権政治をしようとしたので、栄留王はそれを嫌って彼を除こうとしたところ、かえって蘇文に先手を打たれてしまう。こうして栄留王を弑逆してた蘇文は専断的な強権政治を始めた。蘇文は、中国の『通鑑』という史書に「状貌雄偉、意気豪逸」と記されている怪人で、前にも触れたように、小林恵子氏はこの人物が後に天武天皇となったと推定している。

ともあれ、こうして高句麗・百済の二国は専制権力の下で互いに提携し、連合して新羅に攻撃を仕掛けたため、大耶州は百済の手に落ちる。この大耶州というのは、洛東江の支流の黄江に面した土地で、現在は陜川《ハプチョン》といい、伽耶六国の一つであった多羅国があったとされる所である。この多羅国については、前著『伽耶は日本のルーツ』などで説いたように、四世紀の時点での倭国の「タラシ王朝（景行王朝）」の起源と関係があると思うので第8章でも論ずることになる。

さて、国家存亡の危機に直面した新羅では、六四二年の冬、王族の金春秋《キムチュンジュ》を高句麗に派遣して妥協を打診したり、翌年には唐にも使者を送ったりして懸命になって事態の打開をはかろうとする。

ところで、当時の新羅では善徳《ソンドク》女王の時代であったが、廷臣の毗曇は、六四七年、「女帝では国を救えない」としてクーデターを企てたが失敗している。そのことについて、新国民社による鹿島昇氏は、六四五年に倭国で起こったという大極殿の事件――中大兄皇子らによる蘇我入鹿殺し――なるものは、そもそもそういう事実があったのではなく、新羅で起こされたこのクーデター未遂事件を借りて描いたものに過ぎないとしている。

なお、金春秋は『日本書紀』によると、大化三（六四七）年の記事に、「新羅、上臣大阿飡、金春秋等を遣して……孔雀一隻、鸚鵡一隻を献る。よりて春秋を以て質《むかはり》となす。春秋、姿顔美くして、善んで談笑す」と記されている。ということは、朝鮮の正史である『三国史記』の「新羅本紀」によると、金春秋は翌年には唐に渡り外交上の交渉をしているから、その途中で倭国に立ち寄り、当時進行中だった対高句麗・百済との戦争に関して、孝徳天皇の政権に対して、倭国が新羅に好意的な態度をとってほしいと訴えに来たものと考えられる。その後、六五四年に、春秋は新羅の太宗として即位し、武烈王とよばれる。六六一年に即位した文武王はその子である。

「大化の改新」の展開

『日本書紀』によると、六二八年に推古天皇が七三歳で亡くなると、孫の田村皇子がライバルだった山背大兄皇子（聖徳太子の子）を退けて皇位を継承して舒明天皇となったが、その一五年後に山背大兄皇子は蘇我氏の手によって殺されたとしている。このあたりにも謎があるので、後に目を向けてみたい。

さて、舒明天皇の父は敏達天皇の子の押(忍)坂彦人大兄であり、母は同じく敏達天皇の娘の糠手姫であるという。『書紀』には、これ以外にも異母兄妹の結婚の例が幾つか記されている。しかし、それをそのまま事実と認めることには躊躇せざるをえない。ただし、ここではそのことは無視しておく。そして、舒明天皇の皇后には、父の彦人大兄の子である茅淳王つまり兄の娘の宝皇女であるという。これも、叔父と姪の結婚であり、事実として受け取るのには大いに抵抗がある。なお、宝皇女には軽皇子(母は欽明天皇の孫の吉備姫)という兄弟がいて、これが後の孝徳天皇となる。

この舒明天皇の時代には、六三一年に百済の義慈王の子の豊璋が「質」として来ている。この王子は、後に百済が亡国の危機に瀕したときに本国に送還され「白村江の戦い」につながっていく。また、舒明時代には犬上御田耜(第一次)と南淵請安や高向玄理ら(第二次)を遣唐使として中国に出向かせ、大陸の文化情報が多く仕入れられている。それ以外には、蝦夷の反乱があり討伐軍が出されたことなどが重要事件だったと言えよう。問題の天智・天武の両天皇のについては、『日本書紀』ではどちらも舒明天皇と宝皇后(後の皇極・斉明天皇)との間に生まれた実の兄弟であるとしている。前に見たように、この二人が兄弟であるとは到底考えることはできない。

ところで、舒明天皇について最大の謎はその崩御時の記事にある。『日本書紀』には、舒明十三(六四一)年の冬十月、「天皇、百済宮に崩《かむさ》りましぬ。丙午、宮の北に殯《もがり》す。是を百済大殯といふ」と書かれている。これは、桓武天皇が「哀号」したのと同じく、舒明天皇が「百済系」であることの厳然たる証拠である。たまたま、同じ六四一年には、百済では武王(余璋)が亡くなっている。なお、舒明の祖父の敏達天皇も百済の大井の宮を作っている。つまり、舒明天皇を含む「欽明王朝」は「百済王朝」であったかのような書き方がされていることにも注目したい。

舒明天皇の後継者としては、まず古人大兄皇子（母は蘇我馬子の娘の法提郎女。蝦夷の姉妹）がいる。次に、葛城（中大兄）皇子が第二の天皇の候補者であった。当時、最高の権力を操作していた蘇我氏は、血縁のつながる古人大兄を支持していた。この時点では、不思議なことに大海人皇子の名前は無い。さらに、もう一人のライバルとして山背大兄皇子（聖徳太子の子）がいた。そして、実際に皇位にのぼったのは皇后の宝皇女（皇極天皇）だった。

その即位二年には、山背大兄皇子は斑鳩の宮で蘇我入鹿によって襲われ、いったん膽駒（生駒）山に逃れたがそこで自殺したとされている。

『日本書紀』では、その翌年の春正月の記事に、軽皇子が中臣鎌足を特に優遇したことと、鎌足が中大兄皇子に望みを託したとし、法興寺での打鞠の際に皇子に接近したというエピソードを掲げ蘇我入鹿を討つ謀議が成立したかのように記している。そして、中大兄皇子は蘇我倉山田石川麻呂の娘を妃とし同盟者に加えたことになっている。こうしてその翌（六四五）年六月、大極殿において、皇極天皇や古人大兄皇子が臨席する場で、三韓の使者の表文を石川麻呂が読みあげる最中に、中大兄皇子は自ら剣を抜いて蘇我入鹿を斬るというクーデター事件となった。

その現場にいた古人大兄は、蘇我氏に支持されていた立場から事態の成り行きを恐れ、ただちに私宮に逃れ、「韓人、鞍作臣を殺せり。吾が心痛し」と言ったと『書紀』は記している。なぜ中大兄皇子は「韓人」なのであろうか？　また、入鹿の父の蝦夷の邸も襲われ、さしもの権勢を誇った蘇我氏の本宗はあえなく滅亡する。このとき、蝦夷は天皇記・国記や珍宝をことごとく焼いたが、船史恵尺は国記を取り出して中大兄皇子に献じたとしている。ほんとうに、そんなことがあったのであろうか？

このクーデターの後、皇極天皇は実弟とされる孝徳天皇に譲位し、都は難波の長柄の豊碕宮に遷され、「大化」という年号が定められた。そして、「改新の詔」が発せられ、新しい「冠位制」などが定められる。この新政権の成立を受けて高句麗や新羅からは使節があいついで難波の都にやって来ている。しかし、大化九（六五三）年には、間人皇后や有間皇子は天皇を都に残したまま大和に帰ってしまい、翌年、天皇は独り寂しく亡くなり、皇位は再び宝皇女（皇極天皇）が重祚してつぎ、飛鳥の板蓋宮で即位して斉明天皇となる。

「大化の改新」とは何であったか？

大極殿のクーデターは、「乙巳《いっし》の変」ともよばれるが、それを経て実施された一連の政治改革のことを、最初に定められた「大化」という年号に因んで一般に「大化の改新」とよんでいる。

大化二（六四六）年の正月、「改新の詔勅」が下され、天皇以下が土地や人民を私有していたのを廃止し、全国に国司を任命派遣して官僚制を実施することを宣言している。さらに、戸籍を編成することや成人に賦役を課することなどを定めている。この孝徳新王朝が打ち出した政策は、唐の均田制や租庸調制にならったもので、中央集権的な法治政治を実行することにあった。しかし、近江朝時代（六六七〜六七一年）に「近江律令がおこなわれていた」とする見解もあるが、整備された律令制が実施されたのは半世紀後の「大宝律令」以後のことになる。

このような「改新」の基本理念は、「公地公民制」という見た目美しいものであった。それは、全国民に均等に耕地を割り当て、その収穫を徴収するわけである。また、公人には身分に応じた位階が定められ、官職に応じた給付が与えられることになっていた。しかし、現実にはこの制度が定着するのは奈良時代以後のことになる。

ところで、この時期の倭国でクーデターがあったことは確かであろうが、その実態は『日本書紀』が記すものとはかなり異ったものであったことは想像できる。それと言うのは、世界中でおこなわれ成功したクーデターの記録は、すべて実行者の都合によって適当に修飾されているからである。「大化の改新」だけがその例外のはずはない。「改新」の実態とその背景をめぐる謎は数多い。

その中で最も基本的な疑問は、「改新」を断行した新勢力と蘇我氏で代表される旧勢力の間には、どういう対立があったのかということである。そして、次に問題になるのはクーデターの目的は何であり、何故に武力行使という非常措置をとらなくてはならなかったかということであろう。さらに、つきつめて言うならば、この事件の中心人物は誰であったかということであろう。とりわけ、陰謀の企画者と考えられている中臣鎌足とはそもそもどういう人物であったのか、つまり鎌足の正体は何かが問われることになる。

もう一つ、この政変の後に、首謀者だった中大兄皇子が即位せず、皇極天皇の弟の軽皇子が孝徳天皇として即位することになった理由も明確に説明される必要がある。それ以外にも、古くから「改新」の「詔勅」の真偽であるとか、その具体的内容が六〇年後の「大宝律令」に典拠して『日本書紀』の編集時に創作されたものかどうかなどの問題が指摘されている。また、大極殿の変を目撃した古人大兄皇子が「韓人、鞍作を殺しつ」と叫んだとされているが、それについては前にも触れたように何故に中大兄は「韓人」なのであろうか？

これらの謎に関しては、ごく常識的に蘇我氏の宗家の横暴を排除するには暗殺以外の手段では生温く、豪族支配から公地公民の中央集権政治を確立することが「改新」の目的であるとされている。改革の推進については、唐から帰国した南淵請安・高向玄理らの思想的影響が強かったとも論じられている。六三〇年代に唐から帰国した学生・僧侶たちが百済経由ではなく新羅経由のコースを選んでいたことから、彼らのもたらす情報は「百済一辺倒」の政治路線のものではなく、「唐・新羅との協調」の路線が必要だと説いていたものと思われる。そして、中大兄皇子ではなく軽皇子が担がれた理由についても、中臣鎌足の忠告で周囲の風当たりへの配慮がなされたという説明が一般に認められている。

しかし、こういうありきたりな解説では右に掲げた謎を総合的に把えた答えとしてはいささか説得力に欠けるのではなかろうか？　また、推理小説的思考法からすると、「事件の犯人は、結果として最大の利益を得た者である」ことになるから、大極殿のクーデターの黒幕は軽皇子であったというのである。この指摘にはかなりの説得性があるだけでなく、傍証となりうる事実もあるのである。と言うのは、この事件の二年前に、聖徳太子の子の山背《やましろ》大兄皇子が蘇我入鹿と巨勢徳太《こせのとこた》によって襲撃されて死ぬが、その際、軽皇子が一枚嚙んでいたことが『上宮聖徳太子伝補闕記』に書かれている。しかも、この巨勢徳太という男は軽皇子の腹心とも思われる人物なのである。つまり、皇位継承権をもっていた軽皇子は、まず入鹿と結託してライバルの山背大兄皇子を除き、次いで実質的に権力を把握するために入鹿殺しを中大兄皇子を利用して果たしたというのである。そして、その結果を得たあとには、大王暗殺という違法行為をした皇子を抑えて自らが最高位を手にしたとする解釈は事件の謎の正解と言えるかもしれない。

しかし、軽皇子の思惑だけで、これほどの大芝居が見事に演出できたとは考えにくい。そこで、もっと掘り下げて「大化の改新」の性格について目を向けてみよう。「改新」の目的は一般的には豪族支配を打破することによって「公地公民制」の理想を実現することであるとされている。そして、そのため当時としては革新的であった勢力が断行した政治改革であるとされている。ところが、この解説はいささか事実とはかけ離れた面がある。と言うのは、打倒された蘇我氏はたしかに豪族連合の頂点にあったとはいえ、大和政権直轄の屯倉を増設したり国造の官僚化をはかるなど、中央集権国家建設の路線を歩んでおり、けっして私腹を肥やしてばかりいたのではないし、律令制度導入の障害となるような存在であったとは言い切れないからである。それに、蘇我氏の中でも倉山田石川麻呂は「改新」にくみしているし、こういう結果を見てもすべての豪族の支配が除かれたわけではなく、相変わらず有力な豪族は安泰になっている。

そうなると、この政変の背後にあって武力行使にまで事態を発展させた最も切実な動機となると、最初に述べた朝鮮半島をめぐる国際情勢でなくてはならないと考えざるをえなくなってくる。つまり、そこに真の原因が隠されていたからこそ、クーデターを必要とすることになったのだという視点が浮かびあがってくるのではなかろうか？

「親百済・親新羅」両勢力の暗闘

大極殿事件以前の舒明天皇の朝廷では、蘇我蝦夷と入鹿が実権を握っており、次章で検討するように「親百済政策」を採用してきた。ところが、「改新」以後の孝徳天皇の政権は外交政策の一大転換をはかり、大きく新羅寄りの政治をしている。したがって、中大兄皇子はせっかく蘇我氏を打倒しながらも、皇位につくことはできず、父の舒明天皇のとってきた百済寄り路線をさらに推進することも阻止されたわけである。

と言うことは、中臣鎌足が中大兄皇子らを操って蘇我蝦夷と入鹿を打倒する急先鋒として利用しようとしたとき、表向きの理由として蘇我氏の横暴の排除があったが、その真の目的は国内の親百済派に現実路線を取らせ、むしろ新羅寄りの政治路線に転換させるために巨大すぎる蘇我氏の中心勢力の排除をはかったのではなかろうか？

そう考えると、このクーデターから孝徳政権の誕生の背景にあって、「新羅系」の勢力を代表する「人物X」がいて、巧みに鎌足や軽皇子に接近して何らかの工作をしていたはずである。もちろん、そのことを『日本書紀』があからさまに記すはずはない。では、その「人物X」とは誰か？　それは言うまでもなく、後に覆面を脱いで大海人皇子と名乗った男であったはずである。そして、彼は孝徳政権においても、続く斉明政権の時代にあっても、権力の中枢から遠くない距離を保ちながら密かにあるいは公然と「親新羅政策」を採るよう圧力をかけていたに違いない。

そうなると、中大兄皇子は父の舒明天皇の遺志をついで、この人物を危険きわまりない存在として意識し、自分の娘を次々と彼の夫人として提供し、幾重にも政略結婚の網を張りめぐらして安全保障をはかったことになる。また、陰の実力者である中臣鎌足としても、後に大海人となる人物には敬意を示し、娘の五百重姫を妃としておくっている。ただし、鎌足は中大兄に対してはそういうことはしていない。そのことは、鎌足はむしろ大海人のほうを恐れ、かつ高く買っていたからと考えてもよさそうに思える。

そこで、前章で紹介した「天武天皇の正体」は誰かということになるが、佐々克明氏が唱える「金多遂説」はかなりの高い説得性をもっていると言えそうである。それは、大極殿事件の三年後の六四八年に金春秋が倭国を去って唐に出向いた直後に金多遂が「質」としてやって来たからである。後に新羅の武烈王となったほど身分も高く実力者だった金春秋も「質」であったというのであるから、この「質」という存在はさぞかし中大兄にとって煙たいものであったものと思われる。前にも触れたように、「質」とは在日新羅人の権利代表とでもいうべき公的な存在であったに違いない。

藤原鎌足の正体

では、ここで中大兄皇子にクーデター断行を決意させた陰の実力者であった中臣鎌足とはどういう存在であったかについて考えてみることにしたい。

南北朝時代に編集された『尊卑分脈』によると、中臣氏の祖先は「天神」に由来し、「天児屋根命——天押雲命——天種子命——宇佐津臣命——大御気津臣命——伊香津臣命——」という系譜になると記されている。そして、『紀・記』の「天孫降臨」や「神武東征」の条に、これらの人名が現われているが、それは史書の編集時に書き込まれたものであり信用しがたいとする見解もある。しかし、「垂仁紀」にも中臣連遠祖大鹿島という名があるし、「仲哀紀」を見ても中臣烏賊津連《いかつ》が現われている。さらに、『近江国風土記』にも中臣氏の祖先の関連記事がある。それは、空から舞い降りた天女を妻とした男に伊香刀美《いかとみ》があり、それが伊香連《いかごのむらじ》の祖先だとしており、その子に意美志留《おみしる》・那志登美《なしとみ》の名があり、右の中臣氏の系譜では伊香津臣の子が臣知人命《おみしる》・梨津臣命《なしつおみ》でありその名前とピッタリ一致しているということであった。さらに、豊前仲津郡には中臣郷があり、その地は宇佐から遠くはなく、宇佐氏は中臣氏と同じく天児屋根命を開祖としているから、中臣氏は天皇家の祖先が「豊の国」にいた時代から関係が深かったと考えることができる。したがって、中臣氏系図はまんざら嘘ではないことになってくる。

一方、梅原猛氏のように藤原氏の発祥の地は美濃であるとする説もあり、『藤原氏はサカ族である』という書物を著している藤原としえ氏のように、藤原氏は新羅から来た物部系の一族であり、藤原氏を鹿島神宮のある常陸に結びつける意見もある。それ以外にも、藤原氏の出自を伽耶系であるとか、中国系であるとか説く説もある。藤原(中臣)氏の祖先が何かはともかくとして、問題なのは「鎌足が何故に政界の黒幕にまで成長できたか」ということでなくてはならない。『日本書紀』では、鎌足は「入鹿殺し」を中大兄皇子と相談する前年、軽皇子（後の孝徳天皇）と意気投合し優遇されたという記事があり、クーデターの成功後には、中大兄に対して「古人大兄は殿下の兄なり、軽皇子は殿下の舅（叔父）なり」と説いて天皇即位を思い止まらせている。この記事が真実そのものとは言えないとしても、鎌足の本領を物語る一挿話と言えよう。

ところが、孝徳天皇が即位するや、鎌足は「内臣」として「諸官の上」の地位が与えられている。

また、『大織冠伝』には、鎌足は軽皇子のことを「然れども皇子器量不足」と批評しているが、「孝徳紀」には鎌足の名は現われない。このことは、鎌足がなみなみならぬ策士であることを物語っている。「孝徳紀」では、新王朝から危険人物と目された者として、古人大兄皇子をはじめ吉備の笠・穂積・巨勢・阿曇・大市・平群氏などの人物を罪人に仕立て上げられている。こうした事実の背後には鎌足の姿が見え隠れする。

こう見てくると、鎌足は最初から中大兄皇子を唆して蘇我の宗族と諸豪族の勢力を取り除き、その上で新羅寄りの政治をして、春秋が倭国を同盟国として誘いに来るように仕向けるお膳立てを整える構想をもっていたと解釈できそうである。また、結果的に見ても、孝徳天皇には実力が伴わず、やがて中大兄皇子らとは不和となり、皇極天皇が重祚して斉明天皇が再登場することになる。

たしかに、『日本書紀』に即する限り、鎌足はあくまで陰の人である。しかし、現実には、斉明天皇・中大兄皇子時代にも近江朝の確立後も、彼は権力の中枢にあって天皇とは付かず離れず政治を操っていたことは間違いない。しかも、その裏では後に天武天皇となる「大海人皇子」に秘かに接近していたことは、『書紀』は極力隠しているが想像にかたくないだけでなく、この見解は核心をついていると言いたい。ということは、やはり鎌足の背後にも朝鮮半島とつながる何ものかがからんでいることを考えざるをえない。そう考えてはじめて「大化の改新」以後のもろもろの動きも理解できるし、大海人のその後の行動を合理的に説明するためにも、死んだ鎌足の示したものが生き続けていると言いたい。

「大化の改新」以来二〇余年間、鎌足の地位は内臣であり、その権限はどれほどのものであったか知られていない。しかし、法令の公布や諸人事などは、例えば、天智称制三(六六四)年の「冠位制」の改革についても「天皇、大皇弟に命じて……を宣はしむ」というように、大海人皇子らしい人物におこなわせている。前に触れた鎌足が大海人を救ったという「浜楼事件」は後世の作り話であるとしても、鎌足が大海人を支持していたことと、天皇に意見をして聞き入れられるほどの信頼をえていたことを物語るものと言えよう。そして、翌年、鎌足は五六歳で病没している。

近年、鎌足の墓が確認され、その遺骨の写真が撮られたが、肋骨部分に骨折の跡が認められたという。そのことから、鎌足の死因は落馬事故によるものであるとか、暗殺されたのであるとする意見も出されている。毒殺説も説かれている。これだけの大人物のことであるから、平凡に病死したのではなかろうという憶測が生まれても不思議ではない。

近江王朝成立の背景

六五四年、「親新羅政策」を採っていた孝徳天皇は寂しく世を去ると、宝皇女は再び皇位に即き斉明天皇となる。彼女には、いささか正気からはずれたかのような振る舞いがある。例えば、都を岡本宮に遷すと、田身の峰に垣をめぐらしたり、山頂に両槻宮《ふたつき》(天宮)を建てたり、香山《かぐやま》から石上山に至る水路を掘るなどの不可解な大土木工事に打ち込む。世人はその溝を「狂心《たふれこころ》の渠《みぞ》」とよんだ。孝徳天皇の皇后は、斉明天皇の娘の間人《はしひと》皇女であるという。孝徳・斉明は姉弟であるからこの結婚も叔父・姪関係ということになり、この系譜にはやはり信頼がおけない。どうやら偽造臭い。

ところで、この「間人」という名前には問題がある。聖徳太子の母も穴穂部間人皇女という。「間人」の意味については、それを「梯人・階人」と解釈し、宮廷で天子の席と臣下の席の中間の取り成しをする者という説もあるようであるが、筆者には「ハシ人」とは「波斯人」つまりペルシャ（イラン）人を意味すると思われてならない。つまり、聖徳太子の母も、斉明天皇も「波斯人」だったのではないかというのである。ともあれ、斉明の時代には、多くのペルシャ系の文化が飛鳥に入っていたことは東京国立博物館の法隆寺宝物館に収められているガラス器具の存在や奈良時代の香木にペルシヤ文字やゾグト（中央アジア）文字が記されていることと、白雉五（六五四）年には、「吐火羅《トカラ》（アフガニスタン北部）人が渡来した」とあるから、ペルシャ人が日本に来ていたことは間違いない。ともあれ、この女性と聖徳太子には西アジアにつながる何ものかが感じられる。

この件については、飛鳥という地名はペルシアに由来するという見解がある。ＢＣ三〇〇年代にギリシア勢力をペルシヤ高原から駆逐して建てられた国はギリシア人からはパルチアとよばれ、中国からは「安息」とよばれていたが、自らは「アスカ（アルサケス）王朝」と称しており、その民族は「サカ族」の一派であった。そして、彼らの宗教が拝火教とよばれるゾロアスター教であった。その「アスカ王朝」の文化をもつ人びとが遠くアジアの東にまでやって来て河内の「安宿」や大和の「飛鳥」という地名を残したとは言えないであろうか？

元読売新聞社員で「東アジアの古代文化」で活躍しておられた榎本出雲氏やその後継者である近江雅和氏らによると、「サカ」というのは古代ペルシヤ語で遊牧騎馬民族系のことをさしていたという。ＢＣ五世紀以後、中央アジアの草原地帯にいた遊牧騎馬民族などのことをヨーロッパ人は「スキタイ」とよんでいたが、そのうちの一派が「サカ族」で、中国からは「塞」とよばれていた。この「サカ族」の一派はインドの北方に流れ込み「釈迦族」となり、また、「月氏」とよばれた一派はBC三世紀に西北インドにカニシカ王の名で知られる「貴霜国《クシャン》」を建ている。近江氏によれば、「サカ族」の一部はモンゴルから満州（中国の東北地方）を経て朝鮮そして日本列島に到達したという。そして、近江氏は藤原氏や物部氏は「サカ族」の子孫であるという。この件については、第10章でもう一度ふれることになる。

ともあれ、斉明天皇の即位と同じ六五四年には、新羅では六年前に倭国に来ことのある金春秋が王位につき、武烈王となる。そして、六五九年になると、金春秋すなわち武烈王の努力が実り、唐は蘇定芳を将軍として新羅に援軍を送り百済への攻撃を開始する。そして前述のように翌六六〇年、唐と新羅の連合軍によって百済軍はひとたまりもなく崩壊し、義慈王《ウイジャ》は都のある泗沘城《サピ》（扶余）を放棄して熊津城《ユンジン》（現公州《クンジュ》）に移ったがすぐに降伏し、義慈王と太子の隆は捕虜として唐の洛陽に連れ去られてしまう。そこで、百済の亡臣鬼室福信らは倭国に赴き救援を乞う。

それを受けて、斉明天皇は早速船団を組んで西海に出向き、伊予の熟田津《にぎたつ》に行宮を建てる。その船の中で、大海人《おおあま》皇子の妃であった大田皇女は大伯《おおく》皇女を生んでいる。そして、天皇は筑紫の国に着き、朝倉の橘広庭宮に入ったが間もなく現地で急逝してしまう。

次いで、皇太子だった中大兄皇子は急遽天皇を称し（称制天皇）、それまで日本にいた百済の義慈王の三男の豊璋を母国に還し、百済王朝の復活を支援する。そして、翌六六三年、二万七〇〇〇の兵士が百済に派遣されるが、豊璋は重臣鬼室福信と不和になり彼を疑って殺したため遠征軍の足並みは乱れ唐と新羅の連合軍に大敗してしまう。そして、豊璋は数人とともに高句麗に逃亡してしまう。一方、戦いに敗れた派遣軍は百済の王族の余自信・木素貴子・谷那晋首・憶礼福留らを伴い帰国する。

このような事態を迎え倭国では、亡命百済人の手を借りて長門・大野・高安・金田などに築城して唐からの攻撃の防衛に努めることになる。さらに、百済王朝に仕えていた鬼室集斯・答炑春初・憶礼福留・四比福夫らの亡命官人には土地や官職を与え、天智の朝廷は周辺を多数の百済人に囲まれ、かつ支えられることとなり、あたかも「第二の百済」とよぶにふさわしい様相を呈することになった。

その翌年の二月、天皇は大皇弟に命じて冠位制度の改正をおこなっている。この大皇弟というのは、どうやら大海人のことであるらしい。大海人を「新羅系」であるとすれば、彼は当然、この出兵に反対であったはずである。したがって、この時点で彼に制度改革をやらせたということは、「百済系」である天智が相当程度の譲歩したことを意味していると解釈できる。その年の五月、唐からの使者として鎮将劉仁願と朝散大夫の郭務悰が表函と献物を持ってやって来る。彼らは、半年滞在して帰国する。

なお、このとき、前にも述べたように郭らは「高句麗の蓋金が死んだ」ことを伝えている。この蓋金というのは明らかに泉蓋蘇文のことである。なぜ、外国の大臣の死を報らせたのであろうか？それは、この蘇文が当時の倭国日本にとって何らかの意味で重要な人物であったことを物語っているとしなければ理解できない。すると、泉蓋蘇文のことを小林恵子氏が大海人であると考えていることが思い出されてくる。しかし、死んだのでは後に大海人になれないはずである。

さて、その翌六六五年になると、百済の民が多数難民となって渡来して来る。天智王朝側では近江の神前郡や東国に土地を与えて彼らを迎え入れる。そして、百済の亡命官人や工人に命じて長門や筑紫に防御用の城を築かせている。これは明らかに、唐の侵攻に備えたものと一般には考えられている。

しかし、美術史学者の鈴木尚氏はかねて著書『白村江』で、この戦争以後、倭国と唐とは三〇年間、国交断絶しているはずであるにもかかわらず、白鳳時代の薬師金堂三尊像の様式が唐風になっていることを指摘している。それは、当時の日本が唐の占領下にあり、唐の仏像技術者が駐留していたからであろうというのである。つまり、戦後に到来した郭らは単なる使者ではなく、敗戦国を監視するための駐留軍だったというわけである。しかし、この見解は当たっているとは思えない。近江王朝は六六九年に第六次遣唐使を出しているから唐と断交したのは「壬申の乱」の後の天武時代以後のことであるからである。

こうして、天智は徹底した「親百済政策」を採用し、称制天皇になって六年目に都を近江の大津付近に遷し、翌六六八年には正式に即位する。その翌年、中臣鎌足には大織冠と大臣の位が与えられ、藤原の姓を賜っている。鎌足は、その栄誉を抱いたまま間もなく亡くなっている。近江朝では六七〇年にはいわゆる「庚午年籍」という戸籍が編成され、「大化の改新」で定めた班田収受の制度の推進をはかられている。

そして、翌六七一年、大友皇子を太政大臣に任じ、東宮太皇弟（大海人のことと思われる）に法度のことを施行させている。これは、自分の死後のことに思いを馳せ、後事を皇太子と大海人に託したものと思われる。その際、前に述べたように、大海人は出家を申し出、吉野に隠遁して行く。それから二か月後、天智の病いは進み歳末になって息をひきとることになる。

中大兄皇子は韓人か？

これまで見てきたところから、七〜八世紀の日本の天皇家に百済や新羅の王族が参入しているのではないか、という疑いが生まれてきた。ここで注意しなくてはならないことは第一に、七世紀半ばごろまでの東アジアでは、まだ今日の朝鮮人とか日本人とかいう民族は成立していなかったということである。文化共同体としての高句麗人・百済人・新羅人あるいは伽耶人とか倭人の社会はあったが、その人たちはそれほど明瞭に住み分けしていたのではなく、朝鮮半島から日本列島の広い範囲に混然として住んでいたのである。そのことは、つい一〇〇年ほど前までの日本では薩摩と津軽とでは言葉もろくに通じなかったことを思えばほぼ当たっていると思う。彼らは、自分の先祖への誇りや土地に対する愛着はあったに違いないが、ともに触れ合いの機会があった場合を除いて互いに警戒することはあっても憎しみ合っていたわけではない。

そして、重要なことは、それらの人たちの上にそれを統合するものとしての国家が生まれたことによって人びとの関係が複雑になったということである。後に見るように、六世紀の前半に朝鮮半島南部の伽耶国が新羅によって征服・統合されてから後は、朝鮮半島では高句麗・百済・新羅の三国が対立し、それに日本が加わり、それぞれが王家によって支配されていたわけである。しかも、これは後に検討することであるが、これらの王朝の祖先は民衆とは別の血統の北方騎馬民族であり、互いに本家・分家的な同族意識をもち、相互に姻戚関係で結ばれていたと思われる。つまり、各王家は同じ系統のものと考えるべきであり、その間に対抗意識が生じた場合には支配下にある民衆を組織して戦争することはあっても、平時にはきわめて自然な交際をしていたと考えられる。

また、民衆レベルでも、言語や習慣の相違はあっても、同じ地方で雑居している場合には、経済的あるいは文化的な交流を通じて互いに親近感をもっていたはずである。したがって、「百済系」・「新羅系」という相違も、今日の「関東人と関西人」あるいは「東北人と九州人」といった差異を極端化したものと思えば、それほど誤りではないと思う。つまり、近代的な外国人というような感覚はまだ生まれていなかったということである。

しかし、六六〇年代に、高句麗と百済は新羅によって滅ぼされ、新羅や日本では大国の唐の文化や制度を導入し中央集権的な国家が建設されるようになると、次第に領域としての「国」が意味をもつようになり、それに対応するように上流社会の中に限っては古代的な民族意識も徐々に生じ始めてくる。

ところで、前に掲げた疑問——大極殿のクーデターの直後、古人大兄皇子は中大兄皇子が蘇我入鹿を殺したことを、「韓人、鞍作を殺しつ」と言ったこと——の意味は何であろうか?

このことに関して、小林恵子氏は著書『倭王たちの七世紀』などの中で、当時の日本の天皇についての『日本書紀』の記述はそのまま事実なのではなく、朝鮮の王たちの姿を借りて「ダブル・イメージ」で描かれたものであるとしている。すなわち、中大兄の父の舒明天皇(在位六二九〜六四一)

については、それを百済の武王（同六〇〇～六四一）のことであるとし、『書紀』に描かれているような出来事がそのまま日本であったとは限らないとしている。

このように一人の歴史上の人物が、二つの国で別人物であるかのように活躍する――いわば「一人二役」を演ずるということは具体的にどういうことであろうか？ そういうことがありうることか否かについては次の機会に考えることとし、ここでは仮にこの二人の王者が同一人格であると仮定した場合、入鹿が殺されたときに、古人大兄皇子が中大兄皇子のことを「韓人」とよんだことの意味を考えてみよう。それは、「この事件は百済勢力の演じた権力奪取劇である」と理解したということを意味すると考えるべきであろう。つまり、古人大兄は、舒明もその子の中大兄も百済人すなわち韓人だったと考えていたことになる。

『日本書紀』の皇極天皇の元（六四二）年の記事に、舒明天皇の死去を伝え聞いた百済の義慈王から早速弔問の使者が来たことを記している。そして、「百済の国情」として、「今年正月、国主の母薨ぜぬ。また、弟王子の児の翹岐……島を放たれぬ」と報告している。こうしたことを見ると、百済は日本の舒明天皇の死を悼み、それと関連して百済の国の王室の現状などを伝える必要があると感じていたことがわかる。

第5章　欽明王朝は百済系か

蘇我氏の専横とはどういうことか？

前章までに見てきたように、日本の正史である『日本書紀』に書かれていることはすべてが真実であるとは言えないことがわかってきた。奈良時代の初め、この史書の編集者が最も心を砕いたことは何であったであろうか？　それは第一に、天武天皇は皇位の簒奪者であることを隠すことであったはずである。そして、第二に、日本の政治を指導している勢力が朝鮮の百済や新羅と深い結びつきがあるという当時としては常識であったことを、どのようにして表面に出さないで済ますかということであったであろう。

そうして、作られた『日本書紀』は、外国の文献からの引用を織り交ぜたり、適宜虚構の史実を創作したりして組み立てられていることは、これまでの考察からも明らかになってきた。このように、『日本書紀』にはかなりの虚飾が加えられており、個々の記事の信頼度は一様ではなく、十二分の検討が必要であることは「正史擁護」の立場にあるアカデミズムにおいてさえ認めるところであり、何らかの虚偽を含むこと自体は疑う余地はないと言うことができる。

では、『日本書紀』の記述の中で真実を歪め歴史を改竄したものとして最大のものは何であろうか？　筆者の見解では、それは蘇我氏を悪玉に仕立てあげ、好ましくないことはすべて蘇我氏のせいであるかのように筆をはしらせたことである。そして、もう一つ、そのことと関連して聖徳太子を聖人であり天才的英雄であるかのように讃美していることをあげたい。太子の人間像には多くの疑問があり、そこに描かれているものはあくまで虚像であると思う。そこで、そのことについて考える前に、まず蘇我氏とはどういう氏族であり、その主流が何故にクーデターで除かれるようになったかという問題を、もう一度検討し直してみることにしたい。

大和の飛鳥《あすか》地方に都が置かれていた六世紀から七世紀後半にかけて、倭国の朝廷が司ってきた政治と経済が実質的に蘇我氏の手でおこなわれてきたということは、今日では常識とされている。飛鳥の一帯については、『続日本紀』の宝亀三（七七二）年の条に、「およそ高市郡の内には、桧前忌寸《ひのくまのいみき》および十七県の人夫天地に満ちて居す。他姓の者は十にして一、二なり」と記されている。この桧前忌寸は阿知使主の子孫で、百済から渡来した倭漢《やまとのあや》氏という「漢人系」であるが、この記事から見て飛鳥地方には「新羅系」の住民もいたであろうが、その相当数は「百済系」であったものと思われる。

では、そういう飛鳥地方に根拠地を置いていた蘇我氏が、どのようにして勢力を強めることができたのであろうか？　その政治的条件としては、蘇我氏が娘を天皇家の后妃として容れて外戚的地位を占めて背後から朝政を操作していたことがまず指摘されよう。

【蘇我氏関係略図】

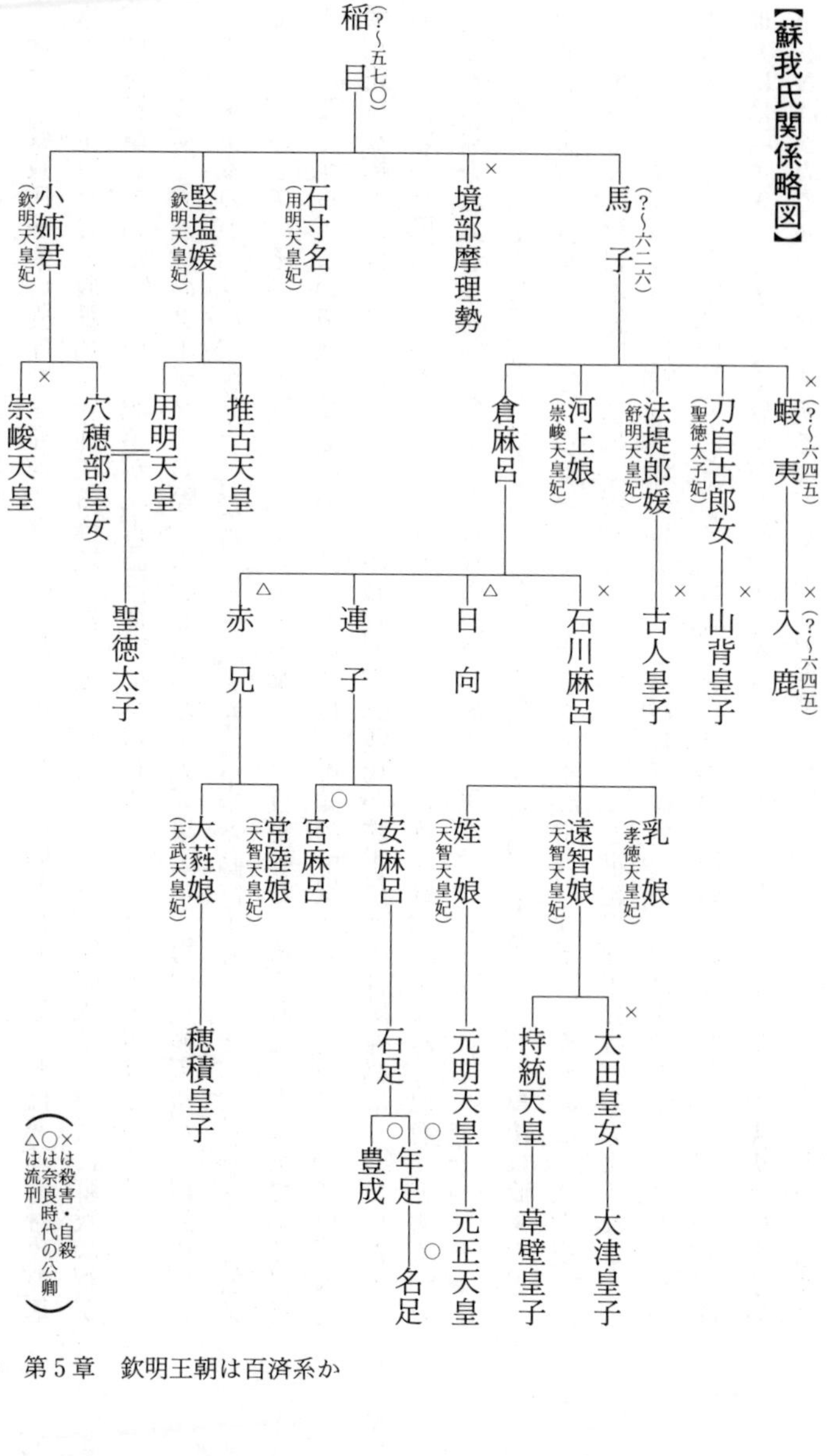
稲目（?～五七〇）
馬子（?～六二六）
境部摩理勢
石寸名（用明天皇妃）
堅塩媛（欽明天皇妃）
小姉君（欽明天皇妃）
蝦夷（?～六四五）
刀自古郎女（聖徳太子妃）
法提郎媛（舒明天皇妃）
河上娘（崇峻天皇妃）
倉麻呂
推古天皇
用明天皇
穴穂部皇女
崇峻天皇
入鹿（?～六四五）
山背皇子
古人皇子
石川麻呂
日向
連子
赤兄
聖徳太子
乳娘（孝徳天皇妃）
遠智娘（天智天皇妃）
姪娘（天智天皇妃）
安麻呂
宮麻呂
常陸娘（天智天皇妃）
大蕤娘（天武天皇妃）
大田皇女
持統天皇
元明天皇
石足
穂積皇子
大津皇子
草壁皇子
元正天皇
年足
豊成
名足
（×は殺害・自殺
○は奈良時代の公卿
△は流刑）

その点は、右の系図を見れば一目瞭然である。

次に、蘇我氏が強い支配力を発揮できた経済的理由として指摘されていることは、国家財政の基本となる屯倉《みやけ》などの収納物を管理する権能を握っていたことであり、「雄略天皇の時代に蘇我満智が三蔵を管掌していた」という記事が『古語拾遺』にみられることがそれを裏づけている。

ところで、大極殿のクーデターの際に入鹿を斬った中大兄皇子に、母の皇極天皇が「何故そういうことをするのか」と言って咎めたのに対して、「入鹿は皇位を傾けようとしているのです」と答えている。そして、その言葉の裏には「蘇我氏の専横」という意味がこめられていたはずである。そうしたことから、この時代の朝廷のあり方については、推論の前提として「当時にあっては、天皇家が正統な権力の保持者であったにもかかわらず、蘇我氏が勝手にその権威を横取りしていたのである」といった思い入れがあると思われる。しかし、そういう「蘇我氏すなわち悪者」とする一方的な物の見方は大きな過ちを犯すことになる恐れがあると思う。

そもそも、「日本の最高権力はもともと天皇家が行使するものである」とか、「皇位は直系の男子の血筋によって継承されねばならない」というような「不改常典」などというものは、八世紀の後半に成立した『続日本紀』に初めて現われるものであって、七世紀の前半には、そのようなことは法令としてはもちろん、暗黙の了解としてさえも存在してはいなかったはずである。つまり、そのころには「天皇」という称号はもとより、「日本」という国号も用いられていなかった。そして、各地方には「キミ」と名乗る豪族が実質的な支配を固めていた。そして、ようやく中央集権的政治力をもちはじめていたヤマト王朝では、「大王」が推戴されるようになってはいたが、「大王」の座についての明確なルールがあったとは言い切れないからである。

もっと端的に言うならば、『日本書紀』が公認している「皇統譜」なるものは、七世紀現在の記録に基づくとする証拠は無く、蘇我氏の主流の崩壊――大極殿のクーデターとそれに続く「大化の改新」――以後、しかも「壬申の乱」で天武天皇が権力を掌握してから後に作られたものであるに違いないからである。したがって、六〇一年に遣隋使を中国に送り出したのは推古天皇であり、六四五年当時の大王（天皇）は皇極天皇ということになっているが、そのように断定できる根拠があるとは必らずしも言えないということになる。それについては、単に「正史にそう書いてあるから、そうであると思う」以上のことではないはずである。

さらに言うならば、七世紀前半には「実は蘇我馬子が名実ともに大王であった」のかもしれないとまで言うことができよう。したがって、中大兄皇子のしたことは大逆罪だった可能性もあることになる。『日本書紀』に書かれている記事で、「蘇我氏の専横」によるとされるものも、それが大王としての行為であったとすれば、違法でも何でもなかったことになる。もちろん、当時はまだ律令制は無く、何が合法で何が違法であるかの基準などありはしなかった。しかも、大王の地位は諸氏族の完全な委任に基づいて選ばれたとは限らず、恐らくは暗黙の合意によって事が運ばれていたことであろう。もしかすると、皇位は特定の実力者が一方的に宣言して即位していたのかもしれない。

そういう事情を念頭において、『日本書紀』から「蘇我氏の専横」の事実とされるものをあげるとすると、まず皇極二（六四三）年十月、「蘇我大臣蝦夷、病に拠りて朝《まい》でず。私《ひそか》に紫冠を入鹿に授け、大臣の位に擬ふ……」という記事に出会う。そして次に、蝦夷が自らの邸宅を宮廷に見立てていたというようなエピソードが見つかる。また、『新撰姓氏録』や『紀氏家牒』等の史料には、「物部族などの者を僕とした」など朝廷のおこなうべきことを私的な措置で裁いていたと解される内容の記事もある。さらに、皇極元年七月には干天続きであったため、蝦夷は寺々で経を読ませ、自らも香をたいて降雨を祈っている事実がある。当時は、雨乞いというような神聖な仕事をする権限は村里の長と大王だけが許される務めであって、普通の臣民が私的におこなうべきものではなかった。それを敢えて蘇我氏が実行したというのである。そのことは、彼が傲慢不遜であったからなのではなく、少なくとも自分には、「自らは大王である」という自負ないしは責任感さえもって事をおこなったのであるということになりはしまいか。

蘇我馬子は大王だった

七世紀の倭国の実質的権力はどういう人びとが握っており、誰が大王であったかについて知るためには、外国の文献史料と照合することが客観的であり確実な方法のはずである。そこで『隋書』を見てみると、「開皇二十(六〇〇)年、俀王(倭王とは記されていない)、姓は阿毎、字は多利思北(比)孤、阿輩鶏弥《あわけみ》(大君?)と号す。……王の妻は鶏弥(君?)と号す。後宮に女六、七百人あり。太子を名付けて利歌弥多弗利となす」と述べられている。

ところが、『日本書紀』によるその時の倭の大王(天皇)は推古女帝であり、「太子」と言えば摂政の聖徳太子であったことになっている。それなのに、『隋書』では、大王は男性であったと明記している。まさか隋側が男女の誤認をするはずはない。この矛盾については、古田武彦氏のように、「隋に使者を派遣したのは大和にいた倭王ではなく、九州王朝の俀王だった」としている見解もなくはない。また、論者の中には、推古女帝自身が蘇我馬子の歌に答えた歌の中で、「大君」という言葉を使っていることを指摘する人もいる。つまり、自分が天皇であれば臣下に向かって「わが大君」などという言葉を使うはずがないから、大王だったのは馬子のほうであり推古女帝などはいなかったと説いている例もある。また、『隋書』が記す俀王の名の「タリシヒコ」については、それは固有名詞ではなく「王者」を意味する普通名詞であり、「足彦《たりしひこ》」であると解する説もある。

また、用明の和風諡号の「橘豊日」にある「豊」は、舒明の「息長足広額《おきながたらしひろぬか》」に含まれる「足《たらし》」という文字と同じように「タラ」とも読め、「タップリとある」という意味であると考え、どちらも「王」のことを表わしているとも考えられる。それとは別に、太子の名の「リカミタフリ」というのは、「利」は「和」の誤記であるとし、「ワカミタフリ」と読み、若き田村皇子——後の舒明天皇のことであると考えて「倭国」に結びつける見解もおこなわれている。さらに、「ワカミトホリ」と読んで「若い御世継」という意味であると解釈する向きもある。

その真相については、にわかに断定はできないが、最も素直な解釈は、「そのころの大王（天皇）というのは蘇我馬子のことであり、太子というのは、馬子の子の蝦夷のことであった」ということになるのではなかろうか？　ところが、中国側では「タリシヒコ」とか「ワカミタフリ」という倭語は「王」とか「太子」とかいう意味の普通名詞のことであったのを個人の名と誤解して聴き、それをそのまま表記したのであろう。また、『書紀』に記されている「馬子」とか「蝦夷」という名前はそもそも本名なのではなく、修史官が侮蔑的な意味をこめて作為的に付けたものである可能性は高いと思う。つまり、『隋書』がいうところの「太子」とは蝦夷のことであり、その実名が「ワカミタフリ」であったとも考えらるのではなかろうか？

「大王」というのは「諸王の中の王者」ということである。であるとすると、蘇我氏は本当に「大王」の位につく資格があったのであろうか？　当時は「皇室典範」などなかったから、そのことを論ずるためには蘇我氏の出自を明らかにする必要がある。それについては次章で検討するが、もしも蘇我氏の祖先が朝鮮半島にあった国の王統から出たものであるとすると、蘇我氏の当主が「大王としての自覚」をもっていたとしても不思議ではないことになる。また、逆に考えるならば、『日本書紀』という正史を編集する根本動機が、天武の子孫以外の氏族が将来皇位を狙うような望みをもつことを断つことにあったとすると、六四五年の蘇我入鹿殺害事件について述べるに当たって、それ以前に蘇我氏がじっさいに「大王」の位に即いていたという事実そのものをあえて抹殺し、蘇我氏のしたことのすべてを邪悪なものとして排除し、基本的な史実まで捏造したのかもしれない。

とはいっても、「そのような考え方はあくまで想像の域を出ない」として頑なに拒絶する人も多いに違いない。しかし、歴史の謎の解明に関しては、「そうあって欲しい」とか「欲しくない」というような願望が先に立ってはならないと思う。特定の結論を得ようとして、飛躍的に推論を進めるのではなく、可能性を真実のレベルに高めるべく、あくまで厳正で合理的に考察すべきである。

ところで、蘇我馬子が「大王」であったことを論ずるに当たり、「大兄皇子」という文字に注目する見解がある。そもそも、「大兄」という言葉は、彦人大兄・山背《やましろ》大兄・中大兄・古人大兄皇子のように、「次代の大王」すなわち皇太子のことを意味していたはずである。しかし、そのうち現実に即位したのは中大兄だけであり、それ以外の者はみな即位以前に殺されている。そこで、推古天皇の二代前の用明天皇は若いころには「大兄皇子」とは呼ばれていなかったから、大王には即位していなかったことになり、実際は「馬子大王」が君臨していたのであると考えるわけである。

ともあれ、六世紀から七世紀半ばまでの皇位すなわち大王の地位については、『記・紀』が唱えているとおりとは限らないとまでは言えそうである。いずれにしても、八世紀の初頭に、『日本書紀』が編集されたとき、「大化の改新」についての評価をめぐっていろいろと討議が重ねられたに違いない。「正史」を編集する立場としては、大極殿のクーデターは正当化されなくてはならないはずである。そうなると、すでに葬り去られている蘇我氏の嫡流については、それがほんとうは大王位についていたという事実があったとしても、あえてそれを抹殺し、それまで蘇我氏に備わっていたすべての権威と業績とを否定することが編集の基本方針とされたことは十二分に考えられると思う。

このように見てくれれば、断定的な結論は出せないまでも、用明天皇や推古天皇については「それは馬子大王の実在を覆い隠すために創作された虚構の天皇である」とする可能性を完全に否定することは困難であると言うことは許されると思う。

聖徳太子をめぐる数々の謎

七世紀の「大王」について考えるため、「皇統」と「蘇我氏系譜」を並列してみよう。

欽明——敏達——用明——崇峻——推古——舒明——皇極——孝徳——斉明——天智

蘇我稲目————蘇我馬子————蝦夷————入鹿

この場合、「蘇我馬子大王説」を唱える立場の人は、用明〜皇極は系譜的に創作された大王であり、蘇我馬子の系統こそ名実ともに備わった大王であったとするわけである。この件の当否については、この際、結論を保留することにして、次章でも蘇我氏の本質に迫っていくことにするが、それに先立ち、もう一つ絶対に見逃すことができないことがある。それは、日本古代史で最高の大人物として描かれている聖徳太子とはどういう人であったのかという問題である。と言うのは、聖徳太子は七世紀初頭の倭国の政治の実質的指導者であり、しかも、蘇我氏とはきわめて深い関係がある上に、太子には見逃すことができないような、そしてなんとも理解に苦しむ謎が多くあるからである。

まず第一に、聖徳太子の両親について、『日本書紀』では父方の曾祖父も母方の曾祖父もどちらも蘇我稲目であるとされている。つまり、聖徳太子は血族結婚によって生まれたというのである。推古天皇は太子の父方の伯母である。これをそのまま信じてよいのであろうか？　当時、血族結婚がおこなわれていたか否かについては、天智・天武の非兄弟説と関連して論じたが、日本最初の女帝であるとされている推古天皇は、異母兄弟の敏達天皇の皇后となったと『書紀』は記している。また、用明天皇は従姉妹の穴穂部間人皇女を皇后としている。こういうことが、本当にあったのであろうか？

六世紀末から七世紀にかけて絶大な権力を行使しており、前節で「大王」であった可能性があるとした蘇我馬子は、姉妹二人を天皇の后妃とし、娘の刀自古郎女は聖徳太子の妃となり、同じく娘の法提郎媛は舒明天皇の妃となっている。こうして馬子は二重・三重に天皇家と結びつき、その外戚として政治の世界を裏から操縦することができる地位についていたというのである。しかし、すでに論じたように、当時の倭国では同族どうしの近親結婚がおこなわれていたとは考えにくい。それなのに、このように露骨で不自然な結婚関係が事実としてあったかのように記されている理由は、『日本書紀』の編集者が意識的にそれが虚構であることを逆に印象づけることに狙いがあり、「蘇我氏の専横」という一見もっともらしい物語を「架空の系譜」を通じてあたかも事実らしく描きだすためにおこなった作為的工作によるものであった、というのが筆者の見方である。

聖徳太子をめぐる第二の疑問は、その名前をめぐるものである。「一度に十人の訴えを聴いた」という伝説を裏付けるかのように、太子はトヨトミミ（豊聡耳）皇子ともよばれていた。そして、そのほかに厩戸皇子ともよばれている。後者については、その由来はイエス・キリストを連想させるものがあるが、その理由は何であろうか？　いかにも曰くがありそうである。何か出生に秘密があるのではなかろうか？

しかし、なんと言っても、聖徳太子をめぐる数多い謎の中で決定的に重要な意味をもつ疑問は、一四人もいたとされている太子の子孫がすべて抹殺され、一人も残されていないことであろう。何故そのようなことになったのであろうか？　それは蘇我入鹿が横暴であったからとか、太子の存在を恐れたからというような説明で納得できるはずはない。

このような疑問があるにもかかわらず、世間では太子の超天才ぶりを讃美する感情とからんで、多くの「太子崇拝者」たちを生み出し、「日本民族の世界に誇るべき英雄」として受けとめられている。しかし、世に語られている太子の人柄や功績の全貌については、『日本書紀』だけではなく、それ以外にも『聖徳太子伝歴』・『上宮聖徳法王帝説』などにある大量な記述に基づいている。これらのほとんどは「太子崇拝者」たちが八世紀以後に創作したものであって、その信頼度はかならずしも高くはない。一九〇三年に久米邦武が当時まで残されていた各資料を甲乙丙に三分して評価している。最近の研究では、久米氏が確実とした甲種の資料についても厳密に検討するとかなり信頼度は低いという。「太子信仰」が生まれなかったとすれば、ほとんどは無視ないし廃棄されてもしかたがないものばかりである。その反面、太子こそ真実の大王であったという論者もいる。

すなわち、前に掲げた『隋書』に出てくる「多利思北孤」については、それが蘇我馬子のことであるという説が成立する可能性があると言ったが、実はそうではなく、「それは聖徳太子のことである」という説もまた一つの有力な見解とされている。つまり、推古天皇の摂政として、そして皇太子としておこなったとされている事績として、「冠位十二階」の制定、「憲法十七条」の創定、隋との国交など大きな政治的事業が数えられるが、それはすべて「大王」に即位した厩戸皇子がしたことであるというのである。

また、太子は文化面では法隆寺、四天王寺などの建立、『三経義疏』などの著作をしたことになっている。いくら天才であっても、政務で忙しいはずの人物がこれだけのことを個人の力で短期間に仕上げることは無理であったのではなかろうか？　これも太子をめぐるきわめて現実的な謎として付け加えるべきことかもしれない。

聖徳太子はいなかった

そこで、これらの謎の答えはどうなるのか考えてみよう。まず、太子の出生については、父は用明天皇（欽明天皇と蘇我稲目の娘の堅塩媛《きたし》の間の子）で母は穴穂部間人皇女《あなほべのはしひと》（欽明天皇と稲目の娘小姉君の間の子）であるとされており、曾祖父はともに稲目となっている。生まれて最初は上宮にいて父に愛されていたが、後に斑鳩《いかるが》に遷ったとされている。そして、聖徳という名前は『書紀』の「用明紀」に「更《また》の名」としてあげられているが、それは生前のものではなく、慶雲三（七〇六）年造営の法起寺の塔の露盤の銘にあるものが最初のものである。

ところが、元高校教員だった石渡信一郎氏は『聖徳太子はいなかった』という本を著わし、聖徳太子というのは架空の人物であるという奇想天外とも言うべき説を唱えているのである。もし、それが真実であると主張しようとするのなら、『日本書紀』は何の必要があってこういう偉大な人物を創作しなくてはならなかったのかについて十二分に納得のいく説明がされなくてはならない。果たしてこの奇説は成り立つのであろうか？

一方、これとは別にもう一つ、これまた聞く者の耳を疑わせるような不思議な意見がある。ノンフィクション作家である関裕二氏が著書の『天武天皇の隠された正体』という本の中で唱えている「聖徳太子とは蘇我馬子と蝦夷のことである」というものである。しかも、関氏はそれと同時に「聖徳太子は即位していた」とも言っている。こうなると、前説で触れた「馬子大王説」と「聖徳太子即位説」とがドッキングしたことになり、六世紀から七世紀にかけての歴史像は常識を絶したものとなってしまう。

こういう説の結論だけを聞くと、ほとんどの人は「世を惑わせる奇想天外な妄論」と思うのではなかろうか？　そして、そのような乱暴な意見について検討することはナンセンスに決まっていると感ずることであろう。しかし、そういう先入観を抑えて冷静に考えていくことにしたい。

関氏に言わせると、『日本書紀』では馬子の子孫の入鹿を悪人として除いてしまったため、その父および祖父であり、事実においても大王であった馬子と蝦夷の治績をそのまま歴史から抹殺することはできないし、かと言って、その偉大な業績を悪人たちの手柄として記録するわけにいかない。そこで、やむなくその実行者として代わりに聖徳太子という超人を創作したというのである。そして、関氏は不幸にして歴史から葬られることになった馬子と蝦夷の名誉を、聖徳太子という架空人物に託したのである、としている。

というわけで、話の筋としてはけっして奇論でもなく怪説というべきものではない。では、そういう仮説は成り立つであろうか？　そのことを検討するために、六世紀後半以後の歴史の概略を年表風に示してみよう。

五五二　欽明天皇、大臣の蘇我稲目に仏を拝ませる。
五七二　敏達天皇即位（皇后は御食炊屋姫）。稲目の子の馬子大臣となる。
五八五　馬子病む。仏像投棄。敏達天皇崩御。↓用明天皇即位。
五八六　穴穂部間人皇女立后。穴穂部皇子、物部守屋に三輪君逆を斬らせる。

五八七　天皇、三宝に帰依。排仏派の中臣勝海を殺す。天皇崩御。↓崇峻天皇即位。
五八七　馬子、崇峻を奉じ穴穂部皇子を弑す。太子とともに物部守屋を殺す。
五九二　東漢直駒、天皇を弑する。↓御食炊屋姫、推古天皇として即位。
五九三　聖徳太子、立太子。難波に四天王寺を建立する。
六〇〇　遣隋使。翌年、太子斑鳩宮に入る。
六〇四　「冠位制」施行。「一七条憲法」創定。
六二一　蘇我蝦夷、群臣とともに皇嗣を議する。
六二二　聖徳太子歿。
六二六　蘇我馬子歿。
六二八　推古天皇崩御。
六二九　舒明天皇即位。↓翌年、宝皇女、立后。
六四一　舒明天皇崩御。↓翌年、宝皇女、皇極天皇として即位。
六四三　飛鳥板蓋宮に遷都。山背大兄王自殺。
六四五　入鹿殺害。孝徳天皇即位。古人大兄王殺害。↓大化改新。

そこで、関氏の推論と石渡氏の説くところを、筆者なりに総合してシナリオ的に示してみることにしよう。

馬子が飛鳥の朝廷に登場する前、その父の稲目が実権を有していた。そして敏達・用明時代から、御食炊屋姫（推古天皇）と蘇我馬子とは懇ろであった。馬子は大王として倭国を取り仕切っていた。そのころ、旧勢力を代表していた物部守屋は排除された。その後、馬子は大王位を息子の蝦夷に譲り、馬子はその背後にあって万事につき指導した。つまり、用明天皇から推古・舒明そして皇極天皇の治績とされているものは、すべて馬子と蝦夷がしたことである。しかも、文献に書かれている「聖徳太子」という人物は実在せず、その偉大な業績というのはすべて馬子自身および蝦夷が父の馬子のためにおこなったものである。それを『書紀』は架空の「聖徳太子」なる幻の英雄を創作し、それを推古天皇の皇太子として位置づけ、超人として描いたのである……ということになる。

しかし、大極殿のクーデターによって「横暴なる蘇我氏を打倒した」とした以上、前代の治績を大王であった蘇我氏の馬子と蝦夷の功績としては具合が悪いので、実際には大王ではなかった人物――欽明の子孫である数人の男女――敏達から皇極に至る天皇――が政治を担っていたかのように記録したというわけである。

しかし、聖徳太子を架空の人物であるとしたため、一つの問題が生じた。それは、人びとから尊敬を受けていた馬子たちのしたことを、「聖徳太子」の業績として讃えるのはいいとしても、結果として悲惨な最期をとげた蝦夷や入鹿の時代まで、「太子」を生かしておくわけにいかない。そこで、太子と馬子はあいついで死んだこととし、馬子の子の蝦夷にダブルように山背大兄という太子の子がいたことにしなくてはならなくなった。それは、殺された入鹿の霊を慰めるという意味も兼ねたものであった、とするのである。ところが、蝦夷と入鹿が殺された後にまで「聖徳太子の子孫」が残っていては都合が悪いので、大極殿のクーデターの二年前に山背大兄皇子とその一族を抹殺しなくてはならなくなった、というわけである。

この石渡氏と関の両氏が描いた右のシナリオには、それなりに筋が通っているし、ここでは省略するが、それぞれ幾つもの「証拠」もあげられている。ここで、興味のあることがある。それは、『日本書紀』が描く山背大兄皇子の最期についてである。それは、関氏に言わせれば「歴史改竄の証拠湮滅のためのカムフラージュとして挿入された」ということになる。『書紀』には、「入鹿の手勢に襲われた山背大兄王はいったん膽駒《いこま》山に逃れ、斑鳩《いかるが》寺に戻って自決した」と書かれている。そして、「空から五色の幡や蓋が垂れ下って来たので人びとがそれを入鹿に示したが、彼にはそれを見ることができなかった」という奇妙な描写が施されている。それは「山背大兄」の死を神秘化することによって、「史実」の記録としては記述を曖昧にしている。そのことは、これが架空の出来事であることをそれとなく残したものということになるのであろうか?

なお、聖徳太子の超天才ぶりについては、アカデミズムの世界でも、「十七条の憲法」は大化以後の作であるとか、『三経義疏』は太子のブレインだった高句麗僧の慧慈の作であるとする説などが以前から各方面で唱えられている。また、しばしば「太子実在説」の証拠として法隆寺金堂の薬師如来像光背銘があげられているが、そこでは推古天皇のことを「大王天皇」という言葉で表わしている。しかし、この言葉は当時は使われていなかったもので、七世紀後半以後の蘇我氏が排除された後に、「推古天皇が即位していた」というふうに歴史が改竄された結果として、後になって書き込まれたものであり、聖徳太子の実在性の証明に関しては有効性に欠けた証拠に過ぎないと石渡氏は論じている。

以上、長々と「聖徳太子不実在説」を紹介してきたが、筆者としてはこの説に対して大いに敬意を表するだけに止め、この説が真実そのものであるか否かについては、その成立の可能性は絶無ではなく、かなりの確率はあるとだけ言いたい。

聖徳太子の正体

今度は、聖徳太子は実在したという立場から、その実像に迫ってみたい。そこで、ここに興味深い説を紹介することにしよう。それはこれまでもしばしば引用させていただいた小林恵子氏が『聖徳太子の正体』という著書に述べられたものである。

まず、太子の人間像については前節で述べたもの以外にも数多くの疑問があげられる。第一に、太子の母の名が穴穂部間人《はしひと》という点にまず注目したい。前にも、孝徳天皇の皇后が間人皇女であることからその母は皇極・斉明天皇がペルシヤ（イラン）人ではないかという疑問について触れた。この天皇は牛を屠って祈ったり、四方を拝み雨乞いをしている。また、「天宮」ともよばれる「雙槻宮《ふたつき》」を造っている。このことは、その当時のペルシヤはササン朝が滅亡した後であるが、かつて盛んであったゾロアスター教（拝火教）の信仰は東方に伝えられたことと関係が深いと考えられる。その宗教は、「四方を拝する儀礼」をもっていたという。聖徳太子も四天王寺を建てていることから、太子の母の穴穂部間人が「ハシ（波斯）人」すなわちペルシヤ人ではなかったのか、という疑問が生まれてくる。

また、小林氏は、「聖徳太子の髪は赤かった」という伝承があることや「太子は牛乳を飲んでいた」

とも伝えられていること、さらには、太子の事績を伝えた『補厥記』に、太子が「斑馬に乗って空を飛んだ」とあることについて触れ、「斑」というものは、ペルシャ系の文化とつながるものであると説いている。そして、太子の別名が「厩戸皇子」とされている由来も、前に述べたように西アジアとのつながりを示している。しかも、聖徳太子と縁りの深い法隆寺の東院の八角形の夢殿にある救世観音像は、太子をモデルにしたものであるというのが定説であるが、その光背は火炎を思わせるものがある。それは、八角形の御堂の中で聖火を燃やして拝むゾロアスター教の拝火の儀式を連想させる。さらに、夢殿に伝来された四騎獅子狩文錦の図柄に四人の騎士が後向きに獅子を射る状が描かれているが、それは「安息（ペルシャのこと）式射法」とよばれるもので、ササン朝ペルシャのものであるという。このように、聖徳太子についての関連情報はすべてが西アジアのペルシャ方面に向いているではないか。それをどう解釈したらいいのであろうか？

こうした疑問について、小林恵子氏は「太子は西突厥の王だったタルドゥ可汗（中国表記で達頭）のことであると」という驚くべき説を展開している。西突厥というのはトルコ系の騎馬民族で、ペルシヤに接する土地まで支配しており、隋とも対等に交渉している。その王であったタルドゥは、五九九年まで史書に現われるが、以後、プッツリと姿を消してしまう。小林氏は、タルドゥは北アジアの草原の道を通ってまず朝鮮に来たとし、いったんは百済に入り、その王朝に迎えられて二九代目の法王（在位五九九〜六〇〇）となったとする。

小林氏によれば、タルドゥはそのまますぐに日本に移り播磨の斑鳩に住み、やがて蘇我氏に迎えられて大和の大王になったというのである。ただし、蘇我氏としては表向きはこの外来者のことを用明天皇の子であるということにし、推古天皇の摂政の名で政務を担当させたというのである。因みに、突厥領土内には斑鳩と名前がよく似たカイルガナという鳥が多数住んでいるという。また、第四章で見たように、古代ペルシャの「アスカ王朝」をつくっていた「サカ族」の子孫が日本に渡来して飛鳥に住んでいたとすれば、聖徳太子が西アジアから来たとする説も納得し易くなってくる。

たしかに、伝説上の聖徳太子は博識であり、凡俗には考えられないほどの知識と知能をもっていたとされている。この日本人離れした巨人がペルシャの隣からほんとうにやって来たとすれば、蘇我氏ならずとも大いに歓迎して高い地位と特権を与えたことは十分に考えられるが、その真の姿は厚い秘密のヴェールの向こうに隠されたままになっている。

任那復興への執念

蘇我氏の真の姿を探ろうとするうちに、「馬子大王説」であるとか、「聖徳太子不実在説」あるいは「太子ペルシャ関係説」などに出くわし、いささか脱線したのではないかと思われた読者もいることと思う。しかし、頭を柔軟にしなければ、何事も真相に達することはできない。こうした一見珍奇な考え方については、にわかにそれに飛び付くのではなく、さりとて全面的に拒絶するのでもなく、それなりに考察の視野を広げ、より高度な思索の道を見出す手がかりとして受けとめたいと思う。つまり、頭から「そんなバカげたことはありえない」として無視するのではなく、「もし、それが正しかったとすれば……」という積極的受容の立場から、自由に自分なりの歴史観に従って推論を進めるための一助として利用するようでありたいと思う。

さて、蘇我氏が飛鳥王朝で政治的実権をふるうようになったのは、六世紀の半ば近く、稲目が大臣として欽明天皇を補佐したとされる時代から始まる。そして、その政権は以下に見るように終始一貫して百済との関係を重視し、極端な言い方をすれば、あたかも倭国が百済と兄弟国であったかのように振る舞っている。しかも、欽明天皇の子である敏達天皇は百済の大井の宮を作っているし、玄孫とされる舒明天皇も百済宮に入り、その葬儀は百済大殯によって営まれている。それは、いったいどういう意味のものであろうか？　もしかして、欽明王朝が百済からの渡来王朝だったのではなかろうか？　それとも、この王朝を支えた蘇我氏が百済の王朝の支族かなにかであったのであろうか？

この問題を考える手がかりとして注目すべきことは、欽明天皇の二年と五年の二回にわたって、「任那復興会議」が開かれたことである。その会議はどちらも倭国から百済に使節が派遣され、伽耶諸国の代表が参加している。　その顔触れは………

国名	欽明二（五四一）年四月	欽明五（五四四）年十一月
百済	聖明王（聖王）	聖明王（聖王）
安羅	次旱岐・夷呑奚・大不孫・久取柔利	下旱岐・大不孫・久取柔利
加羅	上首位・古殿奚	上首位・古殿奚
卒麻	旱岐	君

散半奚	旱岐の児	君の児
多羅	下旱岐・夷他	二首位・訖乾智
斯二岐	旱岐の児	君
子他	旱岐	旱岐
久嗟	―	旱岐
倭	任那日本府臣・吉備臣	任那日本府臣・吉備臣

この会議は、五三二年に新羅によって滅ぼされた朝鮮半島南部にあった任那六国の一つだった金官加羅国を再建させようというもので、百済の聖明王（五二三〜五四）が主催したもので、任那諸国を復興させようというものである。ここで旱岐というのは、「首長」とでも訳すべき言葉で、モンゴルなどの騎馬民族で使われていた用語である。ということは、会議に出席していた任那諸国の旱岐たちは、かつては北アジアにあった騎馬民族系の部族の首長の子孫であったことになる。『書紀』によると、会議の席で百済の聖明王は「任那の国と吾が百済と、古より以来、子弟たらむことを約《むす》べり」と言い、新羅の無道を非難し、任那の復興の策を提案したりしている。

ところで、『日本書紀』の記事の書き方を見ると、「欽明紀」を境として記述のスタイルがそれ以前とは一変し、一面では正確な公式記録に基づいて編集されたという印象が強くなってくる。しかし、その反面「欽明紀」を見るとその三二年間の記事のほとんどは百済・高句麗・新羅の三国間の朝鮮半島における覇権の争いに関するもので埋められており、それ以外の記事と言えば、蘇我・物部の仏教の受容・排斥問題くらいのものである。つまり、『日本書紀』の記事をそのまま信用するとすれば、欽明天皇と蘇我氏とは何をさておき百済との協力を可能な限り緊密化し、新羅に滅ぼされた任那を国家として復興させることを至上任務と考えていたとせざるをえなくなる。

これはいったいどういうわけであろうか？　朝鮮の正史の『三国史記』によれば、五五一年から翌年にかけて、新羅は高句麗領内に進出して新州を置いたのに対して、百済は五五四年に管山城で新羅と戦って聖明王は戦死している。つまり、百済としては宿敵である新羅に対抗する必要上からも、倭国と組んで「任那復興」をはかることは戦略的にきわめて有効な策だったということになり、『日本書紀』が伝える「任那復興会議」は空中楼閣などではなく、切実で緊迫した朝鮮半島の事情をそのまま反映したものであるということになる。しかし、五六二年には新羅は高霊を攻めて任那六国の最期の生き残りであった大伽耶国を滅ぼしている。これらによって、伽耶諸国はことごとく新羅の支配下に入ってしまう。

では、任那諸国とはどういう国であったのであろうか？　任那という国名が初めて『日本書紀』に現われるのは、「垂仁二年紀」にある意富加羅《おおから》国王の子であるという都怒我阿羅斯等《つぬがあらしと》に対して、崇神天皇が「御間城《みまき》天皇の御名をとりて汝の国の名とせよ」と言ったという記事である。これは、「ミマナという国の名は、ミマキイリ彦という天皇の名から付けられた」ということで、史実とは無関係である。史実らしい記事としては、「雄略七年紀」に田狭という男を「任那国司とした」という記事が最初のものである。そして、『書紀』の建前としては、そのころから、朝鮮半島の南部にあった任那には「日本府」なるものがあり、その地にはヤマト王朝の支配が及んでいたということになっている。

「任那日本府」なるものは、『日本書紀』にしか存在を認める史料は無いし、その官職制もまったく不明である。また、二〇世紀になって日本が朝鮮を植民地として支配をしていたころ、朝鮮総督府が「任那日本府」の遺蹟の発掘を試みたが、その存在を示す遺物らしいものは片鱗も見つかっていない。したがって、実証主義の立場からすれば『書紀』が述べるような「日本府」なるものは「幻の存在」に過ぎないことになろう。

とは言うものの、任那すなわち伽耶地方は後に見るようにかつて多数の倭人が住んでおり、天皇家や諸豪族にとって原郷とも言うべき所であるから、七世紀ごろでも相当数の倭人はいたに違いない。したがって、「日本府」を「朝鮮半島内のヤマト王朝の出先機関」と考えるのではなく、今日的な表現をするとすれば「在韓倭人領事館」のようなものだったとすれば、そういうものがあったとしても少しも不思議ではないし、むしろ何らかの倭人の駐在員がいなかったとするほうがむしろ不自然なのではなかろうか？

そして、それは「倭館」ないし「倭府」と呼ばれていたことであろう。事実、大邱の北西にあたる星州の北東には現に「倭館」という地名がある。それが「日本府」の跡とする根拠らしいものはないが、何かしら暗示的なものを感じさせる。

こうした問題について考える場合、最も危険なことは、それを近年の日本と朝鮮との間の民族感情とダブらせて色眼鏡で見ることである。七世紀のヤマト王朝が朝鮮半島にこのような異常とも思われるほどの関心を示したことは、けっして侵略的な野心があったからとは思えない。そのことは、後にも触れることになるが、五世紀の後半に中国の宋に朝貢した「倭の五王」のうち、文帝と順帝は倭国王を「倭・新羅・任那・加羅・秦韓・慕韓六国諸軍事」に任じている事実があることからも朝鮮半島南部に倭国が何らかの主張をする根拠があったとまでは言うことができる。

宋が倭王の申請によって叙任を認めたことは、中国側が朝鮮半島について正しい認識をもっていたからとは考えられず、倭王の言いなりに辞令を発したまでのことであるにしても、そういう申請をした倭王側にはそれなりの「信念」があったはずである。そして、その根拠となる事実が何もなかったとは考えられない以上、単に「任那日本府は蜃気楼にすぎない」と言って済ますわけにはいかないであろう。

その件については追い追い考えることにして、欽明天皇以後の歴史を見ても、ヤマト王朝は「任那復興」に執念を燃やし、現実に何度も具体的な計画を立てているのである。『書紀』の欽明二三(五六二)年の記事には、「新羅、任那の官家を打ち滅ぼす」と記し、加羅国・安羅国・斯二岐国・多羅国・卒麻国・古嗟国・子他国・散半下国・乞食国・稔礼国の一〇国の名をあげ、紀男麻呂・河辺臣瓊岳らの最後の奮戦談を載せている。

欽明の次の敏達天皇の時代にも、五八三年には「任那復興」のために日羅が百済から召喚されたとあり、僅か五年しか在位しなかった崇峻天皇でさえ「任那再興軍」を編成して筑紫にまで派遣している。推古天皇に至っては、六〇〇年に任那の二国が新羅と戦ったので境部臣らを従軍させ、一時的に二国を復興させたとしているし、六〇二年と六〇三年には、来目皇子と当麻皇子とを「打撃新羅将軍」に任命し、軍の動員までしたが二度とも遠征中止になっている。

また、六一一年には、「新羅と任那が朝貢して来た」とあるが、これは一時的和平の使者であろう。越えて、六六〇年になるとすでに見たように、唐と結んだ新羅が百済の泗沘城を陥すと、斉明天皇は「百済救援」を決意して筑紫にまで出陣し、その地で亡くなる。その遺志をついだ天智天皇は、豊璋を百済に送り国の復興を策し、ついに海を越えて兵を送り、六六三年、白村江で大敗してしまう。

このように、六~七世紀のヤマト王朝は、再三にわたって朝鮮半島への出兵を画策し、最後にはそれを実現したものの失敗に終わっている。その執拗さは異常なばかりである。それは「失われた植民地」を取り戻そうといった弱気で感傷的なものではない。それは、「かつての祖国への復帰」とでも言うべき積極的かつ行動的な願望によるものだった。それこそ痛烈な民族的衝動に駆られたもののようにも思えてくる。ただし、注意すべきことは、それはあくまで『日本書紀』を編集した人たちの感覚に基づくものであり、その人たちが「百済系」に身を寄せていたというだけのことと考えるべきであろう。

とは言え、『日本書紀』の記事を信ずるならば、六~七世紀のヤマト王朝の基本姿勢が「新羅という国に対する反感」に貫かれていたことは間違いないと言えよう。

欽明天皇は伽耶から来た

右の問題について論議を進めるためには、どうしても欽明天皇をめぐる多くの謎について解明することが避けられないことになる。と言うのは、この天皇の即位の年がどうやら『日本書紀』の記述と異なっており、しかも、その父が継体天皇であるとする公式の系譜が信用できそうに思えないからである。

『書紀』によると、継体天皇は、叛逆者の筑紫君磐井を滅ぼした五二八年の三年後の五三一年に亡くなったとされている。しかし、それに続けて「百済本記」の引用として「この年、日本天皇・太子・皇子ともに薨ず」という不可解なことも記している。このことについては、いろいろな解釈がおこなわれているが、太子というのは継体天皇の長男の勾皇子（安閑天皇）であるはずである。皇子というのは、高田皇子（宣化天皇）ということになる。この二人の皇子は『書紀』では天皇になったことにされているが、実は密かに排除されたのかもしれないし、この二人の天皇と同時に別に欽明王朝が並立していたと説く者もいる。

というのは、右の記事に続けて、「或る本にいう。天皇、二八年歳次甲寅（五三四年）崩りましぬ。……後の勘校《かんがえる》者之を知らむ」という意味深長な言葉があるからである。正史が説くところでは、五二八年に磐井が討たれ、五三一年に継体天皇崩御、二年の空位があって五三四〜五三五年が安閑天皇、ついで五三六〜五三九年が宣化天皇ということになる。そして、五三九年の暮れに、継体天皇の末子の欽明天皇が即位したとしている。しかし、『元興寺縁起』や『上宮記』によると、欽明天皇の在位は四〇年あるいは四一年となっているから、その即位年は八〜九年さかのぼり、五三一年もしくは五三二年に当たる。もし、欽明の即位がこの年であるとすると、五三一年に継体が亡くなったあとすぐに欽明が即位したことになり、安閑・宣化の二代の天皇はなかったことになる。

では、欽明の即位は何年が正しいのであろうか？　ここに不思議なことがある。欽明天皇の皇后となったのは石姫であるとされているが、石姫の父は実の兄とされている宣化天皇であるという。血のつながった姪と結婚するようなことは、外姻制をとっている騎馬民族では絶対におこなわないし、常識からいって不可解である。前王の妃や娘を皇后とするようなことは、王位の簒奪者がすることである。つまり「欽明天皇が皇位を奪取した」のであるとしてはじめてこのことの意味が理解できることになる。

そこで気がつくことは、欽明天皇が即位したのが五三二年であるとすると、その年は金官加羅国が新羅に降伏して国を失った年であるということである。そうなると、新羅に降伏した金官加羅の王族である金仇亥と弟の仇衡の兄弟のうち仇亥は、「王妃および三王子とともに国の財宝をもって投降した」というふうに「新羅本紀」にあり、「新羅王は彼らに本国をその食邑として与えた」としているから、その一族はそのまま旧領——釜山の西隣の金海——に住んでいたことになる。しかし、王弟の仇衡については何の記述もない。そこで、仇衡は加羅を脱出してどこかに亡命したことが考えられる。その亡命先は海を隔てた北九州、それも「豊の国」である公算はかなり高いと言えそうである。

では、欽明天皇が、継体天皇の皇子ではなく、加羅の王族であるとする仮説が成り立つような根拠があるであろうか？　そのことを直接に証明することは困難であるが、欽明天皇の記事には実に奇妙なことが多いのである。

まず第一に、この天皇の歿年齢は「若干《そこばく》」とされ、故意に隠されている。しかも、その前半生がまったく不明なのである。『書紀』には「父が側に置いて熱愛した」というわざとらしく不自然な記述や秦大津父《はだのおおつち》という男が、この皇子のことを「壮大になりて必ず天下を治めるであろう」などと言ったとあるのも、皇太子ならば当然のことであり作為的である。

それから、すでに述べたように「欽明紀」の記述形式がそれ以前と著しく異なり、内容は朝鮮関係のものが異常に多いことに加えて、「天国排開広庭《あめくにおしはらきひろにわ》」という諡号は、新王朝をつくった皇位簒奪者を思わせる……などのことが挙げられる。

では、この天皇を任那からの亡命者と決めつけるための傍証となりそうな事実のいくつかを挙げてみよう。

まず、欽明天皇の子孫には、橘豊日とよばれた用明天皇、豊御食炊屋《とよみけかしきや》という名の推古天皇をはじめとして「豊」という文字が付く名前の者が多い。そのことは、欽明が九州を経て大和に入ったということを意味してはいないかというのである。それは、九州の「豊の国」には、海の彼方の加羅国の分国があったと考えての上のことである。しかも、「豊」という文字については、それを「カラ」と読んだのではないかという説もある。そして、欽明天皇の子の穴穂部皇子は豊国法師を連れて仏教受容の可否の論争に関わっているし、豊後には「用明天皇腰掛けの松」があり、これまた「豊の国」と関係がある。

そして、何よりも、欽明天皇の在位年間の記事は一貫して天皇自身が「任那復興」に執念を燃やしていたかのように思われる。それは、任那からの亡命君主にふさわしいと言えるではないか。以後の天皇についても、それが継承されている。

なお、欽明王朝の皇子たちは、ことごとく蘇我氏の娘を后妃とするか、蘇我氏の女性の子になっている。このことの意味は何であろうか？　蘇我氏の出自が「百済系」であるかないかは次の章で検討するが、いずれにしても朝鮮半島から出ていることはほぼ確実であると思われるから、欽明天皇もまた朝鮮と無関係とは考えにくい。

なお、わが国では、「韓」とか「唐」と書いて「カラ」と読ませているが、それはもともとは「加羅」すなわち「伽耶」のことであり、その発音には「われらが原郷」という意味がこめられているように思う。いずれにしても、「豊の国」には新羅系や加羅（伽耶）系の文化が他の地方より強く色濃く入っていたことは間違いない。それは新羅での本流ではなく、何かの事情で母国を捨てて分れて来たものであるから、新羅に降伏した加羅の王を迎えるにはむしろふさわしいとさえ言えるのではないかと考える。その意味からも、欽明天皇が亡命者であるとする仮説――ヤマト国家は渡来王朝によるものとする見解はきわめて有力なものになってきた。

第6章　任那諸国をめぐって

任那とはどんな国か？

前章までに考察したところでは、平安京を建設した桓武天皇以下の王朝は「百済系」の色が濃厚であるのに対して、その前の奈良時代の天皇は「新羅系」と考えられる天武天皇の血統をつぐものであった。そして、六世紀から七世紀にかけて飛鳥にあった王朝は蘇我氏の勢力によって支えられてきたが、その背景には百済国が見え隠れし、とりわけ欽明天皇については新羅に滅ぼされた伽耶の金官加羅国王が亡命してきたものであるという疑いが強く、異常なまでに「任那復興」に執念を示していた。それは、あたかも「任那はもともとわが領土である」とでも主張しているかのようでさえあった。そこで、しばらく「任那」あるいは「伽耶・加羅」とはどういう地域であったかについて見ていくことにする。

それは、朝鮮半島南岸の釜山市付近に河口をもつ洛東江の右岸（西側）一帯——慶尚南道から慶尚北道にかけての西半分にあたるところであった。そこにAD一世紀から六世紀にかけて伽耶国があったとされているのである。そして、その位置は『魏志』の「東夷伝・韓の条」でいう「弁韓」と記されている場所に相当する。そこには、「弁辰二四国」として、弥鳥耶馬国・安耶国・狗耶国・戸路国などの名前があげられていて、その最南端の日本にいちばん近い所にあった「狗邪韓国」という国が「金官加羅国」である。この国の名は、単に「加羅国」と書かれることもあり、「駕洛国」と記されることもある。

一般に狭義で「加羅」とか「伽耶」というとき、「金官加羅」のことをさす場合もあるが、広義でいう場合には、もっと広い範囲の一帯のことをさしており、それはちょうど『日本書紀』の「神功紀」で荒田別・鹿我別らが兵を率いて派遣され、平定したとされる地域に相当する。また、朝鮮の『古事記』ともいわれる『三国遺事』という書物の第一巻を見ると、「任那諸国」の歴史を国ごとに概説している。そして、その中には「五伽耶」という項目がある。そこには金官伽耶・阿羅加耶・古寧加耶・大加耶・星山伽耶・小伽耶の六国名があがっている。また、この『三国遺事』には、『本朝史略』の伽耶の範囲についての別説が紹介されており、もう一つ非火加耶という一国があげられてあり、「五伽耶」と言いながら実際には「七伽耶」になっている。

「任那」あるいは「伽耶」とよばれたこの辺りの気候と風土は、緯度的には関東北部から東北南部に相当し、洛東江とその支流が緩やかに流れ、それほど高くない丘陵や山地に囲まれた、広くはない平野がいくつもつながっている穏やかな土地で、大和の盆地や吉備の平野とそっくりと言ってもよいくらいに似ている。筆者は、前著『伽耶は日本のルーツ』において、この地域にはかつて多数の倭人が住んでおり、天皇家を含む古代の諸々の豪族は西暦紀元前後に伽耶から日本列島に渡来してきたという仮説のシナリオを提出した。それ以後も、五～六世紀にも多数の人びとがこの地からやって来たことは、次章以下でも説いていきたいと思っている。

しかし、朝鮮の正史である『三国史記』を見ると、独立国としての「任那」や「伽耶」のことを記述した項目はなく、「新羅本紀」の中に何か所か「伽耶と争った」というような記事が散在しているだけになっている。それは、この史書が成立したのが高麗王朝時代の一一四五年に、金富軾という人の手に成るものであり、前述のように金官加羅国が五三二年に新羅に併合され、その後、三〇年間ほどで伽耶諸国の領域はことごとく新羅の手に落ちたため、史書の編集方針として、「伽耶は最初から新羅の領土内の地方名であった」という建前から、あえてその独立性が否定されることになったものと思われる。したがって、朝鮮の史書からは伽耶諸国の歴史の全容を知ることはきわめて困難になっている。

しかし、その一方で「伽耶」の別名である「任那」という文字は、中国の吉林省の集安にある高句麗の広開土（好大）王（在位三九一～四一二）の業績を記した石碑にも刻まれている。しかも、「新羅の城には倭兵が満ちている」というようなことが記されているから、その地域内で倭人が軍事力を用いていたことは事実であり、欽明王朝が「祖先が任那に支配力をおよぼしていた」と信じていたことは理解できる。また、前にも述べたように、中国の南宋に朝貢した「倭の五王」が「任那王」の称号を申請して認められているから、その子孫をもって任ずる継体天皇にとって、任那の土地を百済に割譲することは当然の権限の行使と思えたことであろう。

このように、「任那」や「伽耶」は架空の土地ではないどころか、倭国にとってはいわば祖先たちの原郷ともいうべき因縁の深い土地であり、いわゆる「神功皇后」の出兵があったかないかを論ずるまでもなく、倭人と新羅国との戦いの事実は「新羅本紀」には数多く記録されており、両者の関係は密接なものであったのである。

磐井の乱と伽耶諸国の滅亡

「継体紀」によれば、五一二年、百済では高句麗軍の侵入を受け、武寧王は三〇〇〇の兵を率い、それを撃退したとしている。そして、『日本書紀』では、継体天皇は百済の要請を受け、「哆唎国守の穂積押山が任那の上哆唎・下哆唎・婆陀・牟婁の四県（比定地は不明）を百済に割譲した」と伝えている。そして、このときの詔勅には、これらの土地は、大后息長足姫すなわち「神功皇后」が朝鮮に出兵したときに高句麗・百済・新羅および任那の王から献上されたものであると唱え、そのとき、息長足姫と武内宿禰が「海表の藩屛として官家を置いた所」であるとしている。

そして、その翌年、その処分に不満であった任那の伴跛国（星山。大邱の西の国）は、「わが国は己汶国（全羅南道の南東端の南原?）の土地が奪われた」と訴えてきたので、継体のヤマト朝廷では百済の将軍と新羅・安羅・伴跛の使者を引見し、百済国に対し己汶と帯沙（河東。慶尚南道の南西端）の地を与えた、としている。こうした処置に対し、伴跛国は子呑と滞沙に城を築いて百済と対決するようになり、新羅との接近をはかり倭国から離れていった。そこで、継体の倭王朝では物部連らの軍が派遣されたが、撃退されてしまい百済にとどまったとしている。

この武寧王については、『日本書紀』に興味深い話が載っている。それは、雄略天皇が百済の池津姫を召したところ、彼女が石河楯という男と通じたというので天皇の怒りを買い焼き殺されてしまう。そのことを伝え聞いた百済の盖（蓋）鹵王は「采女を貢として出すのはよくない」というので、王の弟の軍君《こにしき》（昆支王）が派遣されて雄略天皇に仕えることになった。ところが、そのとき、王は妊婦を軍君に賜り、倭国に向かう途中、筑紫の各羅島で王子が誕生したので「島君《せまきし》」と名づけられて祖国に送り返された。その王子が後に武寧王となったというのである。

ところが、朝鮮の正史である『三国史記』の「百済本紀」には、武寧王（在位五〇一～五二三）の名前は「斯麻王」となっている。このことは何を意味するであろうか？　百済では「王の弟を倭国に送り込んで雄略に仕えさせた」と『日本書紀』は記している、一方、百済王の名前の「シマ」はどうやら日本語の「島」であり、この王が倭国生まれであることを認めているように思われる。もしそうであるとすれば、百済王朝とヤマト王朝とは兄弟的な関係にあったかのように書かれているわけである。

とりわけ、「五一二年に大和王朝が百済に対して任那の四県を割譲した」としていることは、「任那の支配権は倭国にある」ということを前提としたもので、そのこと自体に問題がある。また、このあたりの百済と新羅との関係については、「百済本紀」には特別の記事がなく、「新羅本紀」には「五二二年に加耶王が花嫁を求めてきた」と記しているだけである。そこで、再び『日本書紀』が物語るその後の経緯について見てみることにしよう。

倭国の態度に怒った任那の加羅国王は新羅に接近をはかる。そこで、継体天皇は五二七年、近江毛野に六万の兵を率いさせて新羅に圧力をかけ、任那を倭国側に引き寄せようとはかる。ちょうどその時、筑紫の国造の磐井は「火・豊二国に掩拠《おおいよ》りて」兵をあげ、毛野の軍の遠征を妨害しようとする。それに驚いた天皇は急遽、物部麁鹿火《あらかい》（荒甲）に命じて磐井の討伐を命じ、御井の原での大決戦の末ようやく叛乱を鎮圧したことになっている。敗れた磐井の子の葛子は糟屋の屯倉《みやけ》を献じて死罪を免じられている。そして、南加羅（金官加羅）は新羅の手に落ちた。「新羅本紀」は、五三二年には国王の金仇亥は王妃と三王子とともに新羅に降伏したことを記している。こうして、倭国は五六五年までの間に朝鮮半島における一切の足がかりとその土地に対する発言権を失うことになる。

ところで、福岡県の八女市にある岩戸山古墳は磐井の墓とされている。そして、『筑後国風土記』には、磐井の墳墓について、高さ七丈・周六〇丈・東西六〇丈・南北四〇丈と記されているが、それはこの前方後円墳の規模と一致している。また、古墳の一角は「衙頭」とよばれ、そこには石人・石馬があったが、磐井を攻めた朝廷軍は怒りのままにそれらを破壊したと記している。

この事件は多くの謎を秘めている。まず第一に、磐井は何を目的として大和の軍の新羅攻撃を妨害しようとしたのかという疑問である。そして、敗北した磐井の子の葛子は糟屋の屯倉を献上するだけの僅かの賠償で許されている。それはなぜであろうか？　次に、そもそも筑紫君の磐井は「国造」であったというが、その支配権はどれほどのものであったのであろうか？　また、この事件の三年後に継体が亡くなるが、それはこの乱と関係があるのか否かも定かではない。さらには、磐井が滅ぼされたころから、九州では装飾古墳が増えるが何かわけがあるのであろうか？……など数々の疑問があるのである。

「磐井の乱」については、一般的には大和王朝の全国支配の強硬な政策に対して、九州の土豪が民

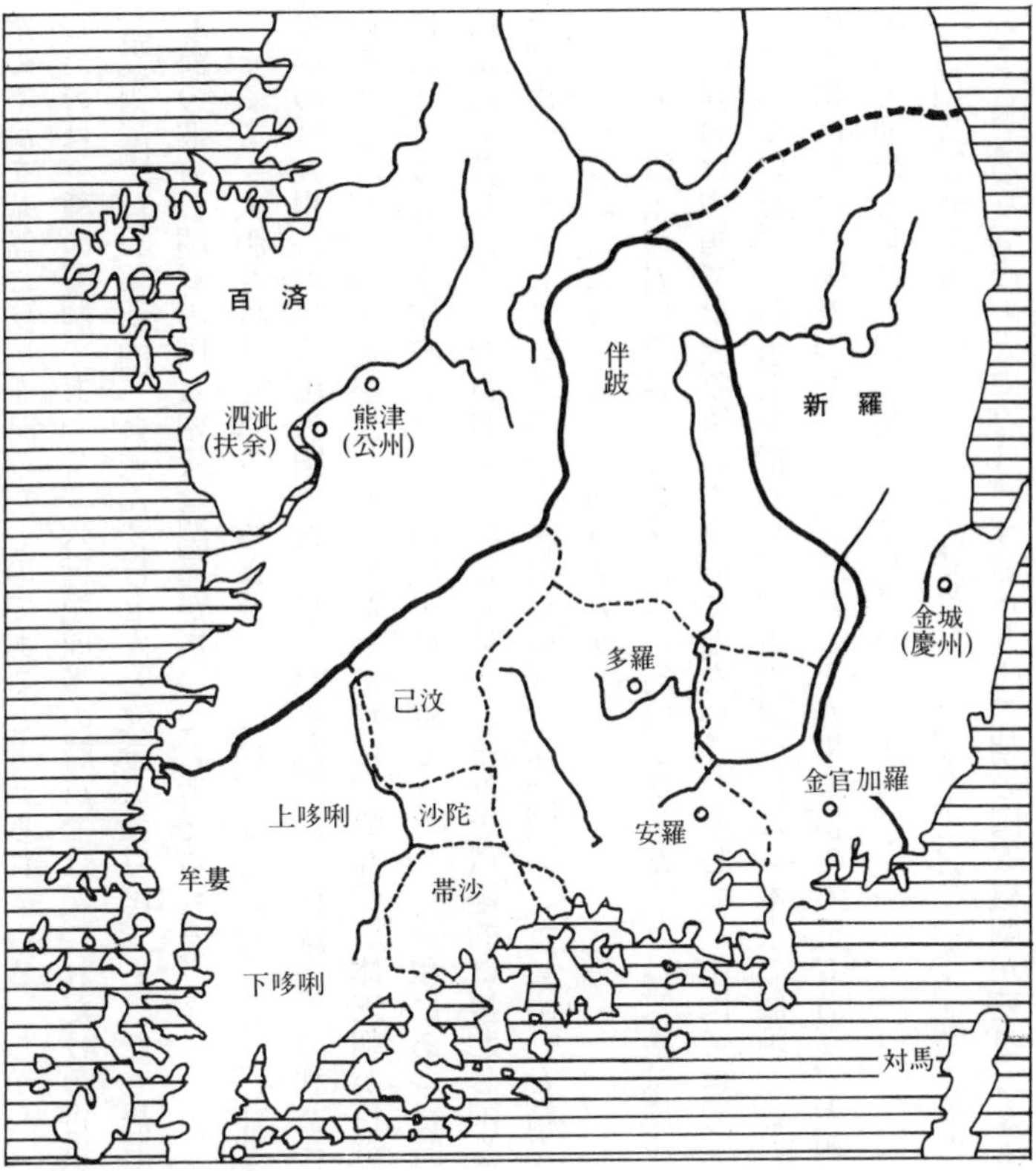

6世紀の韓半島南部

衆の不満を基盤に反抗を試みたものであると考えられている。しかし、磐井のことを「国造」と記したのは一種の擬制であって、六世紀前半の時点では、これだけの古墳が造れる勢力のことだから、「筑紫の国」は「豊の国」と並んでほとんど完全な独立国であったと思われる。そして、そのどちらも海の彼方の朝鮮の国と密接な関係があったと考えられる。

そこで、大胆な推定を試みてみよう。それは、「豊の国」とは「任那すなわち伽耶（金官加羅）国のいわば九州における出張国であり、「筑紫の国」は「新羅国」の利益代表国であったというものである。もし、この想定が当たっていたとすれば、磐井が継体王朝が百済に梃子入れするために朝鮮に出兵することを妨害したことの理由は了解できるし、大和にあった時の王朝が、高句麗と新羅に挟まれて苦しんでいた百済の立場に同情し、それを積極的に援助し国交を強化するために「任那」を利用しようとしていた事情も納得がいき、「豊国」が「筑紫国」と結んで叛逆したことも当然であったということになるのではあるまいか。

なお、筑紫の君の磐井の墓の傍には「衙頭《がとう》があった」と『筑後国風土記』は述べているが、衙頭というのは中国では大将軍の本営のことをいう。そして、中国では天子の下の最高位のことを大宰とよんでいた。この事実を指摘して、古田武彦氏は「本来の倭国とは、九州王朝のことであり、大和王朝はその分国だった」とし、磐井こそ九州王朝の大王であり、大和王朝の攻撃で敗れた後も、肥後を地盤として九州王朝は存続していたとする。

古田氏に言わせると、「中国に朝貢した倭の五王とは『紀・記』に記載がないことから、九州王朝のことであり、後の太宰府は残存した九州王朝の国家機関が変身したものである」としている。また、九州各地の神社・仏閣の縁起書などに見られる「九州年号」が九州王国で用いられていたという。そして、「白村江の戦い」に敗れた六六二年の朝鮮への出兵も「九州王朝」の軍が主体だったとしている。『隋書』には「倭国」ではなく「俀国伝」と書かれているから、隋使が会った多利思北孤という男王は推古女帝ではなく俀国という九州王国の王であったとしている。

しかし、「倭の五王」が九州王朝のものとは思えないし、仮にそうであったとしても、それは半独立の地方政権に過ぎず、過大評価すべきとは考えない。重要なのは、五世紀から六世紀にかけての九州全体において「筑紫の国」と「豊の国」さらには「火（肥）の国」がどんな状況にあり、それらの相互関係や大和方面とどのように関わっていたかであろう。

筑紫の磐井は、あくまで「筑紫の君」であり、「大和王朝」の新羅征討に反対という点で「豊の君」や「火の君」と同じ利害を感じて決起したのであり、その敗北後も、「筑紫の君」は細々と存続しているが、磐井を支持した「豊の国」はその後どうなったであろうか？　筑紫君の磐井が敗れて後、「逃れて豊前国上膳郡の山に入った」とする『豊後国風土記』の説もあり、宇佐の北西にある霊山として知られる求菩提山には不思議な人物が籠ったという伝説もある。その真否はともあれ、六世紀の「豊の国」には亡命伽耶王朝があったかもしれない、と言う余地はありそうである。

継体天皇はどこから来たか？

欽明以後の倭国の大王が「任那復興」を何回も計画したのも、その前の代の継体天皇の時代に朝鮮半島政策に失敗があり、「磐井の乱」を招くことになり、結果として新羅によって任那という国が滅ぼされ、新羅に吸収されたことへの悔恨に基づくものであったと一応思われる。しかし、よく考えると、前にも見たように、継体と欽明は真の父子ではなさそうである。もし、欽明が任那諸国の一つである金官加羅国からの亡命王であったとしたら、それに先立つ継体は何故に任那諸国の一部を百済に割譲したりしたのであろうか？　また、欽明以下の大王すなわち敏達――用明――崇峻――推古――舒明――皇極と続く王朝がすべて「親百済政策」を採っており、とりわけ舒明の場合、百済宮に入ったり、百済大殯をおこなっているように、一見してこの王朝が百済の分家であったのではないかとさえ考えられる態度をとっていることと、継体の「百済優遇政策」とは関係があるのか否かが問題となってくる。

さらに言うならば、継体の皇太子だった勾大兄皇子（安閑天皇）の娘が欽明の皇后の石姫である事実を見ると、欽明が継体の皇統を簒奪したように思われる点についても納得がいく説明がほしい。そして、「継体」という諡号がいかにも「万世一系であるべき皇位を形の上だけついだものである」かのように見える点についてもスッキリさせたい。と言うのも、この天皇の諡号は八世紀の半ばに淡海三船がつくったものとされているが、前に見たように、「持統」という名にも「辛うじて皇統を維持した」という意味がこめられており、「継体」と似ているのではないかと思われるからである。

さて、継体天皇が歴史に登場するようになったのは、五〇七年に武烈天皇が子を残さずに死んだことにより、応神――仁徳――履中――反正――允恭――安康――雄略――清寧――顕宗――仁賢――武烈と受け継がれてきた応神王朝が完全に断絶したことによっている。そこで、大和では次の大王を決めなくてはならなくなり、大連の大伴金村はまず、丹波の桑田郡に仲哀天皇の五世の孫の倭彦王がいるというので迎えに赴いたが、王は迎えの兵に驚いて山谷に逃げ隠れしてしまったと『日本書紀』は述べている。その真偽はともあれ、ついで使者を立てて迎えられたのは、越前三国にいたオオド（男大迹・袁本杼）王であった。

ときに年五七歳であったオオド王は大王即位を引き受けるのにきわめて慎重であったが、まず、北河内の樟葉《くすは》の宮で即位し、ついで山城の筒木（綴喜）の宮に移り、さらに弟国（乙訓）の宮で年を重ねて即位後二〇年してやっと大和の磐余《いわれ》の玉穂の宮に入ったと記されている。それは、当時の大和では、オオド王の受け入れに反対な勢力が強く、別の人物を大王として擁立していた可能性もあるという見解もおこなわれている。

そこで、オオド王（継体天皇）の系譜を見てみると、この王は応神天皇の五世の孫の彦主人《ひこうし》王の子であるとされている。そして、その母の振媛は垂仁天皇の七世の子孫であり、美しかったので彦主人王は近江の高島郡の別業から使いを立てて越前の三国に迎え入れて妃としたという。オオド王には、尾張連草香の子の目子媛という正妃がいたが、それ以外にも、近江の三尾氏系の女二人の他に、近江の坂田・息長氏の娘や茨田連・和珥氏と根王の娘を娶り七人の男女の子をもうけたことになっている。

そして、オオド王は天皇の位につくと、前大王――仁賢天皇の娘の手白髪皇女を皇后としたと『書紀』は記している。しかし、それはちょっと信じにくい。なぜかと言うと、継体が即位したのは五七歳であったとされているからである。しかも、この結婚によって後に欽明天皇となる皇子が生まれたというのである。それが現代のことでなら不思議ではないかもしれないが、平均寿命が短かかった当時のこととしては六〇歳近い年齢は前に見た文武天皇の場合と同様に、女に子を産ませるにはふさわしいとは思われない。

それはともあれ、この継体天皇が大和から遠い越前のはずれの三国から都入りしたことの背景を含め、応神天皇の五代の子孫という建前的な系譜には多くの人が疑問を投げかけている。ただし、一般的には『古事記』に掲げられている系譜に基づき、応神天皇の御子の若野毛二俣王と弟日売真若比売との間に生まれた子に意富富杼《おおほど》王がいて、その孫が継体天皇となったとされている。しかし、鎌倉時代末期に卜部兼方が著した『釈日本紀』が引用する『上宮記』の記す系譜では、意富富杼王は「大郎子」と記され、その子に乎非王がいて、その子の汗斯王が継体の父である彦主人王の父であるとしている。

こうした系譜を詳細に検討することは省略するが、多くの論者はこれらの系譜を中心として継体は越前・近江から尾張に至る豪族のバック・アップを受けて大和入りをしたものであるとしている。そして、近江に地盤を有していた息長氏は、後に見るように応神天皇の母の息長足姫を出した家系であるから、朝鮮とは無関係ではないとまでは言える。また、坂田氏も息長氏の同族である。そして、三尾氏は垂仁天皇の子の石衝別王から出ているとされている。これらの説は、すべて「継体天皇は、応神天皇の旁系とは言え、直接の子孫であるから、皇位を継承する正統な権利があるものである」という「男系の血統主義」を尊重する立場で議論を進めている。

しかし、継体が二代前の天皇の娘を皇后としたということは、皇統の女性に入り婿した形をとっているが、皇位簒奪者であったとするほうが自然ではなかろうか。であるとすれば、『古事記』や『上宮記』の系譜は真実を糊塗するための作為の臭いもしてくる。

それに対して、継体が海外からの参入者であるとする説も幾つかある。例えば、前にも紹介した東洋史学者の小林恵子氏は『二つの顔の大王』の中で継体天皇はシルク・ロードにあったエフタル（嚈噠）から来たという説を出している。このエフタルは、「白いフン族」とよばれ、チュルク（鉄勒）は「赤いフン族」とよばれ、ともに騎馬民族であり、継体は前者からであるとしている。小林氏の説く論証過程は省略するが、継体はもとエフタルにあった中央アジアの多婆那国の王だった男で、草原を駆け抜けて新羅国に入って王位につき智証王となり、さらに倭国に進出して継体天皇になったという大胆な推定を下している。

また、演劇家の武智鉄二氏は、継体はそれまでの騎馬民族系の王朝を倒した「最初の民族系の王者である」とし、その出自を小林氏とは異なりチュルク系であるとしている。この一族は南シベリアの草原に住んでおり、一五部族に分かれていたが、そのうちのクリカン（骨利幹）は日本に入って鉄器具の生産を伝え、その名は石川・富山県境の倶利迦羅峠に残されており、チュルクの名は継体の出た越前の敦賀という地名となり、王族を表わすカガン（可汗）という語は加賀という国名として残っているとしている。

小林氏や武智氏の説には確証となる決め手が欲しいが、それを一笑に付することはできないと思う。それ以外にも、継体がその祖先とされている応神系とは別の参入王朝であるとする説を唱える説もあるので、あらためて第8章で紹介する。ここでは、応神系と欽明系との間に、それがどの系統かは特定することはむずかしいが、ともあれ前後の王朝とは異系統の王朝（継体・安閑・宣化）が挿入された形で皇位をつないだという考えが有力となったと言うにとどめておく。つまり、「継体」という諡号が贈られるようになったのも、そのへんの事情を察知してのことであったということは否定しにくいと思う。

顕宗・仁賢天皇の謎

応神天皇に始まる王朝が五世紀の河内・大和地方を支配しており、その勢力は東海・北陸から中国・四国一帯にまで及んでいたことは間違いないと思われる。そして、この王朝からは中国の南宋に朝貢していた「倭の五王」が出たことも事実としてよいと思う。そして、この王朝の大王には、誉田別(応神)・去来穂別(履中)などのように名前に「ワケ」が付く者が多いので、しばしば「ワケ王朝」とよばれている。

五世紀から六世紀にかけて、応神を開祖とする王朝を支えた豪族――蘇我・葛城・羽田(波多)・平群・巨(許)勢・紀などの氏族は、大和平野の要所を占めて勢威をふるっており、相互に支配権をめぐって争い合っていたが、これらの氏族はすべて朝鮮半島からの渡来者であると思われるので、そのことについては次章で検討することにしたい。

『紀・記』が記すところによると、この応神系の皇統は、生まれた時から白髪だったというシラガワケ(白髪別。清寧天皇)は皇后も立てず子も残さずに死に、いったん断絶する。そこで、朝廷を囲む豪族の勢力は丹波の国からオケ(億計・意富祁)・ヲケ(弘計・袁祁)の二人の皇子を見つけ出し、まず弟のヲケが顕宗天皇として立ち、次いで兄のオケが仁賢天皇となって皇位は途絶えずに済んだことになっている。しかし、仁賢の子の武烈が子を残さず死んだため、前節で述べたように北陸からオオド（継体）が即位して皇統をついだことになっている。『記・紀』が記すこの二代の大王とはどんなものであったのであろうか？

オケ・ヲケの兄弟の父はイチベ・オシワ（市辺押磐・歯）皇子といい、従兄弟の雄略天皇に殺されている。そのため、二人は後難を避けて丹波の国に隠れ、牛や馬を飼って暮らしていたという。その間に、この兄弟に仕えてきたのは日下部使主《おみ》・吾田彦父子と、来目部小楯ということになっている。この二代について『日本書紀』は、二人が父の墓を探したり、亡父の復讐をはかろうとしたとかいう話はあるが、あまりリアリティはない。それよりも、この二人の天皇の記事は事実ではなく、日下部氏と和珥氏がおそらくは欽明天皇の時代以後に「歴史」として挿入させた疑いがあるのである。

日下部氏というのは、仁徳天皇の皇子のオオクサカ（大日下・大草香）皇子のために設けた御名代部で、河内に本貫をもっていたが、それとは別にヒコイマス（彦坐・日子坐）王の子で、垂仁天皇に叛き殺されたサホ（狭穂・沙本）彦の子孫で但馬国造家としての日下部氏もある。しかも『丹後国風土記』には、「丹波の筒川嶼子《しまこ》は早部首《くさかべのおびと》の祖である」と記してある。この嶼子というのは、亀が変じた美女に伴なわれて神仙の郷に行ったという人物とされており、例の「浦島太郎」の話のもとになっている。しかも、『書紀』の雄略二十二年にも「丹波国余社郡管川の人、水江浦島子が亀が変じた女に伴われて蓬萊に行った」という記事が載っており、何やら曰くがありそうな家系である。

一方、和珥氏というのは「ワニ」という名前からわかるように「神武天皇」の母と同じくワタツミ系の海人族である。仁賢天皇の妃には和珥氏の日瓜という男の娘である糠《あらきみ》娘がおり、その子として春日山田郎女が生まれたとされているから、和珥氏は天皇家と縁戚関係というわけである。ところが、それより半世紀後の欽明天皇の后妃の記事の終わりの方にも、「春日日抓《ひうり》臣の女を糠子という。春日山田皇女と橘麻呂皇子とを生む」と明記されている。これはいったいどうしたことであろうか？　仁賢と欽明では時代が五〇年も違うから、この二人の「春日山田」という女性は同一人物とは考えられない。では「仁賢天皇の妃」として名前があげられている糠娘というのは、どういう女なのであろうか？

　それについては、次のようには考えられないであろうか？　それは、和珥氏の祖先に「後に天皇になった放浪の皇子に娘を捧げた」という伝承があって、その話は皇子時代の仁賢天皇に日下部氏が仕えたときのことのように作られているが、実は、日下部氏は「豊の国」にいたことがあり、その皇子というのは、金官加羅国から逃れて来た王子のことではなかろうか？　その王子とは後に欽明天皇となったということになるわけである。

　顕宗・仁賢の兄弟の正体を求めていくと、五三二年に新羅に投降して滅ぼされた金官加羅国の王だった金仇衡・仇亥の兄弟のことが頭に浮かんでくる。いわば、この二組の王子は同一人物のことであると考えられないであろうか。もっと端的に言うと、加羅の王子の話を半世紀繰り上げ、四〇八年に亡くなった清寧天皇のあとに、兄弟である二人の皇子が「牛飼い・馬飼い」となって放浪したという話として据え、その場所を豊後から丹後に移して「歴史」ということにしたというわけである。果たしてそうであろうか？

そのことについて考える前に、豊後の日田には出自不詳の日下部氏があり、海人族の和珥氏も九州の出である可能性が強いことも付記しておこう。つまり、顕宗・仁賢の兄弟の天皇についての記事はあえて言うならば、「豊の国」にいた日下部氏が金官加羅の亡命王に仕えて苦労した話を、丹後に移住してから「二人の皇子」の放浪物語として伝えたのである、と言えば想像が過ぎるであろうか？

ところで、仁賢天皇の六年の秋に、日鷹吉士《きし》が高麗に派遣され、巧手者《てひと》が招かれることになった。彼が連れて帰ったのは工匠須流枳《するき》・奴流枳《ぬるき》といい、大和の山辺郡の額田邑の熟皮高麗《おしかわ》の祖先であると書かれている。この話には何か曰くがありそうに思える。『書紀』によると、日鷹の吉士が高麗に発つとき、難波の津で哭女《なくめ》の娘の飽田女《あくため》がさめざめと泣いたという奇妙な話を詳しく載せている。何故、こんな小さなエピソードを「歴史」の書物に書かなくてはならないのであろうか？　それには、何か隠された事実があるからに相違ない。

飽田女が泣いて言った言葉というのは、「母にも兄《せ》、吾にも兄、弱草の吾が夫はや」ということになっている。つまり、「自分の夫は母にとっても夫である」という意味になる。それはどういうことであろうか？　この哭女とか、飽田女というのは仮の名であり、ある人物のことをこういう形に託して言ったと考えれば、この話の意味が浮かび上がってくる。そこで系譜を掲げてみよう。

その主人公の飽田女というのは、実は仁賢天皇の皇子で、『書紀』では暴虐の君主として描かれている武烈天皇の皇后の春日山田郎女のことをさしているとすればどうであろうか？　というのは、『書紀』はこの女性について、わざわざ「未だ娘子の父を詳にせず」というふうに意味ありげに述べ

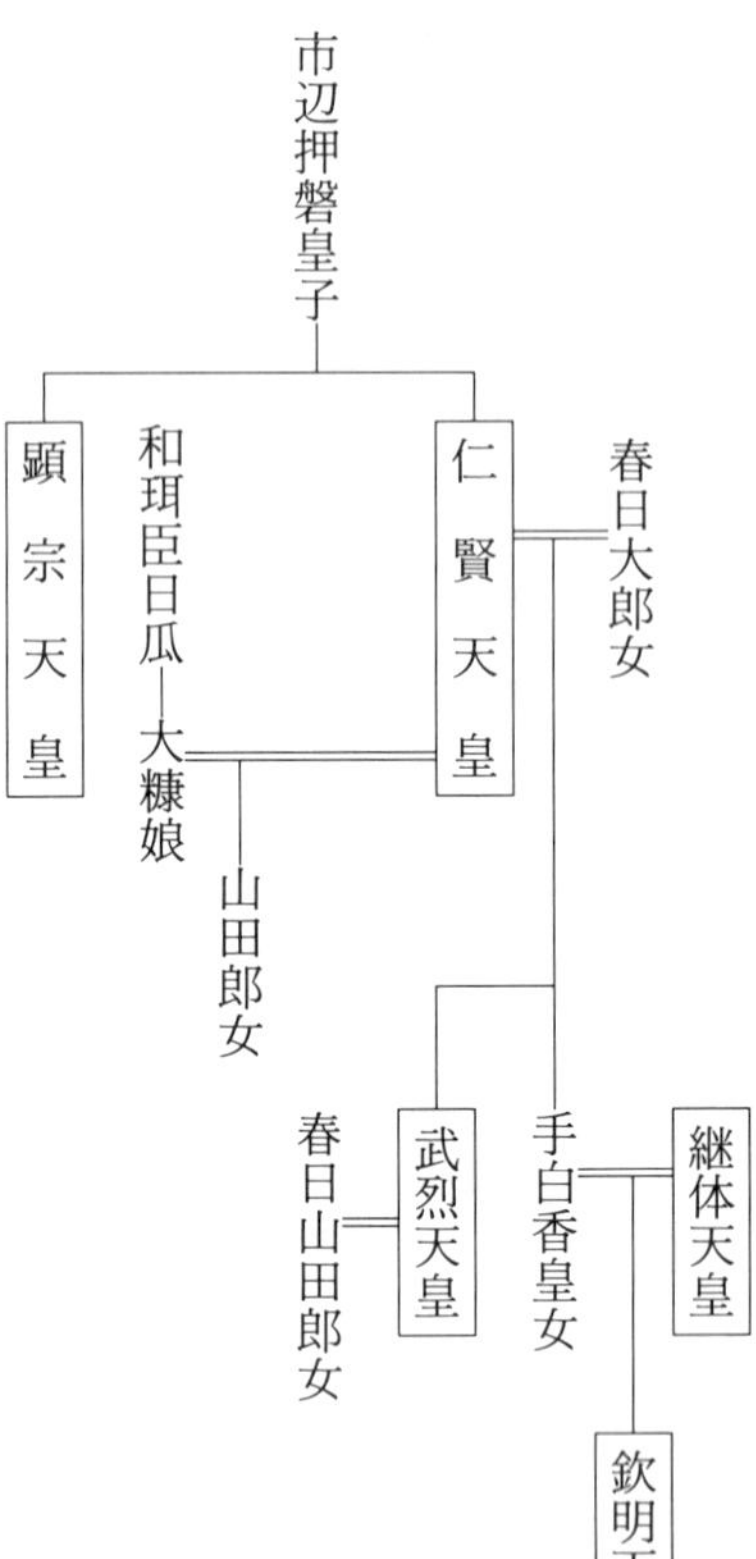

ている。武烈の父の仁賢天皇には和珥臣日爪の子である大糠娘との間に生まれた山田郎女がいるが、それが実は春日山田郎女と同一人物であるとすれば話が通じてくる。すなわち、春日山田郎女に言わせれば、「武烈は自分の母の大糠娘にとっては兄弟である（母にも兄）が、自分にとっては武烈は仁賢天皇の子であるから異母兄弟に相当する（吾にも兄）ということにもなる」というのである。つまり、こういうことになったのは、仁賢天皇が春日大郎女とその娘の大糠娘の母子を二人とも妻にしたからというわけである。

ともかくも、この仁賢天皇の王朝は、武烈天皇の死によって断絶するわけであるが、この天皇には手白香皇女という同母姉妹がいて、その女性が継体天皇の皇后となり、その間に欽明天皇が生まれたことになっている。しかし、前に見たように、欽明天皇が継体天皇の子であったとは考えにくい。また、仁賢の子の武烈は暴虐きわまりない君主であり、子がいなかったので継体が皇位についたとされている点にも疑問が湧いてくる。というのは、武烈の倭名が「小泊瀬稚鷦鷯」というのは、実在した暴君の雄略の名の「大泊瀬幼武」のミニチュア版と考えられるし、妊婦の腹を裂いたり人殺しを楽しむなどという残虐行為が事実としてあったとは考えにくく、外国の史書を引用して描いた暴君像ではなかろうか？　つまり、「この王朝が滅亡するのは当然である」ことを印象づけ、「継体の即位」をやむをえないものとして承認させるために創作された伏線だったというわけである。

そこで、『日本書紀』が物語る顕宗・仁賢の兄弟や武烈という「天皇（大王）」の真実の姿について考えるとどういうことになるであろうか？　結論的に言うと、これらの「天皇」は実在せず、四七九年に雄略が亡くなったのは事実であるとしても、ついで即位して五年間在位したとされている「白髪武広国押稚」という名の清寧天皇以後、五〇七年に継体が迎えられて皇位につくまでの約三〇年間の倭国は、実際には無政府状態であったというのが真相なのではなかろうか？

では、これらの天皇の記事が何故に創作されたかと言うと、欽明天皇を前王朝とつなぐために応神王朝に仁賢という天皇がいて、その娘の手白香皇女が継体天皇と結ばれて生まれた皇子が欽明天皇であるとしたというわけである。しかし、実は欽明天皇とは金官加羅国からの亡命者の仇衡・仇亥の一人であり、祖国を捨てて「豊の国」に潜んで苦労していたので、それを「牛飼・馬飼」の放浪の兄弟ということにし、その物語を日下部氏の伝承によって綴り、系譜の上では手白香皇女の父としてヲケ（仁賢）、その弟としてオケ（顕宗）の二王子を創作したということになる。この二人の父については、雄略によって殺された悲劇の人である市辺押磐皇子が選ばれたということになる。

蘇我氏の出自は朝鮮か？

『日本書紀』に書かれている記事の内容は、いつの時代以後から信用できるようになるか、という問いについての答えは人によってまちまちである。と言うのは、「神武東征」のような物語はそれ自体が史実とは言えないが、それに相当する「九州勢力の大和への進出」という歴史的な事実はあったと思われるし、ヤマトタケル（日本武尊・倭建命）の各地の征服という物語でさえ「ヤマト政権による全国各地の武力征服事業」のことであるとすれば、何らかの形で全国征服がおこなわれたことは間違いないとしてよいであろう。そのことは、四七八年に「倭王武」が中国の南宋の順帝への「上表文」に「祖禰躬ら甲冑をつらね……東毛人を征すること五五国、西衆夷を服すること六六国、海北を渡りて平ぐること九五国……」と述べているからである。

しかし、『日本書紀』に記されている人名で実在がほぼ確認され、しかもその記事の年代が外国の史書と照合して大よそ同時代のことと認められるようになるのは、『書紀』で四五七〜四七九年に在位していたとされる雄略天皇のころからである。そして、その記事内容の信頼度が高まるのはそれより半世紀くらい後のこととしてよいであろう。

このように『日本書紀』が年代を伴って吟味できるようになる五世紀半ばから二世紀ほどの倭国の政治の動きの中で常に主流の立場にあった蘇我氏の素性を探ることは、本書の探求目標である「ヤマト王朝は渡来王朝であるか」というテーマにとって、最も基本的に重要な課題である。

さて、五、六世紀のヤマト王朝では、応神天皇の子孫が大王位をついでいるが、応神の子とされる仁徳天皇の皇后の磐之媛は葛城襲津彦の娘である。そして、その次の世代の履中天皇の妃の黒媛も、そのあとの顕宗・仁賢天皇の母の茅媛もいずれも同じ葛城襲津彦の子の葦田の娘になっている。さらに、七世紀になってからも、用明天皇と推古天皇の母は蘇我稲目の娘で馬子の妹の堅塩媛であり、崇峻天皇の母は同じく稲目の娘の小姉君であるとされている。また、馬子の孫の倉山田石川麻呂の娘三人（遠智媛・姪媛・乳媛）は、それぞれ持統・元明の母であり、孝徳天皇の妃であるということになっている。

このように、葛城氏と蘇我氏はともに天皇家の外戚として、五世紀から八世紀にかけて大和王朝で勢威を揮っていた。また、同じ時代に大和やその周辺にあって政権に参加していた平群・巨勢・紀・羽田（波多）などの大氏族の祖先を調べてみると、それはすべて、タケノウチ・スクネ（武内宿禰）の子孫ということになっている。

『日本書紀』によれば、武内宿禰という人物は、景行・成務・仲哀・応神・仁徳の五代の天皇に仕えており、少なくとも二四四年は生きていた巨人ということになっている。しかし、それがそのまま事実であるはずはない。複数の人物が合成されたものかもしれない。では、彼はどういう存在であったのであろうか？　それを考えるためには、まず、『日本書紀』が伝える武内宿禰についての次の系図を見なくてはならない。

孝元天皇
物部伊香色謎命
比古布都押之信命
屋主忍男武雄心命
山下影日売
武内宿禰

なお、『古事記』では、タケシウチ（建内）・スクネは、ヒコフツオシノマコトの子になっている。また、その兄弟としてウマシウチ（甘美内・味師内）・スクネがあったとしている。この人物については、「応神九年紀」に兄の潔白を証明するために自殺したとしている。

では、タケノウチ・スクネという人物は実在していたとしてよいであろうか？　それについては、佐賀県の杵島郡の武雄市には武雄神社という古い神社がある。その祭神は主神が武内宿禰であり、その他に仲哀天皇・神功皇后・応神天皇が祀られている。したがって、タケノウチ・スクネという人物が実在していたとすれば、この土地の出であると思われる。右の系図にある山下影日売というのは、紀の直《あたい》氏の遠祖の宇豆比古であるとされている。そこで、長寿の巨人として描かれている建内宿禰の系譜を『古事記』によって示すと次頁のようになる。

『古事記』には、その他に若子宿禰（江野の財の祖）と二人の女の子がいたとしているが、ここに名前があがっている六氏はすべて、五〜六世紀の応神王朝で権勢をほしいままにした豪族である。彼らがすべてタケノウチ・スクネの子孫であるということは、そのまま事実と考える必要はないと思う。これらの氏族は連合して政権を担当しようと考え、「その先祖たちは兄弟であった」という申し

建内宿禰
- 波多八代宿禰（波多・八田氏の祖）
- 許勢小柄（許勢・巨勢氏の祖）
- 蘇我石川（蘇我氏の祖）
- 平群都久宿禰（平群氏の祖）
- 木角宿禰（木・紀氏の祖）
- 葛城襲津彦（葛城氏の祖）

合わせをしたとも考えられるからである。

　武内宿禰を祀る武雄神社の東方のそれほど遠くない範囲に、なんと武内宿禰の子たちの名前と同じ地名が揃って分布しているのである。それを『倭名類聚抄』などで古代地名を調べてみると、肥前には基肄《きい》郡（木・紀）があり、佐賀平野の佐嘉郡には巨勢《こせ》川があり、三根郡には葛木《かつらぎ》郷がある。また、隣の筑前の早良《さわら》郡には平群《へぐり》があり、付近には曽我や羽田という地名もあるのである。しかも、近畿地方にも紀伊・巨勢・葛城・平群・蘇我・羽田という地名が紀伊から大和にかけて揃って存在しており、その名前を負った氏族が応神系の王朝を支えており、その地盤となっているわけである。

　このことに関連して、数理統計学者の安本美典氏や考古学者の奥野正雄氏は、かねてから筑前の甘木地方に住んでいた多数の人たちが集団となって大和方面に移住してきたのであるとし、これら二つの地域間に春日・高田・笠置・三井など多数の地名がセットになって揃っている事実をあげている。しかも、両氏は甘木地方こそ神話で語られている高天原であり、同時に邪馬台国でもあったとし、この地方の人びとが近畿地方に進出して行ったことを『記・紀』は「神武東征」として描いたのであると論じている。

この見解には大筋において最大の賛辞を呈することにやぶさかではない。しかし、筆者としては、それよりも肥前から筑前にかけての土地が朝鮮半島に近いことに注目し、蘇我・葛城などの武内宿禰の子孫と称する応神王朝系の有力氏族名がすべて、右の「地名の大遷移」の中に含まれている事実を重視したい。

そこで大胆な言い方が許されるなら、これらの氏族群はいずれも伽耶あるいは百済の地から、恐らくはのちに論究するオオタラシ彦（景行天皇）とともに、あるいはそれ以前から到来して来た同系統の豪族群であったことを物語っているのであろうかと思う。もし、そうであれば肥前地方を中心に彼らの名前を地名として残せるし、共同して「応神東遷」を実現し、以後、五〜六世紀の紀伊・河内・大和地方の豪族になり、応神新王朝を支えることができたのであると思う。

ところで、それらの氏族群の祖先が一人の英雄——武内宿禰であるとしている理由は何であろうか？　それは、これ等の氏族の連帯と団結を固めるための一種の協定に基づくものであり、彼らはその証として自分たちの系譜に「共通の祖先」があったとし、その豪族群のうちの紀氏の山下影姫の子の武内宿禰を「共通の祖先」として選び、それぞれが伝えてきた伝承を集約して武内宿禰を偉大な英雄に仕立てたものであると思う。そして、系譜上では「自分たちは、孝元天皇の子孫である」と主張したものであると考える。こうして、葛城氏や蘇我氏は紀・波多・平群・巨勢の各氏族とともに、武内宿禰という人物が長寿な巨人に仕立て上げられたものである。

では、これらの氏族が朝鮮半島から渡来したのであるとする仮説は成立するのであろうか？　この件に関しては、門脇禎二氏の説が最もよく知られている。

それによると、蘇我氏の始祖とされる石川麿には満智という子がいるが、門脇氏はそれを「百済の大臣の木満致のことである」と唱えている。百済では、四二〇年に腆支王が死に、次いで久爾辛王が若くして即位しているが、それを補佐した大臣が木満致である。そして、蘇我氏の系譜は以後、満智――韓子――高麗――稲目――馬子――蝦夷――入鹿と続いている。

ところで、『日本書紀』の「神功六二年紀」によると、「新羅が朝貢しないので、葛城襲津彦が派遣され新羅を討った」という記事がある。そこに、「百済記」の引用の形で、「壬午年、新羅貴国に奉らず、貴国沙至比跪を遣して討たしむ」と書かれている。ところが、沙致比跪は新羅に唆されて加羅を滅ぼしたので、それを怒った倭の王は「木羅斤資を派遣して新羅を討った」としている。そして、斤資がそこの女に生ませた子が木満智である、ということになる。この沙致比跪というのは一般に葛城襲津彦のことであると考えられており、ここでは蘇我氏の祖先と考えられる木満致と葛城氏の始祖とは、どちらも百済に深く関わっているが、対抗関係にあったようになっている。

ところが、これまでもいくつもの思い切った仮説を提出している鹿島曻氏は、沙至比跪とは名前からみても彼は金官加羅国の六代目の王の坐知（四〇七～四二一在位）のことであると説いている。そして、若かった百済の久爾辛王（四二〇～四二七在位）は倭国に渡り応神天皇となり、満致（智）すなわち蘇我石川麿を倭国に呼んで仕えさせたという思い切った仮説を導入している。また、鹿島氏は、「葛城襲津彦は蘇我石川麿と兄弟であるから、満智の父の木羅斤資は坐知の兄弟でなくてはならない」とし、斤資は金官加羅の五代目の王の伊尸品であるという。このように、金官加羅国とは倭国の大王家に后妃を出す姻戚氏族であり、葛城・蘇我氏がそれに当たったというのである。

この想定が正しいとすれば、「伊尸品――坐知――吹希――銍知――鉗知――仇亥」と続いた金官加羅国は五三二年に新羅に投降して滅びたことは確認されているが、その家の子孫が蘇我氏であるとすれば、後に見るように、仇衡を倭王に盛りたてて欽明天皇とし、その王朝の大王・天皇の后妃に蘇我の娘を配することはきわめて自然ということになる。

この説はまったく意外のように見えるがかならずしもそうでもない。このあたりの事情については、応神系の大王の系譜が渡来王朝であるか否かの問題とからめて、次章以下であらためて考えることにしたい。

第7章　応神王朝の対外関係

倭国の五世紀はどんな時代だったか？

　桓武天皇が百済人に囲まれていた事実に注目し、次いで文武天皇についての『日本書紀』の記事に疑問を感じて考察を始めたところ、この天皇や天武天皇に関しては、それが単に国内の「新羅系」の人たちの影響によるだけではなく、この二人の天皇自身が新羅から直接に渡来したのであるという可能性を含め、当時の日本列島の出来事の背景には朝鮮半島の事情がきわめて濃厚に関係していることがわかってきた。そして、さらに歴史を遡っていくと、孝徳天皇は「親新羅政策」を採っているものの、他の天皇はすべて「親百済政策」で一貫しており、とりわけ敏達・舒明天皇のように「百済の宮」をつくっているなど六〜七世紀の王朝はそのまま「百済王朝」とよんでもいいくらいに百済という国に傾斜していることが確実と思われるようになってきた。

　そして、それだけではなく、この王朝を支えてきた蘇我氏が朝鮮半島の百済国の大臣の家の出であるか、もしくは任那の一国である金官加羅国の王家とつながりがあるという推定さえできるようになった。しかも、蘇我馬子・蝦夷・入鹿については実際に「大王」の位についていたのではないかとする第5章で紹介した見解も、あながち否定できないとさえ思われる。

そうした考察をふまえ、さらに前の時代――五世紀の倭国の姿を探っていくことにしよう。その場合、古代の倭国――日本と朝鮮の関係を論ずるとき、避けて通れない課題として『紀・記』が物語る「神功皇后」の三韓への出兵についての問題がある。そこで、そのことについての検討を始める前に、応神天皇が開いたとされる王朝の歴史を概観しておこう。

まず、この王朝の系譜を示すと、

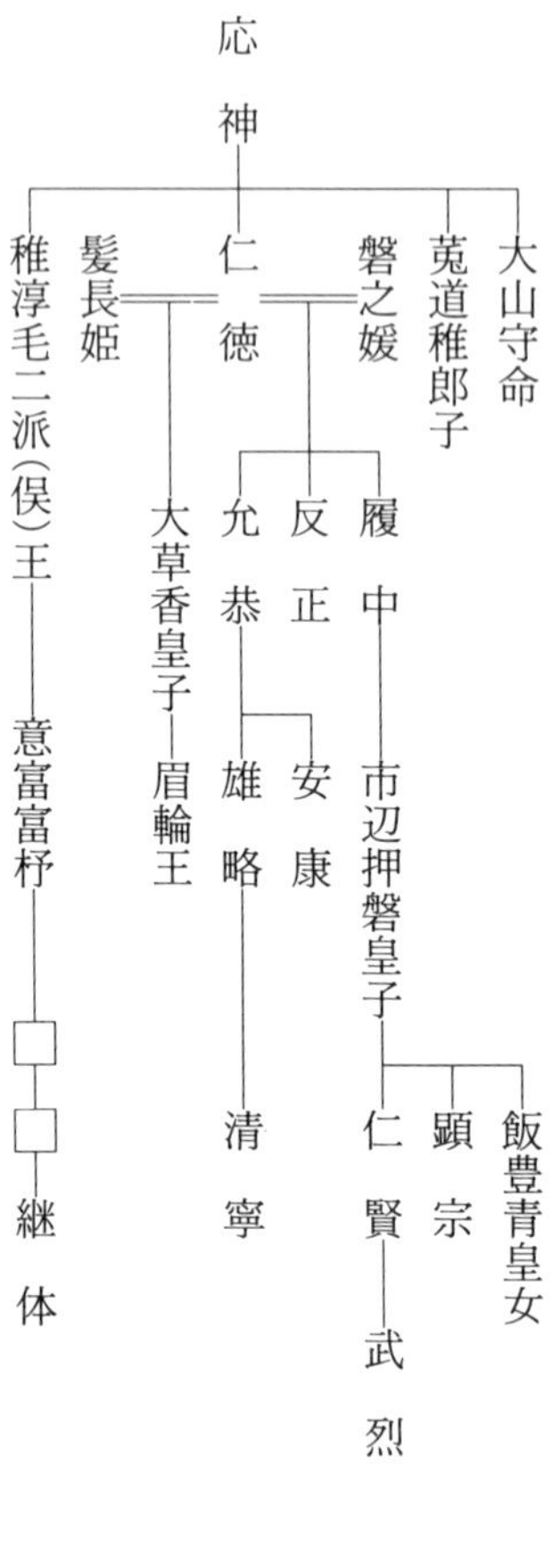

仁徳の皇后の磐之媛は葛城襲津彦の娘であり、髪長姫は日向の諸県の豪族の娘であるという。そ

こで、応神が大王として即位したとされる前後の事情については、あらためて考えることとするが、五世紀の初めごろ河内平野に突如として巨大な権力をもった統一国家が誕生したことは事実と思われる。と言うのは、「応神陵」とか「仁徳陵」とかよばれている有名な巨大古墳が存在しているからである。そして、応神、仁徳天皇の二代にわたって、五世紀前半には「河内王朝」とでも名づけられる政権が実在し、次第に周辺の地域に影響力を及ぼしながら成長をとげていったものと考えられている。もっとも、仁徳天皇とは応神天皇のコピーとでもいうか同一人物であるという説もあり、「河内王朝」の継続年数もこの時期の倭国の政治社会の実情については、正確なことは不明に近いと言うべきである。

『記・紀』によると、仁徳天皇の子のイザホワケ(伊邪本和気・去来穂別)が都を大和の磐余《いわれ》に移し履中天皇として即位したことになっている。このことは、いわゆる「神武天皇」が九州から「東征」して初代天皇となり、「磐余で即位した」と『記・紀』に記されていることと対応し、興味深いことであるが、その点についてはここでは深く立ち入らないことにする。

そこで、この王朝のことを以後「応神王朝」とよぶことにしよう。この王朝が成立すると、それを支える有力豪族の顔触れはガラリと変わり、蘇我・葛城・羽田などの九州の肥前・筑前から到来したと思われる一団によって権力の座が占められるようになる。そのような大規模な氏族集団の移動は、この「応神王朝」の権力基盤がこれらの豪族の手の中にあったことを示している。前にも見たように、応神天皇の子孫について見ると、仁徳天皇の皇后の磐之媛は葛城襲津彦の娘であるし、履中天皇の妃の黒媛と顕宗・仁賢天皇の母の茅媛も襲津彦の子の葦田の娘になっている。そして、葛城氏では襲津彦以下、葦田――玉田――円《つぶら》と代々が大臣として勢威をふるったものの、玉田宿禰は横暴であるという理由で允恭天皇によって殺され、円も眉輪王と一緒に雄略天皇に殺されている。また、平群氏では、初代の木菟は住吉仲皇子の反逆を制するために貢献しており、その子の真鳥は雄略・清寧天皇の大臣として仕えたが、次第に専横の行為がつのり、ついに息子の鮪《しび》とともに皇太子（後の武烈天皇）によって親子ともども殺されている。さらに、その子孫の坂手は崇峻天皇の時代に蘇我馬子による物部守屋の襲撃に参加している。

また、『紀・記』が伝えるところでは、天皇家の一族の間では殺し合いが繰り返され、履中天皇の即位に先立ってその弟と思われる住吉仲皇子が皇位を狙って殺され、允恭天皇の時代には木梨軽皇子が同母妹と通じたというので除かれ、雄略天皇の即位の前後には、安康天皇が従兄弟の眉輪王に殺され、以後、御馬皇子・市辺押磐王・星川皇子と相ついで殺されている。応神天皇の子孫は五代の孫の武烈天皇が亡くなると完全に後嗣が絶えてしまう。この間のことはそのまま史実であるか否かは確認はできないが、恐らくそのような伝承があり、それを『記・紀』が採用したものと考えたい。それは、一般の史書に書かれているように、倭王武になぞらえられている雄略天皇が自分の兄弟や従兄の系統を絶やし直系だけを残そうとしたためのことであるとされている。

「応神王朝」の実年代の推定

「応神王朝」の時代の歴史は奇妙な事件が多く、その真相についてはにわかに結論は出せないが、蘇我・葛城などの豪族が権勢を誇るようになる背景には、彼らの利害が朝鮮半島の諸国とからんでいたものと思われる。そこでそのことについて考えを進めるに先立って、大陸の中国との関係に目を向けたい。

その前に、応神天皇が河内に王朝を開いたとされる時代の実年代について少しく考えてみよう。『日本書紀』では、「神功皇后」は、一九九年に熊襲征伐に出向き、翌年、夫の仲哀天皇が頓死すると、自ら軍を率いて三韓に出兵し、帰国後に皇子を産み、二〇一年には近畿地方に入って二王子を討って「応神天皇」の摂政となり、六九年後の二七〇年になって初めて応神天皇が即位したとしている。そして、応神天皇は在位四〇年ののち三一〇年に一一一歳で亡くなると、二年の空位を経て息子の仁徳天皇が即位し、八七年間在位して三九九年に亡くなり、翌年、子の履中天皇が即位した、というふうになっている。

しかし、このような『書紀』が記す年代はもとより、その記事内容そのものもそのまま信頼することはできない。しかし、前にも少し触れたし、これからすぐに検討することであるが、四世紀の末ごろに倭国が朝鮮半島に大軍を送ったという事実は否定することができない。そうなると、『記・紀』がかなりのページを割いて叙述している応神天皇が河内に王朝を開いたのは、広開土王碑の刻文などから判断してほぼ五世紀初頭のことと考えてよさそうである。

ところで、『記・紀』が物語る応神・仁徳の二人の天皇の記事はそのまま史実とは考えにくいだけでなく、そこには直木孝次郎氏らが説く「応神・仁徳同一人物説」というかなりの説得性のある見解がある。その説の根拠というのは、『古事記』では応神天皇のことをうたった歌謡にこの人物を「大雀」という仁徳天皇の名前でよんでいるという不思議な事実があることや、『紀・記』の記述には二人について混乱がある。また、どちらも吉備の女を愛している。そのうえ、軽野という船の建造のことを『記』では仁徳天皇のときのこととしているのに対して、『紀』では応神天皇の治績としているなど両者はそっくりと言えるほど似ていることがその理由である。

そこで、この二人が同一人物――つまり、仁徳天皇が実在しないものと仮定し、応神天皇の幼少時に母の「神功皇后」が摂政をしていた期間を仮に二〇年間くらいとし、以後、応神天皇が在位していた期間は、『紀』の記す四一歳の半分くらいと考えるならば、応神天皇の在位期間についてほぼ合理的な年代の算定も可能になってくる。

『日本書紀』の示す年代が近隣諸国との関係などから、事実に一致してくるのは、第二一代天皇とされる雄略天皇（四五七〜四七九在位）のころからのことである。そこで、それ以前の『書紀』の記事について、『日本書紀』が記す年数が実際の二倍に引き伸ばされているという「一年二倍暦」という方法で計算してみると、次のようになる。

『書紀』では、仁徳の次の履中は四〇〇年に即位したとしている。そこで以下の天皇の在位期間を半分に短縮してその年代を探ってみると……

天皇	在位期間（『書紀』）	年数	修正した在位期間	同年数
雄略	四五七〜四七九	二三	四五七〜四九七	そのまま二三
安康	四五四〜四五六	三	四五五〜四五六	半分の一・五
允恭	四一二〜四五三	四二	四三六〜四五五	〃　二一

反正	四〇五〜四一〇	六	四三三〜四三六	〃	三
履中	四〇一〜四〇四	四	四三一〜四三二	〃	二
	(四一一年は、空位)				

このように履中天皇の在位期間を四三一〜四三二年と推定したうえで、『書紀』では八九年間となっている「仁徳紀」は「応神紀」との重複とみなして削除し、四一年間とされている応神天皇の在位期間を半分の二一・五年とし、六九年間とされている「神功皇后の摂政期」を仮に二〇年とすれば、応神の在位期間は四一〇〜四三〇年であり、「神功」が摂政になった年つまり応神の誕生年は三九〇年ごろという計算になる。

なお、右の考察で「一年二倍暦」というのは、『魏略』という本に「倭国の風俗は正歳四節を知らず、ただ春耕秋収をもって年紀とす」という記事を根拠とした仮説である。

ただし、履中から安康までの「歴史」は『日本書紀』の編集者が年数だけを二倍に引き伸ばしたとする仮説の上に立つもので、そこに記されている出来事の多くはそのまま史実とは認めがたい。したがって、ここに掲げた年代はあくまで参考の目安に過ぎない。しかし、このように考えれば、五世紀に関する『日本書紀』の記事を無下に否認することなしに、それ以前の応神・仁徳時代の記事とのつながりを付けて考える道が開けてくる。

「倭の五王」の比定

五世紀の中国は、南北朝時代とよばれ、黄河の流域には東魏とか北周とかいう鮮卑系の民族が建てた五つの王朝が興亡しており、長江の流域には漢民族の宋・斉・梁・陳という四王朝が交替して華南を支配していた。そして、中国の史書によれば、倭国から南朝の皇帝のもとに朝貢の使者が派遣されており、その中には朝鮮の王を名乗ることが認められているのである。それを表示すると、次のようである。

	西暦	中国皇帝	遣使倭王	記事	比定倭王
①	四一三	晉・安帝	倭王讃	遣使、朝貢。	応神
②	四二一	宋・武帝	倭王讃	朝貢、除授を賜る。	〃
③	四二五	宋・文帝	倭王讃	再び朝貢。方物を表す。	〃
④	四三〇	〃 〃	倭王	同　右	〃
⑤	四三八	〃 〃	倭王珍	朝貢、安東将軍・倭国王に叙す。	履中
⑥	四四三	〃 〃	倭国王	遣使、貢献。	允恭
⑦	四五一	〃 〃	倭王済	安東将軍、倭・新羅・任那加羅等軍事。	〃
⑧	四六〇	宋孝武帝	倭国	遣使、貢献。	〃
⑨	四六二	〃 〃	倭王興	遣使、貢献。	安康

⑩	四七七	宋・順帝	倭国	遣使、貢献。	雄略
⑪	四七八	〃 〃	倭王武	遣使、貢献。安東将軍。使持節都督・倭・新羅・任那・加羅・秦韓・慕韓軍事。	〃
⑫	四七九	斉・高帝	倭王武	新除。鎮東大将軍。	〃
⑬	五〇二	梁・武帝	倭王武	追号。征東将軍。	〃

⑪の倭王武の中国皇帝への上表文に、「祖禰躬ら甲冑を環ね……東毛人を征すること五五国、西衆夷を服すること六六国、海北を渡り平ぐること九五国……」と称し、順帝から「六国諸軍事・安東大将軍」に除せられていることはすでに紹介した。このことから、倭王武は「自分の祖先は朝鮮半島を従えているのである」という自覚をもっていたことがわかる。そして、中国では高句麗や百済を除いて中国のために朝鮮半島の軍事を担当する任務を与えている。これは、当時の南朝の皇帝には朝鮮の歴史と現状についての知識が欠けていたため、倭王武の上申をそのまま採用したものと思われる。しかも、王位が与えられた「六国」の中には、秦韓とか慕(馬)韓というように当時はすでになくなっていた国まで含まれている。その意味では、この叙任の辞令は紙の上のものに過ぎず、何の権威もない虚名の授与であると言えるが、任那と加羅の名前があることは注目に値いする。

そこで、中国史に現われる「倭の五王」の系譜を作ってみると左のようになる。

この系譜と、右に掲げた天皇の在位年代の表を比較してみると、ほぼ右の表に掲げたように比定することができる。しかし、これまたあくまで参考のためであり、この「五王」がどの大王と結び

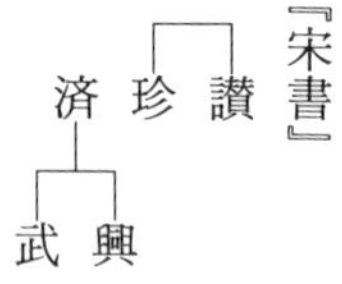

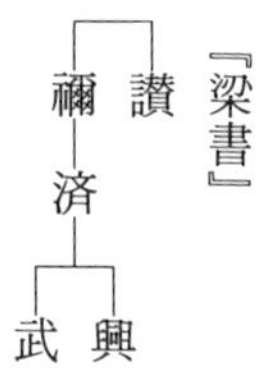

つくかには大きな意味はなく、問題なのは中国の皇帝が倭王たちを朝鮮の王として認めたという史実のもつ意味でなくてはならない。

「応神王朝」時代の朝鮮との関係

この時代になると、倭国と朝鮮半島との関係は次第に緊密になってくる。例えば、「応神紀」には、その七年に高麗・百済・任那・新羅人が来て池を造ったという記事があるほか、十四年には百済王から縫衣工女が貢がれ、弓月君が一二〇県の人夫を率いて帰化して来たとしている。また、十五年には百済王は阿直岐を遣して良馬を贈って来た。そして、阿直岐の子孫は「史《ふひと》氏」の祖先となる。さらに翌年には王仁が来て皇太子の師として学問を教えることになったとしている。また、二十年には倭漢直の祖先となる阿知使主も一七県の党類を率いて来ている。

この弓月君は、『新撰姓氏録』には、「秦の始皇帝の三世の孫の孝武王の後なり」とあり、その子孫の功満王が仲哀天皇の時代に来朝したと記しており、弓月君のことを融通王とよび、古代の日本列島内で活躍した秦《はた》氏の祖先であるとしている。秦氏については、雄略十五(四七一)年に、秦氏が全国に広く分れたので秦酒公をその長に任じたところ酒公は一八〇の勝《すぐり》を率いて庸調を献納したと記している。そして、それを朝廷にウズ高く積んだので、ウズマサ(太秦)の姓が与えられたとしている。

秦氏の分布は、井上満郎氏の『渡来人』という著書によると山城国(四郡)、大和国、摂津国(四郡)、和泉国、伊勢国(二郡)、尾張国、近江国(二郡)、美濃国(四郡)、若狭国(四郡)、越中国(二郡)、丹波国、播磨国(二郡)、備前国(二郡)、備中国(二郡)、紀伊国、阿波国、讃岐国(二郡)、伊予国(二郡)、土佐国、筑前国、豊前国(二郡)となっていて広く全国に及んでいる。その多くは、織物だけではなく、金属工芸などの技術を職能としており、その宗家からは聖徳太子と縁の深い秦河勝が出ており、平安京が造営された山城の葛野地方を根拠地とし、松尾神社や稲荷神社を信仰している。なお、秦氏の支族は名前の文字を波多・畑・羽田などとも表記している。

このような帰化人の渡来は雄略時代にも見られる。四七〇年には呉(高句麗)から手末才伎《たなすえのてひと》が漢織・呉織・衣縫の兄媛・弟媛を率いて来朝したという記事がある。また、仁賢天皇の時代にも、日鷹吉士は高麗に巧手者《てひと》を求めて派遣されているし、継体七(五一三)年には、百済王は五経博士の段楊爾を貢として遣して来たとある。

ところで、『日本書紀』の雄略七(四六三)年の記事には、吉備の下道臣の前津屋《さきつや》は、大女や大きな鶏を己れになぞらえ、小女や小さな鶏を天皇に見立てて闘わせ、小さいほうが勝つとそれを殺したという。それを聞いた天皇は前津屋の一族七〇人を皆殺しにしている。また、すでに述べたように上道臣の田狭は、自分の妻の稚媛のことをしきりに自慢したので、四六三年、雄略天皇は田狭を任那の国司に任命して追い出し、稚媛を自分のものにしてしまう。そして、朝鮮に渡った田狭は、雄略天皇に対抗するため新羅の支援を求め、その後、百済・高句麗の勢力争いも加わり、倭から朝鮮への出兵にまで及び朝鮮半島は戦乱状態となる。このころの「新羅本紀」には、四四〇・四四四・四五九・四六二・四六三年に、倭人が襲来して来たという記事がある。このように、田狭の「任那国司」への任命は意外な波紋を起こしているようである。

「雄略紀」では、天皇は四六四年に身狭村主《むさのすぐり》が呉（高句麗と思われる）に派遣されている。ところが、新羅と高句麗は不和になり、任那日本府は新羅を援けて高句麗と戦うようになる。ここで、雄略天皇の倭王朝は新羅と戦うことを決め、大伴談や紀小角が出陣して戦ったが、談は戦死し、小角は病死してしまう。そして、四七六年、高句麗は百済に大攻勢をかけて滅ぼす。そこで、雄略天皇は百済国を再建するため、汶洲王のために久麻那利（熊川。現公川）を百済に与え、国家の滅亡を食い止めるよう努力する。そのことを裏づけるかのように、「高句麗本紀」には、四七五年に高句麗の長寿王は百済に攻め入り、蓋鹵王を斬り殺したとしている。

さて、前にも紹介したように、「武烈紀」には、百済の昆支王の子の武寧王は両親が倭国に出かけたとき、島で生まれたので幼名を「島君」と言ったということを記した。その記事の前後には、『百済新撰』などの引用文があり、それによると五六二年に「百済の末多王無道……武寧立つ」と記されている。その末多王というのは、「百済本紀」で東城王（またの名を牟大・摩牟という。四〇九～五〇一在位）のことである。そこで、『日本書紀』が記しているところから百済王朝の系譜を作成すると次のようになる。

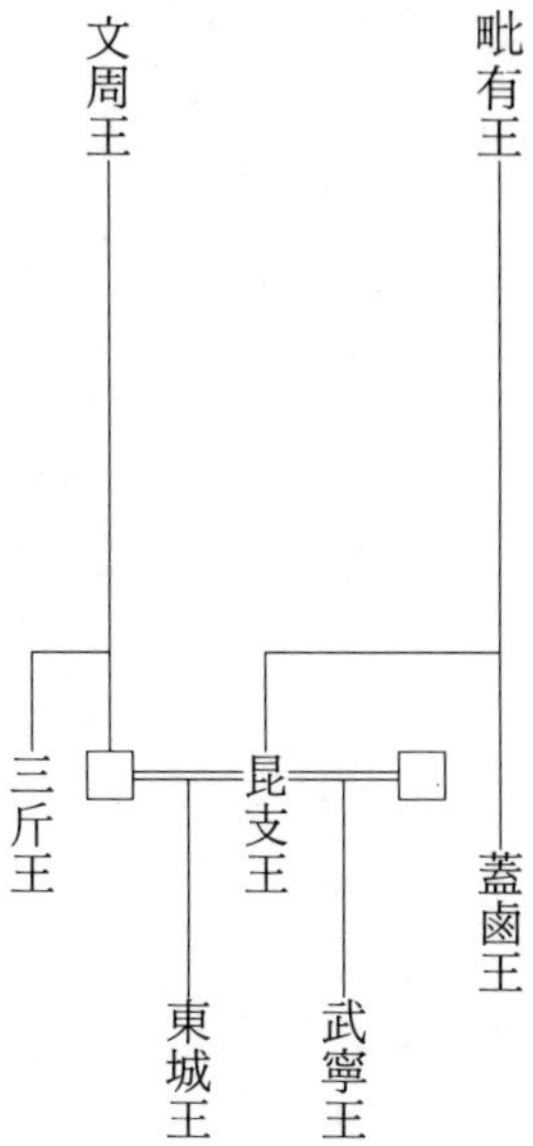

ところが、朝鮮の正史である『三国史記』の「百済本紀」による系譜は、

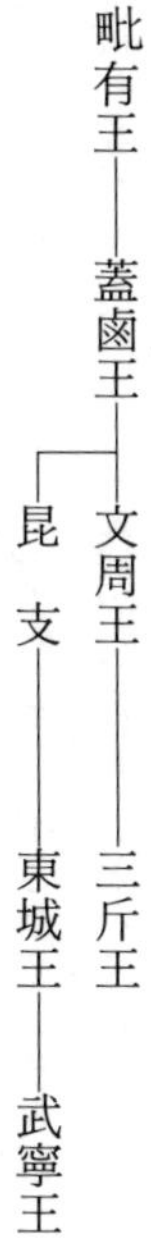

となっていて微妙に異なっている。そのどちらが正しいかも問題であろうが、もっと重要なことは、『日本書紀』がこの時期、他国である百済の王位の交替について、何故にいろいろな情報を交えて記録しなくてはならないのか、という点である。もちろん外国の政情について日本の史書が記事を書

くこと自体は、他の箇所にも例があり、国交関係の説明に必要であれば、それほど不自然ではない。しかし、このあたりの書き方には、何事かを隠しながら、しかも「これだけは日本の正史に記しておかなくてはならない」といった歴史編集者の気持ちが現われているように感じられる。

そのことは、前に述べた雄略五（四六一）年に、池津媛が殺された事件が原因となって蓋鹵王が弟の昆支王を倭国に送ったという事実を思い出させる。それは、百済の王家に生まれながら、王としては即位しなかった昆支王に注目してほしいということを『日本書紀』の編集者が訴えようとしているのではないかと思われてくる。この問題については次の章で触れることになる。

「神功皇后」の虚像と実像

これまで古代の日本と朝鮮との間の関係を見てきたが、この問題を考える場合に常に大きな障害となってきた「神功皇后」の実像について検討する段階に入ることになった。戦前の日本の学校教育では、「神功皇后の三韓征伐」といえば皇国日本の威力を初めて海外に発揚した事件として「天孫降臨」と「神武東征」および「日本武尊の各地の征討」などとともに、天皇家が世界最高の尊い家柄であり、アジアに君臨することを正当化するための歴史的根拠であるというふうに教えられていた。ところが戦後になると一時期には、学問の民主化と平和主義の立場から、『記・紀』で語られているこれらの記事を部分的にでも肯定するような言論は「民主主義の敵」であるとされるというおよそ非学問的な風潮さえ見られた。ところが、最近の韓国の若手学者の間では、そのような偏狭な態度ではなく、どのような資料についても客観的で公正な目で捉え批判的に利用しようとする傾向が見られるようになり、新しい視座から古代の歴史の真相に迫ることが必要であるとされるようになっている。

さて、「神功皇后」による「三韓征伐」というのは、まったくの架空の事実ではなく、そこには何かしらの史実があったのではなかろうか。そこで、まずは『記・紀』がどのようにこの事件を描いているかを見なくてはならない。

まず「神功皇后」という人物は、その名を息長足（帯）姫といい、第一四代の仲哀天皇の皇后という設定になっている。そして、夫の仲哀天皇の即位の翌年、九州で熊襲が叛いたというので、天皇は筑紫に出陣するため穴門（現下関）に出向く。一方、角鹿（現敦賀）にいた皇后はそれに合流すべく呼び寄せられる。そして、二人は穴門の豊浦の宮で六年を過ごした後、いよいよ筑紫に向かい、岡（遠賀川の河口）で熊鰐と五十《い》迹《と》手《で》という人物の出迎えを受ける。

そして、カシイ（橿日・香椎）の宮で皇后は神懸かりし「新羅を討て」という神託を受ける。しかし、天皇はそれを信じないで熊襲と戦い、翌年、戦死してしまう。『古事記』の場合は、皇后と建内宿禰の前で琴を弾じているうちに天皇は、神から「一つ道を行け――死んでしまえ」と言われ、そのまま頓死してしまったことになっている。その後、皇后は船舶を整え、妊娠中の身をも顧みず、神々の加護を受けながら海を渡って新羅に至ると、新羅の国王は戦々兢々として恐れ、進んで財宝を捧げて降伏する。高麗・百済の二国もこれにならった、という話になっている。

三韓を従えた皇后は、現地に「内宮家を定めた」としている。これが後に「任那日本府」になったというわけである。そして、皇后は筑紫に帰り、その地で皇子を産む。そこで皇后は、夫の天皇の喪を秘して大和に向けて帰還する。ところが、大和では以前に天皇が彦人大兄（景行天皇の娘の子）の娘の大中津姫に産ませた二人の皇子――カゴサカ（麛坂・香坂）王とオシクマ（押熊）王がいて、皇后の一行の入京を拒んで抵抗する。そこで、武内宿禰は戦う意志がないふりをして皇子たちを騙し、奇襲して勝利を収めたということになっている。そこで、皇后は幼少の皇太子の摂政となり、以後、六九年間にわたって摂政として自ら政治をみたとしている。

　以上の記事は、常識から考えても事実から遠い虚妄の出来事であることは万人が認めないわけにはいかない。そもそも、仲哀天皇の父は日本武尊であるとされているが、『日本書紀』では、この天皇が誕生したのは父が死んだ一一三年から三六年後の一四九年ということになっている。しかも、日本武尊というのは、「国土平定事業」を遂行したヤマト王朝軍のシンボル的な象徴であって実在した英雄個人ではありえないから、その子としてのタラシナカツ彦（仲哀天皇）などという人物は架空の存在に過ぎないことは明らかである。したがって、架空の天皇の皇后もまたあるはずはなく、「神功皇后」なる人物は実在しなかったことになる。

　そうは言うものの、「妊娠中の息長足姫が朝鮮に渡り、九州に帰還して後に産んだ男の子が後に河内国で大王となり、応神天皇とよばれるようになった」という話のほうは、摂津・播磨から長門・筑前に至る『風土記』に載っているだけでなく多くの伝説が残されており、瀬戸内海沿岸から北九州各地にはオキナガ・タラシ姫を祀る神社が約五〇〇社もあるから、この物語をそう簡単に架空の出来事として排除するわけにはいかない。この姫に関する伝説は古くから多くの人に事実であると信じられていたのである。現に、『万葉集』には「鎮懐石の歌（八一三歌）」などが載っており、姫が出産を抑えるために用いたという石の寸法まで記されている。このように、奈良時代の人にとって息長足姫とは親近感をもって語りつがれた人物像であり、そこには何らかの歴史的事実があったことを認めざるをえないと思う。

つまり、「神功皇后」は架空の人物であるが、息長足姫は実在し、朝鮮半島に出兵したということ自体は否定できないようになってくる。それでは、それはどういう史実のことを物語化したのであろうか？　そこで、『日本書紀』が描く「その後の三韓との交渉」について見てみよう。

「皇后の摂政五年」には、新羅から朝貢が納められ、質として預けられていた微叱許智の返還を求められ、「皇后はこれを許した」としている。そして「摂政四六年」には斯摩宿禰を卓淳国に派遣している。その翌年には、百済から使者が来たという。その後、新羅と百済とが貢物をめぐってトラブルを起こしたので、荒田別・鹿我別が卓淳国に派遣されて新羅を討つことになり、比自㶱・南加羅・喙国・安羅・多羅・卓淳・加羅の七国が征定される。そして、「摂政六二年」にも、新羅が朝貢しなかったので、葛城襲津彦が新羅に派遣されたとしている。「応神紀」に入っても、前にも述べたように、三韓国と加羅から人が来て池を造ったり学者や工人が多数来ている。

では、『日本書紀』が記すこれらの記事について、どのように考えたらいいのであろうか？　その件については、かねてから新羅や百済の史実を干支で二巡（一二〇年）だけ繰り上げて採用しているものとし合理的な説明が試みられている。そこで、『日本書紀』の記事と朝鮮の史書である『三国史記』の記事と対比してみよう。

この表に見られるように、例えば、三七五年に死んだ百済の近肖古王のことを、二五五年に肖古

『三国史記』			『日本書紀』	
二一四	百済	肖古王歿。仇首王即位	二〇〇	新羅王を海岸で殺す
二三四	百済	仇首王歿。古爾王即位	二五五	肖古王歿
二四九	新羅	倭人が舒弗邯于郎を殺す	二六四	貴須（仇首）王歿。枕流王即位
三七五	百済	近肖古王歿。近仇首王即位	二五二	百済王、七支刀を神功に贈る
三八四	百済	近仇首王歿。枕流王即位	二七二	辰斯王を殺し、阿花王即位
三九一	百済	泰和四年の銘刀を倭王に贈る	二〇〇	微叱己知波珍干岐を人質にする
三九二	百済	辰斯王歿。阿莘王即位	二五〇	使者の千熊長彦ら百済より帰る
四〇二	新羅	倭と親交。未斯欣を人質に	二〇五	質の微叱智伐旱を新羅に返す
四〇三	新羅	倭の使者を厚く遇する	二七七	直支王の記事（三〇八年にも）
四〇五	新羅	倭兵、明活城を攻める	二九四	直支王歿。久爾辛王即位
四〇五	百済	阿莘王歿。腆支王即位		
四二〇	百済	腆支王歿。久爾辛王即位		

王（近肖王の二代前の王）が死んだように記し、あたかも『書紀』の記事は朝鮮の史実と合致するかのように偽装したものであるという説明がなされ、多くの賛同者を得ている。

その説によれば、なぜ干支を二巡繰り上げたかというと、そうした上で、応神以下数代の天皇の年齢を適宜引き伸ばせば、『書紀』における「神功皇后」の摂政の時期が、ちょうど『魏志』が伝える邪馬台国の卑弥呼の時代と一致させるためと考えられている。そういう工作を施したことは、『書紀』の編集者の苦心によるもので、そのこと自体は倭人の国が朝鮮半島に出兵したか否かということとは特別に関係が無いことである。

問題なのは八世紀のヤマト王朝の史官の手元に、倭国と朝鮮半島との間の戦闘についての客観的資料がどれだけあったかということと、『書紀』の編集者が政治的配慮から資料についてどれだけの歪曲を加えたかということであろう。そこで検討を要するのは、「神功皇后」が朝鮮に遠征したという『記・紀』の記事の真実性の有無のことである。この件については、『紀』の「仲哀八年」――西暦二〇〇年のこととして述べられている「三韓の服属」の記事の内容が空虚であり、「三韓はわが国に従うべきだ」という建前を史実化したもので、これらの記事はほとんどが後世の作文であるとしてもよいと思う。

しかし、「摂政五年紀」にある新羅に対して質だった「微叱許智」を返したという記事は、「新羅本紀」の四一八年に「未斯欣が倭から逃げ帰る」という話と対応するから、何から何まで虚構として却けるのは正しい態度ではない。中には検討に値するものもあるはずである。例えば、「神功摂政四七年紀」に述べられている「千熊長彦の新羅派遣」は当人の姓が不明というのだから信頼性は低いが、「四九年紀」に見られる「荒田別・鹿我別らの百済への派遣」の記事の内容は具体的であり地名もかなり豊富であるから、まったくの創作とすることはできないであろう。恐らくは、新羅と百済の間に紛争があり、倭国と百済の往来が新羅によって妨害されたので倭の軍隊が出動したというような史実があり、その事件を先祖の業績として伝えてきた氏族の話を書き込んだものと思われる。

問題なのは、その時期のことである。高句麗の「広開土王碑」によると、三九一年に、「倭、海を渡って、百済と新羅を破った」と読めそうな文言がある。この刻文については一ころ改竄説もあったが、中国でこの石碑の古い拓本が次々と発見されその疑問は解消したという。ともかく、この「広開土王碑」の他の箇所にも「倭」の文字があるし、「百済本紀」には三九七年に「倭と修交し太子の腆支を人質とした」とあり、「新羅本紀」にも四世紀後半から五世紀前半にかけて「倭軍の大挙侵入」とか「未斯欣が倭から逃げ帰った」というようなことが記されているから、「四世紀の末に倭軍が朝鮮半島出兵した」という事実があったこと自体は否定できない。

ただし、どこの国の正史も自国に不利なことを隠し、有利なことを大げさに書くものであるから、戦闘の経緯などの真相については正確なところは不明と言うべきであろう。したがって、「神功皇后」は明らかに架空の人物であるとはいうものの、『書紀』の記述に含まれている一部分は「史実」に近いものと考えて然るべきではなかろうか?

息長足姫は実在した

「神功皇后」として描かれている女性はどういう人物であったのであろうか? その出自を『古事記』によって系図化すると次頁のようになる。

このように、息長足姫の父は『日本書紀』によると第九代の開化天皇の子、したがって崇神天皇の兄弟であるとされる彦坐《ひこいます》(日子坐)王の玄孫の息長宿禰であり、母の葛城高額姫は、新羅から渡来したという、ヒボコ(天の日矛。『紀』では日槍)の四代の子孫の多遅麻比多訶の娘であるとされてい

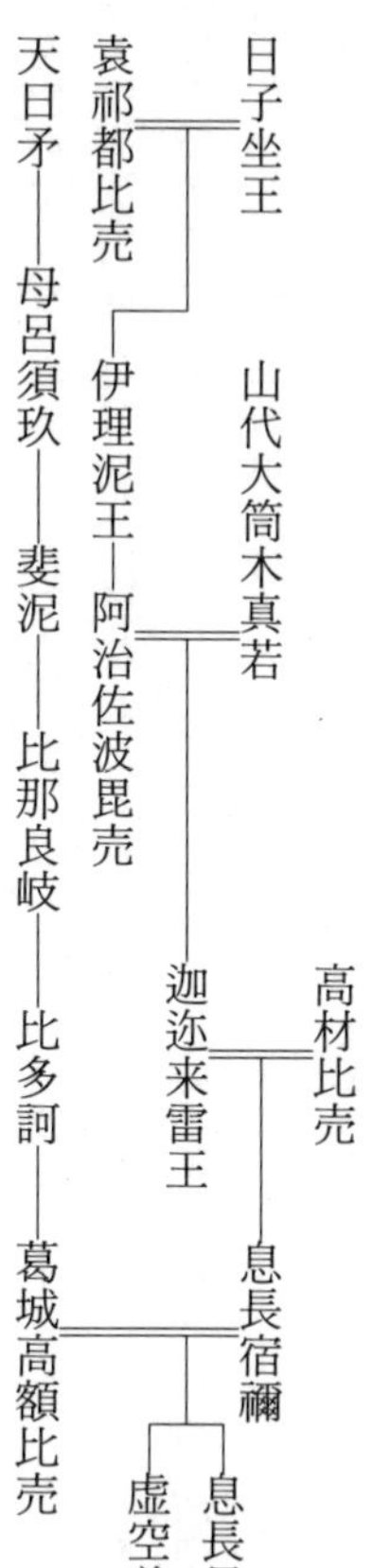

る。ところが、筆者が著書『天皇家と卑弥呼の系図』や『伽耶は日本のルーツ』でおこなった推論によると、日子坐王というのはヒボコの孫の斐泥と同一人物であると考えられるから、もし、筆者の想定どおりであったとすると、この女性には父方・母方ともに二重にヒボコの血を引いていることになり、その祖先は新羅とつながってくる。このヒボコについては、第九章でもう一度触れる。

ところが、全国に広く分布しているオキナガ・タラシ姫あるいは神功皇后を祭神とする神社のリストを『神功皇后発見』（高橋政清著・叢文社）によって調べると、

北海道	二	東北	三二	関東	五〇	中部	一二四		
近　畿	一二九	中国	一六五	四国	一二七	九州	一九六	合計	八二五

となっている。しかも、そのうちの相当数は、八幡宮であって「皇后」の子とされる応神天皇とともに祀られているものであるが、ここで注目されるべき事実がある。それは、オキナガ（息長）氏の根拠地とされている近江では、姫を祀る神社は僅かに四社しか無いことである。つまり、オキナガ・タラシ姫は近畿地方とは縁が薄い存在であり、最も多くタラシ姫伝説が残るのは山口県の一三八社

であり、そのほとんどが北九州から瀬戸内沿岸にかけて分布しているのである。

そのことは、姫の出生地は九州か長門（山口県西半）であることを物語っていることになるであろう。したがって、ヒボコの子孫である姫の「三韓行き」はいわば先祖の地への里帰りということになり、その地から帰って男子を産んだのが、後に応神天皇になるイサザワケ（去来紗別・伊奢沙和気）であり、彼女はその子を抱いて近畿地方に乗り込んだことになる。したがって、オキナガ・タラシ姫が九州から東遷したのは『記・紀』がいうように大和への帰還ではなく、初めての進出であったと考えるのが正しいと思う。

このように「神功皇后」を創作するという明白な「歴史の偽造」がなされたのは、筆者に言わせれば『書紀』の編集者は最初から意識していたことであると思う。なぜかというと、『書紀』では「仲哀天皇」が亡くなったのは二〇〇年の二月六日のことであり、その子の応神天皇が生まれたのが同じ年の十二月十五日のことであるとしているからである。つまり、仲哀天皇が死んだ当日にオキナガ・タラシ姫は妊娠し、正確に十月十日で子が誕生したことになっている。これだけの細かい工作をした史家のことであるから、誰の目にも明らかな「偽造」の証拠を残すことによって、自らの良心を慰めたものと考えるのが至当であろう。

では、「神功皇后の三韓征伐」なるものの真相は何であろうか？　そのことを考えるためにはその時期を特定する必要がある。もし、それが広開土王の石碑にある「倭軍が海を渡って百済・新羅を討った」とされている事件のことであるとすれば、それは三九一年のことである。しかも、朝鮮の史書でも「新羅本紀」には、三九〇年に「倭王は新羅に使者を派遣し百済の罪を告げた」とあり、三九三年には「倭が新羅の城を攻めた」ともある。また、三九七年の「百済本紀」の記事には、「百済の太子の腆支を倭に人質とした」ということが書かれている。その後にも、五世紀の半ばごろまで倭国と新羅・百済は互いに親交を結んだり戦闘を交えたりしたことが記されている。そのことから見るかぎり、「神功皇后」の記事は、「新羅王の即時降伏」などは別として、まったくの創作ではなく、百済資料などに潤色を加えて編集したものと考えるべきであろう。

ほぼ間違いなく事実と言えそうなのは、広開土王の碑文がある以上、四世紀末から五世紀初めにかけて、倭の兵が朝鮮半島で新羅の軍と何度も戦ったということだけである。どちらが勝った、負けたかは当事者の希望的な判断で歪められるが、戦闘があったこと自体は否定できない。また、当時の倭国では、「伽耶は祖先の原郷」という意識があったに違いないと思うから、朝鮮半島への出兵については「侵略」などという気持ちはなく、祖先の同族たちの争いに介入しただけというふうに考えていたのではなかろうか。そのことを、「神功皇后の三韓征伐」というふうな虚像として『記・紀』が描いたため、無用な混乱が生じたのであろうと思う。それは、百済支援軍が白村江で唐・新羅連合軍に敗れた六六三年から半世紀余の時点で『記・紀』が編まれたからであると考えられる。

さらに、四世紀の半ば過ぎの倭国内の事情を考えると、オオタラシ彦（景行天皇）による国土の平定事業は一定の成果を収めたとしても、各地には中央政権への反対の意志をもっている者も多かったことであろう。そうであるとすれば、九州の女傑のオキナガ・タラシ姫が自分の先祖の土地に赴いて援軍を求めたり、経済力の補強を考えて軍兵を率いて渡海したとしてもおかしくない。また、その期間はかなり長かったと思われる。ただ、オキナガ・タラシ姫が先祖の土地と思ったのは、新羅であったかそれとも多羅であったかは不明と言わざるえない。したがって、「新羅本紀」や「広開土王碑」が記す「倭の侵攻」なるものも、大和にあった倭の中央政権による国をあげての朝鮮侵略とはほど遠いものであったであろう。

応神天皇の謎をめぐって

日本古代史に秘められた数々の謎の中で、最大の謎の一つは、「応神天皇」の出自についてである。この天皇はいま見たように架空の人物である仲哀天皇の子であるように『記・紀』は描いている。しかも、この天皇は宇佐八幡の祭神とされており、八幡宮は天皇家の祖廟であるという。そして、天皇家で何か事があるごとに勅使が宇佐八幡に派遣されている。また、清和源氏では応神天皇を八幡神とし、祖先神として尊崇している。これも何とも理解に苦しむ奇妙なことである。その理由を解明しないことには、日本古代史の謎は何一つ明らかにできないはずである。

そこで、その謎を解明する鍵を握っているのは「応神天皇」の母のオキナガ・タラシ姫その人であることを指摘したい。というのは、彼女が新羅に出かけて後に九州に帰り、そこで子どもを産んだものだということが事実であったとすれば、「応神」を産ませた相手の男性が誰であるかが最大の問題となってくるからである。彼女の夫が仲哀天皇であったとするのは、『記・紀』が創作した虚構に過ぎない以上、その相手は彼女の身近にいた男ということになる。

そのことを推理するには、その前に「何故、オキナガ・タラシ姫が九州で産んだ子が、近畿地方に進出して大王の座につくことができたのか」という謎を解くことが必要になってくる。そのことがわかれば、それを支えた勢力の中に「応神」の父が見出されることになるはずである。そこで、次の系図を見てほしい。

【海部・尾張氏系図】

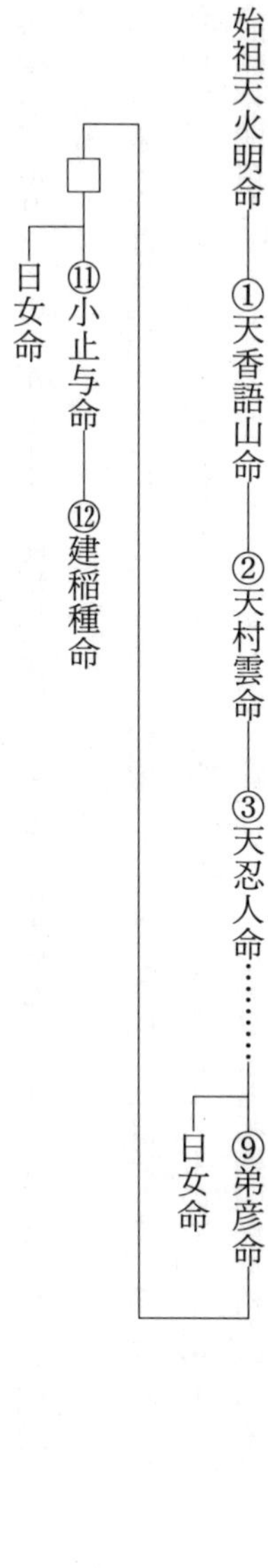

【古事記】

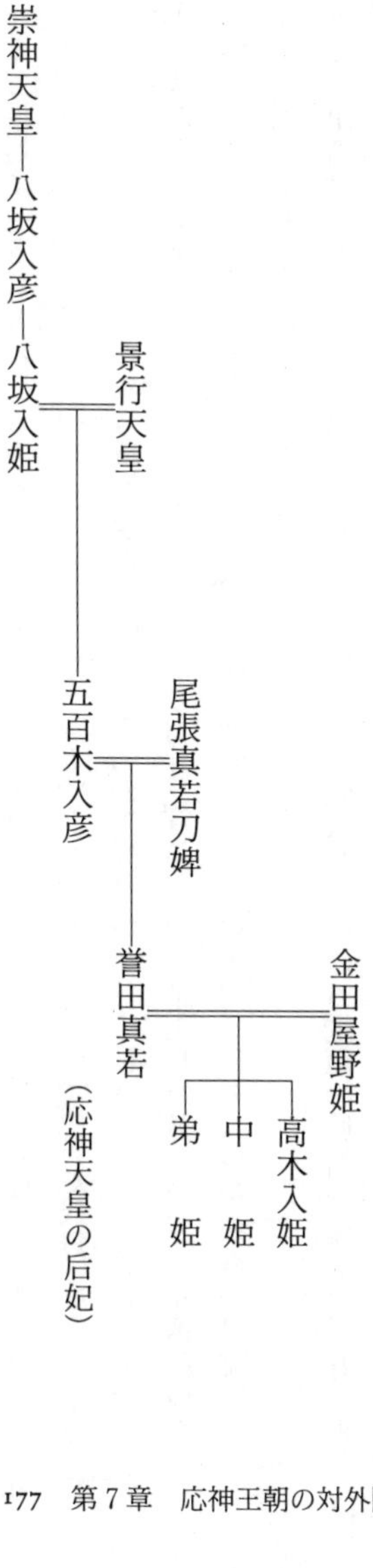

ここで注目すべきことは、この系図の中に後に応神天皇の后妃となった三人姉妹の名があって、その父が五百木入彦の子の誉田真若であるということである。ところが、『新撰姓氏録』などによると、全国には数多くの五百木《いおき》（廬城・伊福）部という名の氏族がいた。それはこの王の名を残すための御名代部《みなしろべ》なのである。そして、「イオキ」というのは「息吹」から訛化した言葉で、金属精錬技術を意味していることは、前著『ヤマト国家成立の秘密』の中で谷川健一氏の『青銅の神の足跡』の解説を引用して明らかにしたところである。

そこで筆者は、五百木入彦は大和の人ではなく、宇佐八幡に納める銅鏡の原料を産した香春《かわら》の銅山を支配していた人物であると考える。しかも、そこは『魏志・倭人伝』に出てくる已百支国——いほき国とよばれていたものと推定するのである。そうなると、そういう父をもつ誉田真若もまた已百支国王であり、その男が「尾張・海部氏系図」にある金田屋野姫と結婚したことの意味が問題になってくる。

この「尾張・海部氏系図」については、拙著『天皇家と卑弥呼の系図』に詳論してあるように、『先代旧事本紀』と丹後の籠神社に伝えられている「海部氏系図」（国宝）によるもので、その家系は天火明命を開祖とする名家であり、その家から出る女性はしばしば天皇家と婚姻関係を結んでいる。しかも、その第九代目には「日女命」と「弟彦命」という名があり、それが『魏志・倭人伝』に出てくる「女王卑弥呼」と「男弟」であるというのが筆者の提出する謎解きの鍵となるものと想定しているわけである。

邪馬台国についての議論は、第9章で簡単に述べることとするが、それは一〜二世紀には筑前甘木にあり、二世紀の末近くに宇佐に移転し、尾張・海部氏の「日女命」が「女王卑弥呼」となったものと考えている。そして、この尾張・海部氏は四世紀ごろまでは豊後にいて、以後、丹後と尾張に分かれて進出して行ったものと推定している。その根拠は、豊後の南部には海部郡があり、豊後と丹後とでは多くの地名がセットになって一致しているだけでなく、両地方では二階が宿で一階が船着場の建物があるなど、人間の集団移動が間違いなく推定されるからである。

四世紀の末ごろになると、邪馬台国はほとんど崩壊していたが宇佐にはその名残りとして「鬼道」（呪術）をおこなう金田屋野姫が細々と邪馬台国の遺産をついで女王的な地位にあったと考えている。そのへんの事情は、『ヤマト国家成立の秘密』などをご覧いただきたい。そこで想像をたくましくしてみよう。この姫はアマテラスを思わせるような女王であったが、恐るべき危機に陥っていた。それは、豊後の大野川の中流の大神《おおが》郷を根拠地とする「蛇神族」の大神氏が宇佐の神領を侵してきたからである。そこに香春の已百支国の王であるスサノオノに喩《たと》えられそうな誉田真若というたくましい男が現われ、彼女を救い、ついに二人は結ばれて三人の娘子ができた。この話のことを『記・紀』は「八岐《やまた》の大蛇」の説話として描いたというのである。

しかも、三人の女の子が生まれたと言えば、『日本書紀』の神話にアマテラスとスサノオは「誓約《うけい》」をしたときに、スサノオの物実《ものざね》から「宗像の三女神」が生まれたという話が載っていることが思い出される。そして、その神は「宇佐嶋に降りた」とも書かれている。もう一つ、この「誓約」のとき、「アマテラスはスサノオの剣を三段に折って真名井の水を吹き注いだ」とあるが、国東半島の付け根の日出《ひじ》町には「真那井」という地名があるのである。そうなると、この地にはまさに宇佐女王である金田屋野姫と巳百支国王だった誉田真若の二人が結婚の誓約をした場所にふさわしいことになりはしまいか？

この推論は、空想に近いと思われる方もいよう。しかし、それに憶せずこの仮説を続けてみよう。その時点で、香春にはオキナガ・タラシ姫が筑紫で生まれた愛児を抱いて近畿地方に進出する夢をふくらませていた。そして、それを助けて実現に漕ぎつけたのが武内宿禰であった。結果としては彼らの夢は実現し、抵抗したカゴサカ王とオシクマ王は打ち破られ、やがてオキナガ・タラシ姫の子は大王となることができたのである。しかも、その大王の皇后と妃になった三人の女性は、誉田真若と宇佐にいた尾張・海部氏の女性との間に生まれた三姉妹だったのである。

こういう事実があったとすれば、九州の実力者だった誉田真若は武内宿禰とオキナガ・タラシ姫との近畿進出を積極的に支援し、その功績によってこの三姉妹を河内にできた新大王の皇妃にすることができたと考えざるをえないではないか。もし、以上が史実であるとすれば、それを成功させた陰の力であった武内宿禰とはどういう人物であったかは明白になったと言えるはずである。それは、オキナガ・タラシ姫の夫であり、「応神天皇の父」であったことになる。

前に、武内宿禰は肥前武雄にいたとした。また、蘇我・葛城・巨勢・平群・羽田・紀などの諸氏の祖先が武内宿禰であるとされていることも述べた。しかも、その祖先は百済か伽耶の出であるらしいとも言った。そうなると、これまでの推理は右の仮説と矛盾することにはなりはしまいか？　その点については、詳論は省くが、これらの豪族が系譜の上で共通の祖先とした「本来の武内宿禰」と、ここでオキナガ・タラシ姫の夫となった「黒幕としての武内宿禰」とは同一であるはずはないということになろう。それは、「応神東遷」を支持してともに九州から近畿に進出した蘇我・葛城などの氏族の後裔が、「自分たちの祖先は神功皇后に随行して来たのである」ということを語るために、その共通の祖先を「神功皇后の忠臣としての武内宿禰」として位置づけたまでのことと考える。そして、八世紀に『記・紀』が編集されるとき、武内宿禰は長寿の将軍のように描かれてしまったわけである。

この場合、「応神の東遷」とでも言うべき大事業の推進者であり功績が高かったはずの誉田真若は以後の歴史でどうなってしまったのであろうか？　このあたりの事情についての筆者の推理は『天皇家と卑弥呼の系図』などの著書で詳しく説いてあるが、誉田真若は隠遁し、蔭にあって政治を操作し、指導したことであろう。というのは、『古事記』には、「応神」が太子であったころ、角鹿の気比の大神と名前を交換したという奇妙な話が載っている。それは、ホムタワケ（誉田別）といった大神の名前を太子が貰い、イサザワケ（伊奢沙和気）といった太子の名を大神の名としたという話のことである。これは、太子が誉田真若の後継者になったことを意味し、真若のほうは気比の大神として新王朝を守っていこうという契約が成立したことを意味していると解釈できよう。現在、敦賀の気比神社ではイサザワケが祭神とされているが、それは右の事情があったからである。また、応神天皇のことを「誉田天皇」とよぶ理由は、舅であり実力者であった誉田真若から名前を交換して貰ったことに基づくとして解釈されたことになる。

こう考えることによって、宇佐が天皇家にとって祖廟であるということも、宇佐八幡に応神・神功と三女神が祀られている秘密も同時にスッキリと解消することになるではないか。そして、後に見るように、「神武東征」という『記・紀』が物語る大事件のモデルの一つとして、右に見た「応神の東遷」が利用されていることになる。

このように、「応神王朝」はいろいろな面で朝鮮半島と関わりがあり、応神の母のオキナガ・タラシ姫は新羅から来たヒボコの子孫であり、しかも新羅に兵を出しているだけでなく、応神の后妃とつながる宇佐や海部氏関係をめぐって新しい謎が生まれ、いくつかの謎がからみ合い複雑な様相を呈してきた。果たして「応神王朝」と朝鮮半島とはどういうつながりがあるのであろうか？

第8章 「辰王」渡来説

「流移の人」とは伽耶王のこと？

これまで見てきたように、五世紀以後の倭王朝は深く朝鮮半島に関わってきたことがわかった。しかし、それがどういう事情に基づくものであるかについては、まだ確定的なことは言える段階にまできてはいない。とは言え、オキナガ・タラシ姫が新羅の王子であるといわれるヒボコの血をひいており、しかも筆者の推定では彼女の夫すなわち応神天皇の父が武内宿禰であり、その人物は蘇我氏の祖先とされていて、しかも百済の出であるらしいということになると、いささか落ち着いた気分ではいられないと感じる人も出てくるのではなかろうか？　そうなると、倭王朝つまり天皇家は朝鮮半島からの渡来者の子孫であるのではないかということになり、常識的な歴史観に革命的変革が求められているかのような疑いが強まってきたと思われるかもしれない。

ただし、「天皇家が朝鮮から渡来したものである」ということを事実として主張しようとするためには、それが単なる思い入れや想像ではなく、しっかりした文献的な基盤の上に立って、その可能性が議論される必要があることは当然である。

では、そのようなことを記述した文書があるのであろうか？　実はその要請に応えるものが存在するのである。それは、中国の三国時代の魏王朝の正史である『魏志』の「東夷伝」のことである。そこで、まずこの書物のことについて解説しておこう。

『魏志』は三世紀の末に、陳寿が編集したもので、「東夷伝」というのは、その末尾の第三〇巻の辺境地区について述べた「烏丸・鮮卑・東夷伝」の後半部のことである。そこには、魏の支配が及んでいた東方の国々について記してあり、中国東北部にあった夫余や高句麗・沃沮・挹婁・濊などの諸民族と朝鮮半島南部にあった三韓（馬韓・辰韓・弁韓）の諸国が紹介されており、さらに海を渡った「倭人」の住む島、すなわち今日の日本に邪馬台国など三〇近い小国があったことを使者の伝聞に基づく形で詳しく述べられている。

この「東夷伝」には、馬韓――後に百済として統一される国々――に関する記事は豊富にあり、そこには多くの小国があったとしてその名前まで列記されている。しかし、隣の辰韓については、後の新羅の母体となった斯盧の名前はあるが、弁韓と合わせて「弁辰」としたり、「弁・辰韓は合わせて二四国」というふうに述べたりしてあって、その表記は一定していない。また、「弁辰は辰韓国と雑居す」というような書き方があり、倭国に近い朝鮮半島の南東部についての記述には混乱が見られると言いたくなる。この「弁韓」とよばれる地域は、前にも述べたように、『日本書紀』や「広開土王碑」で「任那」に相当する地域であり、「東夷伝」では「馬韓の東、辰韓の西に当たる」と記され、洛東江に沿った一帯のことを言い、六世紀半ばまで、このあたりには六ないし七の「伽耶」

諸国があったとされる場所である。

「東夷伝」では、三韓のうちの馬韓は農業国として描かれ、五二の小国が集まっているとしている。その中の伯済国が四世紀の半ばに馬韓全体を統合して百済になる。これらの国には城郭はないという。また、辰韓ははじめ六国で後に分かれて一二国となったもので「言語は馬韓と同じからず」と記されている。そして、日本に近い南部の弁韓については「土地は肥えて五穀が実り、鉄を産し韓・濊・倭みなほしいままにこれを取る」というふうに国状について述べ、朝鮮半島南部に倭人が住んでいたことを語っている。そして、さらに「弁辰は一二か国、諸々に別邑あり、おのおの渠帥あり」というようなことが書かれている。

さて、筆者が「これが倭王は朝鮮からの渡来者である」という主張の根拠になる記事というのは、この弁韓についての記述の中にある「辰王は月支国に治す」と書かれている部分のことである。この月支国というのは、どこにあったかは不明であるが現ソウルからそう遠くではない場所であったはずである。恐らくそれは今日、仁川とよばれている都市のあたりであると思われる。そして、注目すべきことは、そこに「弁・辰韓二四国のうちの一二国は辰王《チンワン》に属し、辰王は常に馬韓人を用いてこれをなし、世々あいつぐ。辰王は自立して王となるをえず」と明記されていることである。さらに、辰王について「魏略にいわく、その流移の人たるを明らかにす、ゆえに馬韓のために制せらる」という奇妙なことが述べられているのである。

この「辰王」なるものが曲者なのである。それは「流移の人」というのであるから本来の韓人ではないというのである。しかし、馬韓によって「王」に推され一二国も支配するというのであるから、その権威は相当なものであったとしなくてはならない。ところが、その存在は『三国史記』には現われてこない。これもまた何かしら神秘的である。いったい、「辰王」というのはどこから来て、どこに消えて行ったのであろうか？

この「辰王」は、「弁辰の条」に書かれているのであるから、それは伽耶の王のことをさしていると思われる。ということは、それは伽耶すなわち任那の王をさすことになり、実はとりも直さず海を渡って日本の天皇となった者であると考えられるではないか。そうなると、「馬韓すなわち後の百済によって『辰王』に推された者こそ、倭国に渡来して王者になった人物である」とするための有力な根拠がこの『魏志』の記事ということになってくるわけである。

応神天皇は「辰王」か？

では、『日本書紀』に「天皇」として名前があげられている人物であって、その出自が「馬韓によって推されて辰王になった」と考えられるものがあるのであろうか？　また、朝鮮の史書に名前が載っている王族で、それが何らかの理由で「辰王に推され、海を渡って倭国の王になった」と考えられる例はないのであろうか？

実は、そういう候補が何人かあるのである。「百済本紀」によると「腆支王は太子であった三九七年に倭国に人質として赴き、八年後に父の王が亡くなったので帰国して百済の王位についた」とある。そして、一六年間在位し、四二〇年に亡くなったので、その子の久爾辛王があとをついでいるというのである。

そこで空想をめぐらせば、この久爾辛王は太子時代に倭国に行き、武内宿禰という名前で活躍し、オキナガ・タラシ姫と懇ろになり、筑紫の国で生まれた子を抱いて近畿地方にまで進出し、その子を河内地方で王位につけ、やがて周辺の諸国を支配して応神王朝を開かせたのであるという物語が立てられるのではなかろうか？　つまり、「百済本紀」に載っている久爾辛王こそ「辰王」の一人であり、その子が応神天皇になったというわけである。

この場合、久爾辛王と武内宿禰は百済と倭国の二か所で王になったというのであるから、いわば「一人二役」を演じたことになる。もし、そうであるとすれば、同一人物が同時に違った場所にいてはならないという「アリバイ証明」が必要になる。その点はどうであろうか？　筆者は、前に応神天皇の在位期間について、四一〇年から四三〇年をその目安として示してみた。ところが、「百済本紀」では久爾辛王については、なぜか四二〇年に即位し、四二七年に死去したという記事だけしか載せておらず、その在位期間中に百済本土でしたことは何一つ記されていないのである。しかも、その期間は筆者が応神天皇の在位期間と考えた時期にピタリ一致している。それは偶然の符合であろうか？

このように、久爾辛王は百済王でありながら、ほとんど本国にはおらず倭国王の父として国外にいたというふうに考えたくなるし、そうであれば「百済本紀」が久爾辛王の施政についての記事を書かなかったことの理由も納得できることになる。

ところが、『日本書紀』の「応神二五年紀」には、次のような記事があるのである。それは、「百済の直支王薨せぬ。即ち子久爾辛立ちて王となる。王、年幼し。大倭木満致は国政を執り、王の母と相姪《たわ》けて多《さわ》に行無礼。天皇聞こしめして召したまう」というのである。この直支王というのは腆支王のことであるが、倭に渡って武内宿禰となったのはこの人物かもしれない。しかも久爾辛王も応神と同じく幼くて王位についたとしてあることには興味がひかれる。そこで、王を助けたとしている木満致は、前に門脇禎二氏の説により蘇我満智のことではないかと述べた人物のことである。その男が王の母と姦淫行為があったとしていることも何となく意味あり気である。そして、『紀』では続けて「百済記」を引用し、「木満致は、是れ木羅斤資の新羅を討ちしときに、其の国の婦を娶ぎて生むところなり」と記している。しかし、『紀』では久爾辛王が即位した年を二九四年としており、その実年代の四二〇年とは大きく離れている。つまり、応神天皇とは何の関係もないはずの百済王のことを詳しく載せる必然性は欠けている。それなのに、こういう記事が収録されていることは、「実は応神天皇とは腆支王の子の久爾辛王のことである」ということを『紀』の編集者が知っていたからなのではないかと疑いたくなるではないか。

このように考えると、オキナガ・タラシ姫が幼児を抱いて筑紫から河内に乗り込んだときに多少の抵抗はあったものの、経歴不明の子がスンナリと倭国の大王になれた秘密も、この幼子が百済王の子であったとすればそれなりに理解し易くなるし、また、武内宿禰が若い時に倭国にいたことがある腆支王であったとすれば、彼自身も「辰王」として伽耶系の倭国の王になる資格が認められていたとも考えられる。それだけに、武内宿禰すなわち腆支王は、前に推論したように、オキナガ・タラシ姫と結ばれて生まれた子である後の久爾辛王をイサザワケという名で倭国に連れ込み、倭国の有力者であった誉田真若から「誉田」という名前を貰い、倭国の王位につける工作もし易かったであろうと思われる。したがって、こうした事情をふまえて武内宿禰の子孫と称する蘇我・葛城などの諸氏族が、以後、「親百済政策」を推進した理由もそのまま理解できることになると思う。

百済の昆支も「辰王」だった？

前に紹介した石渡信一郎氏は、『応神陵の被葬者はだれか』という著書で考古学の常識に挑戦し、埼玉県行田市の稲荷山古墳から出土した「辛亥年銘入り鉄剣」に見られる「獲加多支鹵《わかたける》大王」は、通説でいうように四七一年の雄略天皇（大泊瀬《おおはつせ》稚武《わかたけ》）の時代ではなく、一巡後の五三一年の欽明天皇の時代のことであるとし、一般に考古学の年代の比定を六〇年ほど繰り下げるべきであるとしている。

そして、「応神陵古墳」とよばれている誉田山古墳はそれより半世紀ほど前のものであるから、AD五〇〇年ごろに死んだ人物の墓であり、その被葬者の「誉田別大王」とは応神天皇ではありえないことになるという。そして、古墳時代が始まったのは、通説の三世紀後半ではなく四世紀半ばであるとする。石渡氏が誉田山古墳に眠るとする誉田大王というのは、実は百済の昆支（蓋鹵王——四五五～四七五在位の子）のことであるとしている。そして、その名の昆支が「コンキ」から「ホンキ」に変わり、さらにそれが「ホムチ」となり、「ホムタ」と変化して読まれるようになったものであるという。

この昆支については、前に武寧王のことに関連してそのを系譜を紹介したが、それは次のようなものであった。

『百済本紀』

腆支王―久爾辛王―毗有王―蓋鹵王┬文周王―三斤王
　　　　　　　　　　　　　　　└昆　支―東城王―武寧王………

ところが、石渡氏はそれを継体の出自と結びつけ、次のように修正して見せる。

『百済・倭統合系図』

　　　　　　尾張目子媛
毗有王┬継　体＝┬安　閑
　　　│　　　　└宣　化―石　姫
　　　└昆　支―欽　明―敏達

『日本書紀』によると、雄略五（四六一）年には、「昆支が渡来した」とあるが、石渡氏によれば、これが誉田大王のことであり、「昆支はそのときまで続いていた崇神系の王朝に入り婿した」のであるとしている。そして、四七八年に南朝の宋の順帝に朝貢した倭王「武」というのは、石渡氏に言わせると、従来言われてきたように雄略天皇なのではなく、百済から渡来してきた「昆支すなわち応神」であるというのである。それでは、「応神陵古墳」とよばれてきた誉田山古墳の被葬者が渡来者の昆支であるとすれば、もう一つの「仁徳陵古墳」とよばれてきた大山古墳には誰が葬られているのであろうか？　石渡氏は、それは築造の時代が五一〇年ごろであるから、昆支の弟でなくてはならず、それは倭王となった継体天皇のことであると説いている。

なお、応神の子孫とされる仁徳・履中以下、雄略を経て武烈と続く一連の天皇とされる三世代・九人の天皇は、石渡氏はすべて創作された架空のものであると解釈している。

この石渡説についてはかなりの無理が感じられるが、ここにもう一つの「辰王の候補」として昆支がいたことになる。この昆支については、『百済本紀』では「昆支は文周王の弟であり、その子が東城王（牟大王・末多王）である」ということになっており、百済にあっては「内臣佐平（大臣）の地位にあり、四七七年に死んだ」と記しているだけで特別に何かをしたことにはなっていない。したがって、昆支の場合も久爾辛王と同じように、「死んだ」とされる年に実は「辰王となり、倭に出向いた」とする余地はあると思われる。ところが、『日本書紀』では「蓋鹵王の弟が昆支で、武寧王すなわち斯麻王はその子である」とされている。このことは第7章で「応神王朝の実年代の推定」の項ですでに述べた。

その真相はともかく、昆支が倭国に行くとき、筑紫の島で生まれた王子が後に百済に帰って武寧王になったことは「百済本紀」も認めているが、石渡説によれば継体は武寧王の叔父であるというのである。両者の在位年代は、武寧王は五〇一～五二三年であり、継体天皇は五〇七～五三一年であり、両者の在位年間はほぼ重なってくる。したがって、継体がおこなった百済との外交関係はそのまま実の甥に対するものであったというのである。

継体天皇が百済からの渡来王であるという石渡説はそれなりの説得力はあると思うが、かならずしも「昆支が応神である」としたり、「継体と昆支は兄弟である」というふうに考えずに「継体は昆支その人であった」とすることもできるのではなかろうか？　むしろ、そのほうが自然であるように思う。つまり、『日本書紀』が「武烈天皇が暴君であり、子を残さずに死んだので、やむなく応神の血をひく継体があとをついだ」としているが、実は四八五年の清寧天皇の死後、大王位につく者がいないで混乱していたヤマト王朝では、大伴氏や蘇我氏が後継者を求めて争っていたとき、五〇七年ごろになって「若いときに倭国に来ていた百済王家の昆支が辰王となり、倭の王位につき継体天皇になった」というふうに考えたい。そして、「久爾辛王が応神天皇となった」とする説についても賛意を表したい。

タラシ王朝渡来説

『記・紀』が第一五代天皇とする応神天皇の母はオキナガ・タラシ姫であり、その夫とされている第一四代の仲哀天皇は架空の人物であるがタラシ・ナカツ彦とされている。そして、その叔父ということになっている第一三代の成務天皇はワカ・タラシ彦であり、その父の第一二代の景行天皇はオオ・タラシ彦とよばれている。そこで、景行天皇に始まる四代の王朝のことを「タラシ王朝」とよぶことにする。

ただし、この四代の天皇のうち、仲哀天皇は明らかに架空の存在であるし、他の三代についても、『記・紀』が記すその事績はほとんどそのまま事実として認めることはむずかしく、その系譜なるものも創作されたものである疑いは濃い。

景行・成務天皇の二人の天皇はともにその在位期間が干支一巡（六〇年）ぴったりになっており、あまりにも作為的であるとしか言いようがない。それだけでなく、その治績なるものを見ても、景行の場合は軍事力による国土の平定の記事で埋められ、成務の場合は国郡と県邑の長を定めたことに尽きるといっても過言ではない。それは、この二人の前の崇神・垂仁の二代の天皇がやり残した新国家の建設事業をこの両者が軍事的および官制人事の面で完成させたというべき形になっている。つまり、『記・紀』の編集者は「これをもって倭国の政治は一応の安定をみた」とするために、新ヤマト王朝建設のために必要と考えられることを、これら四人の天皇の事業として書き連らねたという感じの記事構成になっている。

とは言うものの、ここに書かれているような中央政府による諸国への支配の貫徹事業や地方への官吏の任命事業は、すべてが虚構であるというのではない。このようなことは事実として何らかの形でおこなわれたことであろうし、三世紀半ばの段階では小国家の連合体の結合をやや強めた程度のものであったのを、四世紀末には相当程度まで実効のある中央集権的な政治支配体制に整えていったことは事実であると考えていいと思う。

さて、応神天皇は百済の久爾辛王が「辰王」として推され、倭国に渡来して大王になったとする説が成り立つとすると、それより前の「タラシ王朝」についても同じことが言えるであろうか？　その点について考えてみよう。

その場合、これらの天皇の在位期間が確定できないことが大きな障害となる。景行天皇の在位は、

『日本書紀』では西暦七一年から一三〇年ということになっているが、この数字はまったく問題にならない。ヤマトに中央集権的な国家が成立し、「ヤマトタケル（日本武尊・倭建命）の東西遠征」に相当する軍事力の行使があったとすれば、それはほぼ三世紀の末近くから四世紀にわたる時代のことと考えてよさそうであるが、その時代は世界史的に見ても激動の時代であり、遠くヨーロッパではゲルマン民族の大移動によりローマ帝国でも東西分裂（三九五年）が起こる前の時代になっているし、中国でも北方の騎馬系民族の侵入によって五胡一六国の時代（三〇四〜四三九年）に相当している。また、朝鮮半島を見ると、旧馬韓の地域では『魏志』に書かれている五〇余の小国家群の間で統合が進行し、伯済という国が全域を抑えて百済王朝の統一に成功し、旧辰韓の諸国の場合には、その中の斯盧が統合に成功して新羅国がほぼ確立したのが四世紀の後半であるとされている。

そこで、朝鮮半島から日本列島に向けてある勢力が渡来してきて、すでに全土平定活動が萌芽的におこなわれていたところに参入して、「応神王朝」の前に存在していたと思われる「初期ヤマト王朝」の大王になったとする想定は十二分に成立するとまでは言えそうである。とりわけ、『記・紀』に見られる「タラシ王朝」なるものが実際にあったとするとき、その名前から連想されるのは伽耶諸国の一つである「多羅国」の存在である。

近年の韓国の若手学者の研究によると、「多羅国」があったのは洛東江の支流の黄江に沿う峡川《ハプチョン》であるという。この地域には玉田《オクチョン》遺蹟の発掘により、四〜五世紀の王侯の遺物が多数見つかっており、それらの内容は前著『伽耶は日本のルーツ』にも書いたとおり、そこから出土した馬冑は和歌山県の大谷遺蹟で発掘されたものと酷似しているなど、この地からの渡来者がヤマト王朝に参入している可能性はきわめて高い。

そこで思い出すのは「ヒボコ（天の日矛）」のことである。この半伝説的人物は、新羅の王子とも意富加羅の王子とも書かれているが、筆者はヒボコはこの多羅の出ではないかと思う。その理由は、五六五年に最後まで残っていた伽耶の地であったこの地を征服した新羅は、そこに「完山州を廃し、大耶州を置いた」と記しているからである。筆者の考えでは、多羅国は伽耶の領地とされているが、その東の隣の国である新羅にとっては、恐らく祖先の発祥の地であったのではなかろうかと考えたわけである。そして、ヒボコは多羅で生まれたと考えるのである。

そこで、多羅国の王子だったヒボコは、推定すると二世紀末の「倭国大乱」のころ、彼らは朝鮮半島南岸にいた海人族（恐らくは安曇系）の力を借りて北九州の博多湾に上陸し、糸島に拠って伊都国を建て、ついで伊都国を糸田に遷し、そのすぐ東にある豊前の香春の銅の生産に関与し、邪馬台国グループにも貢献したものと思う。そして、多羅族の主流のヒボコは瀬戸内海を東進し、播磨に上陸し生野などの銅山を支配し、丹波・山城を経て近江に出、北上して若狭・越前まで進出し、敦賀付近にも根拠地を築いたが、但馬の出石に定着し同族の統制をはかったというふうにシナリオ化したい。この経路は、『播磨国風土記』や『日本書紀』の記事が裏づけている。オキナガ・タラシ姫はこのヒボコ族の子孫であり、一時は、旧多羅国の紛争に介入したのか、あるいはそれ以外の動機からか、新羅（実は多羅を中心とする伽耶地方）に出兵したというわけである。

しかし、それ以前の段階において、恐らくは四世紀のある時期に、多羅の王族の一部は倭国内のヒボコ系勢力の支持を受けて次々と渡来し、その中の有力者の数人は「大多羅し彦」とよばれたことであろう。『記・紀』が個人として描く「オオタラシ彦」すなわち景行天皇とは、このような複数の「大多羅し彦」を合成したものであろうと思う。そうであってこそ、『古事記』はこの天皇に八〇人もの子があったと書いたのであると思う。

なお、それより前に『古事記』には第九代目の開化天皇とヒコクニ・オオゲツ姫との間の子としてヒコイマス（日子坐）王がいたとしている。この王の妃には、山城・近江などの王者の娘四人がおり、その子孫は丹波・因幡・伊勢・若狭・甲斐など諸国に発展している。ヒコイマス王とは、筆者の考えでは「近畿北部の隠れた大王であり、実はヒボコの孫の斐泥であったということになる。ヒボコについては次章でもう一度触れることにするが、右に想定した「多羅系」の一族の渡来は、前に見た百済系の「辰王」としての渡来とは異なる系統のものということになる。いずれにしても、三世紀の後半のヤマト王朝の実態を探った後でなければ、このことについての結論はまだ出すことはできない。

イリ王朝渡来説

ここまで、日本古代史における朝鮮半島との関係を時代を遡る形で追ってきた。そして、奈良時代の天武系の王朝は新羅との関係に影響されており、それ以前の飛鳥にあった王朝は多く百済と深く結びついていることがわかった。しかも、それは単なる友好親善関係といったものではなく、蘇我氏をはじめ当時の支配階級の祖先が朝鮮からの渡来者であった事実に由来するとしか考えられないことが次第に明らかになってきた。

そして、「応神王朝」に先立つ「タラシ王朝」はどうやら南朝鮮の陜川にあった伽耶諸国の一つである多羅国から来たオオタラシ彦で代表される勢力が開いたもので、この渡来勢力の力によって全国は平定されていったことが隠れた歴史の真相として浮かび上ってきた。

では、それに先立つ崇神・垂仁の二代の王朝はどういう性格のものであったのであろうか？　とりわけ、崇神天皇については、『古事記』に「初国しらしし御真木天皇」と記されていることや、『日本書紀』の「垂仁紀」に意富加羅から渡来した都怒我阿羅斯等に対して「任那」の国号を「御間城天皇の名を負《と》りて汝の国の名とせよ」と言ったという記事があるところから、多くの人に注目されている。そして、論者の中には、崇神天皇は倭国だけの王ではなく、「倭韓連合王国」といったものがあって、半島と島を統合する王者であったというような推測をする者もいる。

この件については、拙著『天皇家と卑弥呼の系図』などで詳しく推論してきたように、崇神天皇というのは、北部九州にあった邪馬台国諸国連合の一つである弥奴国の王（『記・紀』でいう水沼君）のミマキ・イリ彦のことであり、卑弥呼が死んだ直後に、風雲に乗じて一時は連合の盟主となったが失敗して狗奴国の一部（後の大伴氏）などとともに東遷し、ヤマトにあった物部系の女系の王朝に婿入りする形で権力を受け継いだものであるというシナリオで示してある。つまり、崇神天皇は直接に朝鮮から渡来した者ではないという見解をとっている。そこで、ここではその推論について詳論することは避けたい。

ただし、ミマキ・イリ彦が出た弥奴国もまた数代前に遡れば伽耶からの渡来王国ということになるので、それらについては第9章で述べることにする。また、崇神天皇の次の垂仁天皇についても、それがヒボコ系と関係が深いことも同じく次章で言うことにする。
なお、崇神・垂仁の二代の王朝の係累には、イニシキ（五十瓊敷）・イリ彦とかヌナキ（淳名城）・イリ姫のように名前に「イリ」がつく者が多いので、この王朝のことをしばしば「イリ王朝」とよんでいる。また、「イリ」の意味や語源についてはいろいろと説かれているが、この問題には深入りしないことにする。

さて、本章では『魏志』に記されている「流移の人が馬韓人に推されて辰王になった」という記述をふまえ、「辰王」となった人物が海を越えて渡来して倭国の天皇家になったというふうに論じてきた。そして、応神天皇は百済の久爾辛王、継体天皇は同じく百済王家の昆支である可能性を提示した。そして、それとは別に、景行天皇とは伽耶の多羅国の王族が渡来したものであろうとも言った。しかし、それらは特定の個人あるいは数人が渡来王であるというものであり、渡来者の子孫が倭国内部で大王位を継承していったという視点で考察を進めているわけである。

ところが、『記・紀』に掲げられている倭の大王（天皇）家の系図を全体として百済や伽耶の王家の系図と結びつけ、具体的な個人名をあげて体系的に推論している人もいるのである。そこで、そういう推論の一つを紹介することにしたい。その人というのは、一九八三年に『古代天皇家の渡来』として初版を出し、八九年に新版の『辰王―天皇家の渡来史』として刊行した本の著者の渡辺光敏氏である。

渡辺氏は、一九一四年生まれで山梨県の元小学校長である。渡辺氏は、崇神天皇から応神・仁徳天皇までの系譜と百済や新羅の王家の系図とを対照しているうちに、次のようなことに気がついたという。

まず第一に、百済の七代の沙伴王（二三四年即位）は若くして死んだと「百済本紀」にあるが、日本に来て日子坐王《ひこいます》（崇神の弟）の子の沙本（狭穂）彦となったのではないか。両者は時代がほぼ同じで名前が似ている。この沙本彦は妹を唆して垂仁天皇を暗殺しようとして失敗して殺されたというが、その子孫から甲斐の国造が出ているから名門である。

次に、崇神・日子坐王の兄の彦湯産隅命《ひこゆむすび》の名前にある「ユムス」は、百済の八代古爾王（二三四〜二八六）の弟で、内臣左平（首相）であった優寿《ウス》の名によく似ている。「優」という姓は、百済の始祖の温祚《オンジョ》の弟の沸流《プル》の子孫で王家と同格とみなされる名門である。

ただし、渡辺氏は景行天皇に関しては「大足彦《おおたらし》」という名の「タラシ」について、それは新羅の八代の阿達羅甘師（一五四〜一八四）と似ており、この王を最後に新羅の朴氏の王統は絶えていることに着目し、その子孫が日本の「タラシ王朝」を開いたのであろうとしている。

さらに、渡辺氏は百済の温祚王の子孫は本家の王位をつぎ、弟の沸流は身の不明を恥じて死んだことになっているが、実は、「辰王」となったらしいと考えた。そうすると、その子孫から日本の天皇が出ていいことになる。その候補としては、一二代の契王（三四四〜三四六）がいる。この王は幼死したことになっていることから、時代的には出自不明の応神天皇と一致すると考えた。

もう一つ、和歌山県の隅田《すだ》八幡の銘鏡に「大王男弟王」と「斯麻《しま》」という文字があるが、前者は継体天皇（五〇七〜五三一）のことであり、後者は斯麻王という諱《いみな》をもった百済の武寧王（五〇一〜五三四）であると思われる。前に見たように、「武烈紀」にはこの王は「混（昆）支王の子であり、王が日本に行く途中、筑紫の島で生まれた」と興味深いことが記されていることはすでに述べた。そうであるとすると、継体は武寧の男弟王であったというふうに見立てたという。

そこで、渡辺氏の考えを系図にまとめて示してみよう。

【百済王系譜】

- 朱蒙
  - 温祚……肖古―仇首
    - 沙伴
    - 比流……蓋鹵―昆支
      - 文周―三斤
      - 東城―武寧
  - 沸流……古爾―實稽―汾西―契

【天皇家系譜】

- 孝元
  - 大彦命
    - 武淳川別命（阿部氏祖）
    - 彦産隅命―丹波道主命
  - 開花
    - 崇神―垂仁―景行
      - 日本武尊―仲哀―応神
      - 成務
      - 五百入彦城
    - 彦（日）坐王―沙本王
    - 彦太忍信命―屋主忍武男心命―武内宿禰―蘇我石川

渡辺氏は、これ以外にも例えば高皇産霊神《たかみむすび》・天照大神の系統は、高句麗王朝の始祖の東明王（朱蒙）の系統に属するとし、東明王はまたの名を鄒牟《むす》というが、それは「ムスビ」という言葉の起源となっているとか、物部氏の始祖のニギハヤヒ（饒速日）とは、尉仇台や簡位居を出した北夫余王家の麻手のことであるとかいう仮説をあげている。また、スサノオの神の子に大年神がいて、その子には韓神・富富理・曾富理・白日・聖などの朝鮮の神がいることや、出雲の大年神の祭りは「ウカ（稲魂）」の祀りであるなどのことから、出雲族は中国の稲作地帯の出身者の系統であると唱えている。

なお、渡辺氏は、崇神の名である「ミマキ」について、『魏志』に「辰王は月支に治す」とあるのは「目支——マキ」の誤記であると考え、「目支」というのは今の仁川《イヨンチヨン》のことであるとしている。そして、武内宿禰についても、百済の古爾王の孫で比流王の庶弟の内臣左平であった優福（三世紀の後半）を当てている。

渡辺氏が『古代天皇家の渡来』の中で展開しているこれらの仮説の体系は、果たして成立するであろうか？　年代的には、崇神・垂仁は三世紀の前半、応神は四世紀の後半ということになり、筆者の考えより四〇〜五〇年くらい早過ぎるように思える。ただし、根拠とされる『三国史記』に書かれている各王の在位の年代は、四世紀後半以後のものは中国史との関係で信頼度は高いと思われるが、それ以前のものは若干疑問もあるから、右の比定は「個人だけでなく、相互に関係がある者どうしが、それほど無理なく同じ系図に並ぶことは、偶然やこじつけとして却下してよいとは言えない」という立場から好意的に受け止めておくことにしよう。

それはよいとしても、歴史上の人物について「一人二役」が成り立つか否かという問題がある。右の渡辺説の場合、沙本王や契王の場合は、「夭折した」とされているのであるから、「それは死んだのではなく、日本に移ったのである」というふうに解することができる。しかし、その他の場合は『三国史記』と『日本書紀』が記す年代の信頼度が確定できないし、朝鮮での事績と倭国でのあり方を関連づけて説明できないから、「かならずしも不成立とは言えない」という程度の判断しかできないのではなかろうか。

このように見てくると、渡辺説は、イリ王朝に連なる渡来者の出自については「辰王は百済の目支から出た」とするまでであって、そこから直接に大和に進出したとも、いったん倭国のどこかに進出してから大和に移ったとも具体的な歴史の流れに即しては論じていないから、その可否を評価するところまでいっていない。しかし、もう一つ詰めが加えられれば、大いに参考になる提案であると言えると思う。

倭国の歴史は朝鮮史の借り物か?

これまで紹介してきた諸氏の提言は、『日本書紀』や『続日本紀』は奈良時代の朝廷の修史官たちが、各方面から収集した資料を基礎とし、もろもろの政治的要請に対応するために適宜部分的に修正を施したものであると考えるものであった。その政治的要請というのは、「わが国はあくまで独立国であり、その統率者はわが国土を支配する使命をもった尊い家柄――天皇家である」という建前から、それに反する事実は極力隠蔽し、「天皇が朝鮮から渡来した」というようなことは一切なかったかのように記述している。そのため、歴史の改竄や偽装はあるであろうし、創作した「史実」が加えられているとしても、その骨格は大筋において「実際にあったこと」ないしは「あったと信じられていること」によって構成されているという立場から議論を組み立てている、と言えるであろう。

しかし、そのような考えを根底から疑い、『日本書紀』の記事の大部分は信頼できないとする見方もあるのである。例えば、東北大名誉教授の井上秀雄氏は『律令時代の朝鮮文化受容』の中で、『日本書紀』が編纂されるまで、一貫した年次をもった歴史書がなかったとしている。そこで、修史官たちは「百済記」に記されている韓・倭関係の記事を、干支二巡(一二〇年)だけ遡らせてまず「神功紀四六年から雄略紀まで」を形成し、次に、「百済本紀」を利用して「継体紀二年から欽明紀八年まで」を設定し、さらに、『百済新撰』によって両者をつなぐという方法で記事を補充したと判定している。そして、それ以前の歴史については、各氏族に伝わる新羅・任那関係の伝承史料を配列したとしている。なぜそうなったかというと、崇神天皇以前の時代について述べた史料が実際になかったことが根本的な原因であるというわけである。

井上氏は、右のような見解を基本とし、『日本書紀』の天皇の年代記は修史官の手で構成されたものであるとし、その最初の部分の「神代の物語」はあとから適宜創作したもので、一貫性のある物語として創られたものであるとしている。そして、倭国には年代紀がないにもかかわらず、唐に対して大国日本を見せつけたいという動機から修史官には過剰な気負いがあったことが、このような「歴史の創作」がおこなわれた原因となったとしている。

このような考え方を受けて、鹿島曻氏は、「井上氏の見解に基本的に賛成である」とし、さらに一歩進めて『記・紀』に書かれていることは、すべて「事実に即した倭国の歴史」なのではなく、実は朝鮮南部の出来事を綴った「朝鮮史の借り物」であるという大胆きわまる意見を唱えている。鹿島氏に言わせると、『記・紀』に現われる天皇をはじめとする人名は、ことごとく百済もしくは加羅人の名前を適当に変えたものであり、日本の歴史であるかのように述べられていることは、「朝鮮の史書のコピーに過ぎない」というのである。

この驚くべき仮説は、鹿島氏が日本の天皇の系譜と朝鮮の王家の系図を並べてみると両者は内容がきわめてよく似ているという事実から発想されたものであるという。そこで、「借り物説」が成立するのか否かを考えるために、鹿島氏の著書（『日本ユダヤ王朝の謎』など）の中に掲げられている「同一人比定表」を紹介することにする。

左の系図で、同じローマ字・カタ仮名が付いている人物は、それぞれ鹿島氏が同一人物であるとする者どうしの組合せを示している。

左の系譜を一見すると、これらの系図が似ているといえば言えなくはなさそうである。しかし、個々の対応関係を調べてみると残念ながら、「日本の天皇の記事は百済王の記事を借りて創作したものである」と断定することはかなり困難なように思われる。

現実には、八世紀当時、『記・紀』が編集されたとき、「手もとに確実な資料がなかった」とする

【駕洛（金官加羅）国】

A首露――B居登――麻品――居叱弥――坐知――吹希――銍知――鉗知――仇衡――
（居叱弥の子に伊尸品）

【日本の天皇家の系譜】

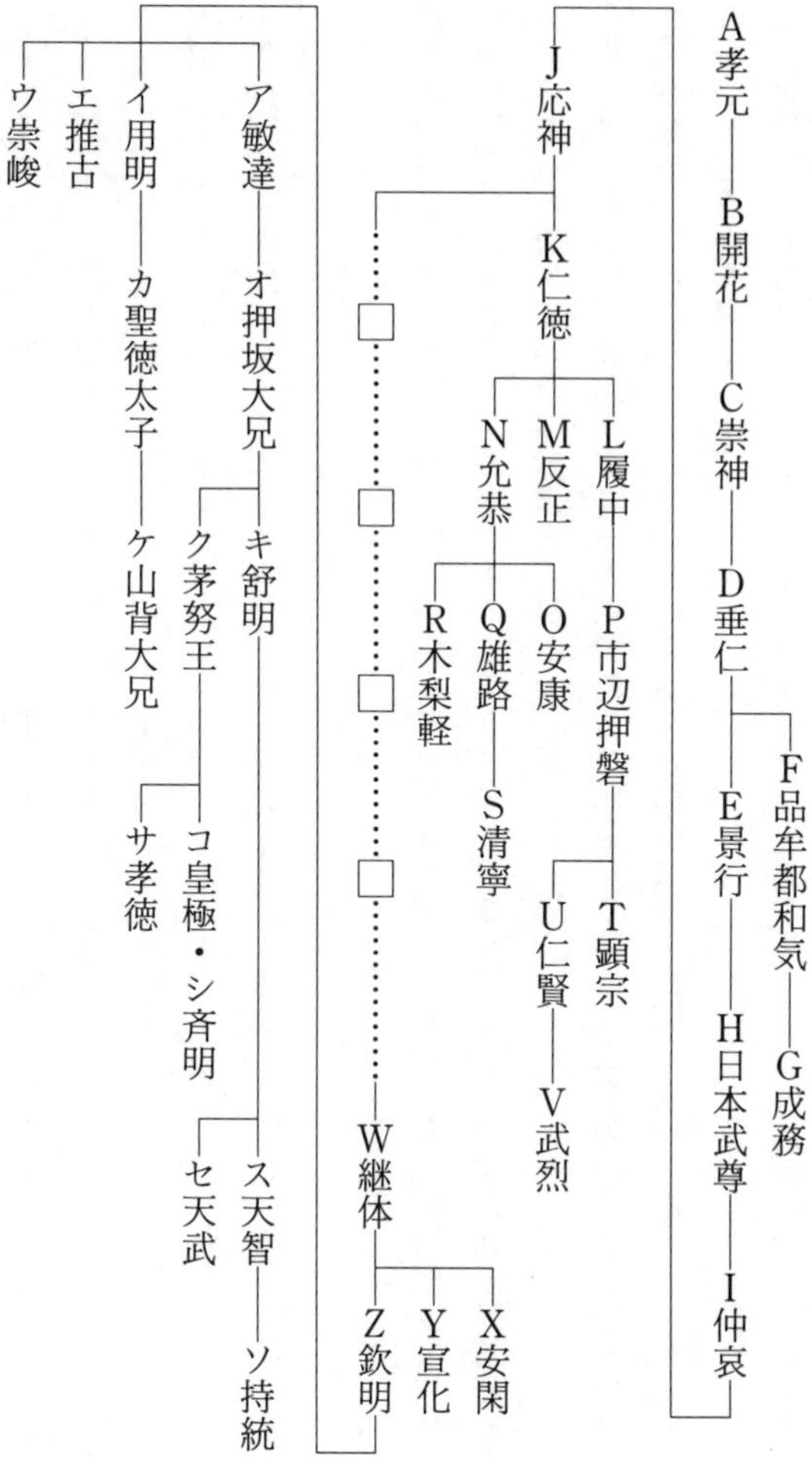

A孝元
B開花
C崇神
D垂仁
F品牟都和気
G成務
E景行
H日本武尊
I仲哀
J応神
K仁徳
L履中
M反正
N允恭
P市辺押磐
T顕宗
U仁賢
V武烈
O安康
Q雄略
S清寧
R木梨軽
W継体
X安閑
Y宣化
Z欽明
ア敏達
オ押坂大兄
キ舒明
ス天智
ソ持統
セ天武
ク茅努王
コ皇極・シ斉明
サ孝徳
イ用明
カ聖徳太子
ケ山背大兄
エ推古
ウ崇峻

【百済の王朝の系譜】

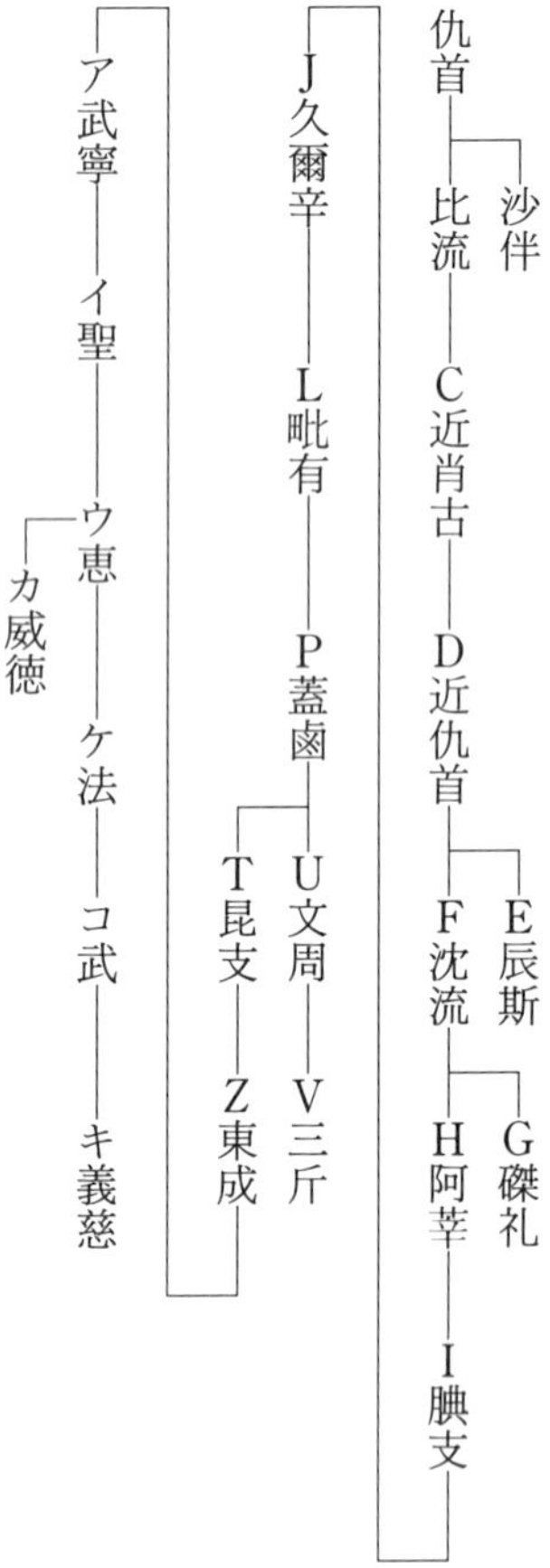

井上氏の説はちょっと信じがたい気がする。年代は不確かであっても、相当程度に詳しい物語の記録や口伝えの伝承があったとすべきであろう。多くの豪族には、詳細な祖先の系譜とともに彼らが真実であると信じていた口伝の史実がかなりあったと思う。

それはともかく、鹿島氏が同一人物であると比定している「人名の組合せ」の一つひとつを検討する余裕はないから、鹿島氏が「景行天皇と百済の辰斯王は同一人物である」としている比定が成り立つかどうかを見てみよう。

「景行紀」にあるように、この天皇は息子のヤマトタケルに命じて全国平定をしたことになっている。そして、景行天皇は六〇年も在位してその間に八〇人もの子がいたとされている。ところが、

「百済本紀」によると、辰斯王は三八五年に即位し、八年間にわたって高句麗と戦っている最中に「狩りに出かけて行ったまま帰らなかった」ことになっている。したがって、「辰斯王は狩りに出掛けて後、日本に渡って景行天皇になった」とは言えるかもしれないが、もし、鹿島氏が言うように、『日本書紀』の記事が朝鮮の歴史を借りて創作したものであるというのなら、景行天皇の国内征服事業の記事は百済とどこの国との戦争の記事を借りて任意に創作したものであると言うのであろうか？

また、応神天皇についても、鹿島氏は藤間生大氏の説を採用して「それは百済の久爾辛王のことである」としている。この比定は前にも紹介したように事実であるとする余地はあるが、それを肯定するためには本書で筆者が想定したようにオキナガ・タラシ姫についての伝承や海部氏や誉田真若の三人娘との関係などを通じて説明ができなくてはならないし、鹿島氏のように、「日本の史書は朝鮮の史書の借り物である」と説くためには「百済本紀」の記事が『日本書紀』にどういう影響を与えているかまでを説明してほしいと思う。

さらに、鹿島氏は「中臣氏の始祖の天児屋根命は駕洛国の始祖の首露王のことである」とか、「武内宿禰は首露王の四代目の居叱弥のことである」とし、「蘇我石川は伊尸品であり、葛城《かつらぎ》襲《そ》津《つ》彦《ひこ》である」と比定しているが、『駕洛国記』には各王の治蹟は何一つ書かれていない。それではその真偽は確かめようがない。

ところが、この鹿島氏の説を上回るような奇想天外とも言えるユニークな説があるので紹介しておく。それは、兵庫県猪名川町に「言語復元学会」という研究団体を主宰して活躍しておられる加治木義博氏が唱えるもので、「真説日本誕生」と題する五冊のシリーズの著書の中で展開しているものである。

加治木氏によれば、二世紀から七世紀にかけて、薩南諸島から日本列島・朝鮮半島にかけて「五彩圏連邦」なるものがあり、それは俀国・倭国・新羅・百済・高句麗の五国から構成されており、連邦の皇帝が選ばれていたという。俀国というのは、隋の皇帝に「日出る国の天子……」という国書を奉呈した国のことで、確かに『隋書』にはこの文字が使われており、その国は九州方面にあったとする。また、倭国は大和を含む一帯にあった女王を戴く仏教国であり、七世紀後半に倭国が俀を滅ぼして「日本国」になったというのである。

加治木氏の「五彩圏連邦説」の考え方の基本は、『日本書紀』や『三国史記』の叙述はすべてこの連邦全体の皇帝に関する一個の事件であったものをあたかもそれぞれ各国内部での出来事であるかのように書いたために混乱が起こった、というのである。つまり、一人の人物の名が国によって異なって記載され、あたかも複数のことがあったかのように受け取られてしまったというのである。

同一事件をそれぞれ別の出来事のように書いたという典型的な事例としては、六四二年に、『日本書紀』では「高句麗の伊利柯須弥が大王を殺した」という記事を掲げており、『三国史記』の「高句麗本紀」では「泉蓋蘇文が建武王を殺した」とあり、同じく「百済本紀」では「武王が死に、義慈王」が即位したとしているが、それらはすべて同じ事件のことを別々に述べたものであるというのが加治木氏の説くところである。

この「伊利柯須弥」のことは、前にも述べたように高句麗の大臣の泉蓋蘇文のことであるが、加治木氏によれば「イリ」は朝鮮語で「泉」のことであり、「カスミ」は「蓋蘇文」を倭風に読んだものであるとする。しかも、それは同時に倭国の人物として、「イリ・シカ」すなわち蘇我入鹿のことであるとしている。そして、彼が殺した大王というのは、『書紀』がその年に亡くなったと記す舒明天皇のことであり、この天皇は倭の大王であると同時に「五彩圏連邦皇帝」でもあったとする。そして、それを裏書きするかのように、舒明の後を嗣いだ皇極天皇の名は「天豊《あめとよ》財《たから》重《いかし》日足《ひたらし》姫」となっており、泉蓋蘇文が建武王を殺した後に即位した王は宝蔵で、ともに「タカラ」という文字を名前に含んでおり、同一人であることを示していると指摘している。

　加治木氏の論説の基本は、個人の名前に含まれる文字の読み方によって複数の人物が同一人物であると判定する方法を採っていることにある。その推論過程を詳述する余裕はないが、ともかくも、同じ時期の朝鮮三国と日本の事件や王族の系譜の間に似かよったものがあることは否定できない。しかし、だからと言って鹿島氏や加治木氏が説くように、「似たものは同じものである」と判定することをそのまま認めるためには、同一とされる事件や人物についてもう少し具体的な詰めがほしいと思う。とは言え、このような破天荒とも思われる奇抜な意見にも謙虚に耳を傾けるべきであろうと思う。

第9章　伽耶は日本のルーツ

天の日矛と丹後王国

一九九四年、丹後（京都府北部）の峰山町の大田南三号墳から「青龍三（二三五）年」という魏の年号を含む銘文が刻まれてある方格規矩四神鏡が出土して話題となった。それは、『魏志・倭人伝』に、「倭人が好む銅鏡一〇〇枚を魏帝が卑弥呼に贈った」という記事に結びつくからである。青龍三年は卑弥呼の死ぬ一二年前であるため、この鏡はその一〇〇枚の中の一枚であり、それは「丹後王国」の王が卑弥呼から魏鏡を分けて貰ったのではないかという意見さえ現われ、大きな話題をよんだ。また、そこから遠くない丹波の福知山の広峯一五号墳からは、一九八八年に「景初四（二四〇）年銘」がついた三角縁神獣鏡が出土している。ただし、こういう年は実在せず、すでに正始元年と元号が変わっていたから、この銘のある鏡は伝来鏡ではありえず、丹波の国で鋳造されたものであるとされた。問題はそれらの鏡を造ったのが誰かということになる。福知山と同じ発音の福智山という山は北九州にもあり、その南の麓には古代の銅の製造がおこなわれていた香春《かわら》があるから、九州から丹波に移住して来た人たちがその鏡を鋳造したことは十分に考えられることである。丹波の福知山の南方には生野の銅山がある。

その場合、丹波で銅を製造していたのは、すぐ西隣の但馬の出石《いずし》に本拠地をおいていたヒボコ(天の日矛)系の技術者の手によると考えるのが最も当たっていると思われる。ヒボコが金属精錬技術者のリーダーであったことについては拙著『ヤマト国家成立の秘密』に詳述してあるが、筆者はヒボコが倭国に到来したのは二世紀ごろのことであり、その子孫は但馬を中心に丹後・丹波・山城・近江の一帯に勢力を張っていたと考えている。ところが、その地は同時にヒコイマス王の勢力地盤でもあった。第7章の「息長足姫は実在した」にも書いたように、筆者の見解ではヒコイマス王というのはヒボコの孫の斐泥のことであり、丹波・丹後・但馬・淡海(近江)・淡路の一帯を「五タン」と名づけるならば、それに山城を含めた近畿北部の広い地域には四〜五世紀のころに、近畿南部の大和と対抗できる別の国家連合が実在しており、そこにも大王とよべる者がいたと考える。筆者はその王朝のことを「五タン王朝」とよんでいる。

その当時、大和にはミマキ・イリ彦とよばれた第一〇代の崇神天皇を開祖とする「イリ王朝」があったわけであるが、『記・紀』ではその子のイクメ・イリ彦イサチが第一一代の垂仁天皇となったとしている。しかし、この二人はかならずしも実の親子ではないと思う。と言うのは、垂仁天皇の最初の皇后であるサホ(狭穂)姫(『記』では佐波遅比売)はヒコイマス王の孫娘となっており、二度目の皇后のヒバス(日葉酢・氷羽州)姫は丹波道主王の娘であり、それ以外にも四人の丹波の女を妃としていることを見ても、垂仁天皇というのは筆者がいう「五タン王朝」にどこからか婿入りした人物であり、この時期に近畿地方の南北で統一連合政権ができたことを、崇神・垂仁という親子二代の天皇がいたというふうに史書では記述したのに違いないと思う。

このヒコイマス王の子孫には、垂仁天皇を暗殺しようとしたという狭穂彦兄妹がいるし、その三世の孫の臣知津彦公の子の塩海足尼《すくね》は甲斐国造として名をとどめているほか、かなりの氏族が派生していることを見ても、ヒコイマス系の勢力がかなり大きかったことを知ることができる。また、『記』の崇神天皇の条によると、「日子坐王を丹波に遣して、玖賀耳の御笠を殺さしめたまひき」とあり、それは、ヒコイマス王に丹波が与えられたということを意味している。また、『古事記』によるとヒコイマス王は近江のオキナガ氏のミズヨリ（水依）姫や山代（山城。京都府南部）のエナツ（荏名津）姫を妃としているから琵琶湖周辺に一大勢力を張っていたことがわかる。

一方、ヒボコの子孫は多遅摩氏以外には糸井氏と三宅氏しか記録されていないが、それは後世の人が自分の先祖を朝鮮からの渡来者であったとするよりは、天皇家から分かれたものとしたいためヒボコではなくヒコイマス王の後裔と記したことによるものと考える。

では、古代の近畿北部に筆者が「五タン王朝」と名づけたような巨大な勢力をもった王国がほんとうに実在していたのであろうか？

日本最大の古墳は河内平野にある通常仁徳陵・応神陵とよばれる一群のものであるが、そこで見逃すことができない事実として吉備と丹波――特に北部の丹後地方に巨大古墳が存在することをあげなくてはならない。大きさを基準とした古墳のベスト二〇うのち、第四位には造山古墳（三五〇メートル）が、第一二位には作山古墳（二七〇メートル）が数えられる。この二つは、いずれも備中平野の高梁川の東岸にあり、その威容もさることながら、それ以外にもこの周辺の吉備地方には九〇メートル以上の古墳が一五基もあり、大和に対抗できる王国が存在していたことを物語っている。

一方、丹後地方には、二〇〇メートル前後の前方後円墳として、半島の突端近くの竹野川の河口にある神明山古墳（丹後町）と、その西の網野町にある銚子山古墳が厳として存在している。それ以外にも、この地方には弥栄町にもう一つの銚子山古墳があり、半島の付け根の南の加悦《かや》町には蛭子山古墳という大型の前方後円墳がある。また、神明山古墳の近くには直径五五メートルの産土山古墳（五世紀中葉）がある。これだけの規模の古墳は、日向の西都原の女狭穂塚古墳を除くと全国に例はなく、丹後地方にも有力な氏族がいたことを示しており、「丹後王国説」の有力な根拠とされている。

さて、古代の丹後・丹波について語る場合、忘れてはならないのは海部《あまべ》氏の存在である。海部氏の系図は第7章の「応神天皇の謎をめぐって」の節で紹介したが、丹後の籠《この》神社の神官の家系で、丹後半島にある前方後円墳には、その国の王者として海部氏の祖先が眠っていると考えられる。もっとも、『紀・記』で伝える丹波の王者には、開化天皇の妃である竹野媛の父の丹波大県主の由碁理と、ヒコイマス王とオキナガ・ミズヨリ媛の間に生まれたとされる丹波道主（美知能宇斯）王がある。竹野は丹後半島の突端にあり、そこには神明山古墳があるが、丹波大県主というのは恐らくは海部氏のことであろう。また、丹波道主王は丹波河上の麻須郎女との間に垂仁天皇の二度目の皇后となったヒバス（日葉酢・比婆須）姫が生まれている。したがって、この古墳の被葬者にはヒコイマス王すなわちヒボコ系の血も当然混じっていたはずである。

もう一つ、この海部氏がもともとは豊後の海部郡方面から渡来して来たということも忘れるわけにいかない。しかも、その九代目に「日女命」がいて、それが邪馬台国の卑弥呼のことであると思われる点は日本古代史の謎の解明の最も有力な鍵となるからである。

ヒボコ系の勢力範囲については、さらに西の吉備方面も加えるべきと思われる。「四道将軍」の一人の道主王は丹波の支配を預かったとされているが、吉備津彦は山陽道を傘下に収め大和王朝の権力拡大に尽くしたことになっている。しかし、筆者は孝昭天皇の子とされている吉備諸進はヒボコの子のモロスク（母呂須玖）のことであり、天皇家による吉備の支配とは、実は、ヒボコ一族が北近畿から中国地方東半までを制覇したと考えたい。このことは、吉備には「カヤ」の字の付く名前が多いことや、『出雲国風土記』の撰者にヒボコの子孫の神宅《みやけ》氏の名が見られるからである。

最後に、宇佐八幡に銅鏡を鋳造して納める役割をもっていた香春神社の祭神の一つとして「辛国息長大目命」が祀られていることにも注目したい。この神というのはオキナガ・タラシ姫のことであると思われるが、彼女もヒボコの七代後の子孫ということになっていることはすでに述べた。この姫のことは「神功皇后」として史書は記しているが、彼女が新羅に出陣するとき、筑紫に出迎えた人物として「伊覩県主《いとのあがたぬし》の祖の五十迹手《いとで》」という名が『書紀』と『筑後国風土記』に現われる。そして、後者の記事には自ら「高麗の国の伊呂《おろ》山に天降りましし日鉾《ひぼこ》の末」と称したとしている。そのことから、『魏志』に出てくる「伊都国」というのは、朝鮮渡来のヒボコの子孫が建てた国であると考えられる。

また、同じ香春にある採銅所現人神社の祭神はヒボコと同一人物と考えられるツヌガアラヒトになっている。また、香春神社の祭神の一つである「豊比咩」というのは、豊前の姫島や摂津にある比売許曾《ひめこそ》神社に祀られている阿加流比売――つまり朝鮮で白玉から生まれ、ツヌガアラシトがその後を追い掛けて来た女性のことをさしているらしく思える。

こうなると、ヒボコは実在の人物であり、銅を精錬する技術をもった集団の長として朝鮮から九州に渡来して活躍し、やがて近畿北部に大勢力を張ったとする想定はほとんど疑いの無い事実であり、そのことを無視して日本古代史を語ることはできないと思う。

筆者が前著『ヤマト国家成立の秘密』で描いたシナリオは、このような歴史の全体像の上に立つものである。

秦王国と宇佐八幡の秘密

「丹後王国」のルーツが九州の北東部の「豊の国」にあることは、拙著『天皇家と卑弥呼の系図』の冒頭に、「地名の一致」の例として、先ごろ「青龍三年銘鏡」が出土した丹後の峰山町に伝わる比治の真名井に降りた天女伝説と結びつく地名が国東半島の付け根の日出町に真那井があることをはじめとして、弥栄と八坂、皆原と海原など数多く存在することなどから証明して見せた。また、丹後には「豊受大神」を祀る社が多いが、それこそ「豊の国」から丹後に移された神に違いない。

さて、この「豊の国」には古く「秦王国」があったのである。それは、『隋書』の大業四（六〇八）年の記事に、「文林郎裴清を倭国に遣わすに、百済を渡り行きて竹島に至る……一支国に至る。また、竹斯国あり、また東して秦王国に至る。その人華夏（中国）と同じ。もって夷州とするも、疑うらくは明らかにする能わざるなり。また、一〇余国を経て海岸に達す。竹斯国より東みな倭に付庸す」というふうに書かれている。

この「秦王国」とは何かについては多くの説があるが、大宝元（七〇二）年に編集された正倉院文書の「豊前国戸籍」を見ると、仲津郡（現行橋市）の村落の人口四〇四人のうち、秦部《はた》姓と勝《すぐり》姓の者が三七七人もいる。勝も秦部の同族であり金属加工を業としているから、ここが「秦王国」であったと考えるのが最も自然であろう。

前に第7章の「応神王朝時代の朝鮮との関係」に記したように、秦氏の始祖は応神天皇の時代に百済から渡来した弓月の君であり、自ら「秦の始皇帝の子孫」であると称しているが、果たして朝鮮に秦の始皇帝の子孫がいたということは信じられるのであろうか？

そのことについて、『魏志・東夷伝』には、「辰韓は馬韓の東に在り。耆老《きろう》は伝世して自らいう。古えの亡人は秦の役を避けて来り韓国にいたる。馬韓はその東界の地を割きてこれに与う」という文言がある。そして、「その言語は馬韓と同じからず。秦人に似たるあり」とも記しており、「今これを名づけて秦韓となす者あり」とも言っていることである。これはどういうことであろうか？

次章で見るように、三韓の王室の始祖は、百済は騎馬民族系の夫余・高句麗系であり、姓も「余」であるのに対して、新羅には「金・朴・昔」の三姓があり、これまた騎馬民族系であると思われる。しかし、一般の韓人は王族とは異なり、恐らくは中国の戦国時代（BC四〇三〜二二一）に黄河の右岸の洛陽付近にあった韓国から出た民衆であろうと思われる。そこへ、秦の遺民が入ってきたとすれば、朝鮮各地ではいろいろと民族的な事情が違う人たちが混在していたものと思われる。

唐代の中国では東ローマ帝国のことを「大秦国」とよんでいたが、その理由にも興味がある。それは、当時の中国では「秦帝国」の支配階層のことを異民族であると考えており、当時の東ローマ帝国からの渡来者が「秦人」に似ていたからではなかろうか？　もっと端的に言うと、東ローマ帝国のあった西アジア方面から中国には多くのペルシア人やアラブ人とともにユダヤ系の人たちが入って来ており、それが一般の漢人には「秦人」と同じに見えたのではなかろうか？

もし、そうであるとすれば、秦の始皇帝はユダヤ人であり、そこから朝鮮の「辰韓」にもユダヤ人が移って来たということになる。したがって、弓月の君（融通王）とはユダヤの君であり、ユダヤ王であったことになる。そうなると弓月の君を開祖とする秦氏もまたユダヤ人であったことになる。

一方、山城の葛野など全国に分布していった秦氏は大いに栄え、金属や織物などの工芸に秀でており、古代の日本文化の形成には大きく貢献している。その同族は、畑・波多・羽田なども書き、西日本ではこの一族の一部は金属精錬の仕事にも従事していたとされている。各地にある穴師あるいは兵主《ひょうず》神社の分布と秦氏が展開していた地域とがダブっていることがそれを裏づけている。

このことに関しては、イギリスの東洋学者のラ・クーペリーらも「始皇帝はユダヤ人である」と唱えているし、儒教の聖典が焼かれ、多くの儒者が穴埋めにして殺された「焚書坑儒」の事実を見ればこの皇帝が漢民族であったとは信じがたい。また、秦が建国された今日の陝西省の西の寧夏自治区の北方にはＢＣ四世紀ごろ中国から北狄《ほくてき》とよばれていたスキタイ・サカ族が活躍していたが、彼らは鉄器をもつペルシヤ系の騎馬民族であり、その内部にはＢＣ八世紀に滅んだユダヤ系の集団が含まれていたことは十分に考えられる。したがって、サカ族の中のユダヤ系の将軍が中国の西部に侵入して秦国を建てた可能性はかなり高いと言えるのではなかろうか。

ところで、宇佐八幡の鬼門すなわち北東方に当たる国東半島の付け根に位置する真玉町の猪群山の頂きには、高さが四メートルもあるメンヒル（巨石の柱）があり、それを中心に驚くべきことに全周二七九メートルもある日本最大の環状列石群が発見されている。その土地の人たちは、古くからここを聖地として守り、杉の材木をダビデの紋章である六芒星型に組み、その中央に竹に蛇の脱殻を巻いた御幣を建てて焼く祭事をしている。このことは、宇佐が遠くユダヤに通じていた痕跡ではなかろうか？

また、宇佐八幡の裏山の御許山には大元神社があり、その山頂には三個の巨石から成る磐座《いわくら》があり、山そのものが神体とされているが、古代のユダヤ人たちも神は高い山に宿るという信仰をもっており、山頂に石柱を建てて祀る風習があったという。このように、宇佐は遠く西アジアとつながっているのではなかろうか？　そのことに関しては、「ウサ」は「ウズ」そして、「ユダ」につながるという説もあり、この祭りには安曇系の漁民も参加しているから、宇佐の海岸は古くから南の海からの訪問者によって開かれていたと考えられよう。

ところで、「秦王国」があったと推定される豊前の仲津郡の隣の宮処郡《みやこ》（現行橋市）の草場地区には豊日別神社がある。この神社から一九七二年、この神社が宇佐八幡と共同しておこなう宇佐放生《ほうしよう》会《え》の行事について記録した天慶六（九四三）年の社記などの古文書が多数発見された。それによると、この神社はイザナギ・イザナミの御子の豊日別命を祀るが、「社伝」には、「欽明天皇の二年に、当時の神主の大伴牟禰奈里に猿田彦のお告げがあったので、早速、別宮を建てて猿田彦を祀ったところ奇瑞があり天皇の耳に達した」という。そうして、欽明二十八年、全国に大洪水飢饉があったとき、天皇は豊日別大神に祈ったところようやく治まったとも伝えている。

ところが、豊日別神社のある宮処《みやこ》郡は京都郡とも書き、『豊前国風土記』には、「宮処の郡、古《いにし》え、天孫、此れより発ちて日向の旧都に天降《あま》りましき、蓋《けだ》し、天照大神の神京なり」という驚くべき記事があるのである。さらに「社伝」によると、「豊葦原中津国草場官幣大神、元豊日別命は、神伊弉《いざ》諾《なぎ》・伊弉冉《いざなみ》の尊《みこと》の御子、豊日別大□□国□□□済祖大神一宮なり。英明の霊神にして、国を治め、民を育て、西国の守護なり」と記されている。しかし、この別宮に祀られていた神は、なんと猿田彦であるという。

この件に関しては、筆者が『天皇家と卑弥呼の系図』で詳述したように、「天孫降臨」の物語に関わってくる。というのは、次章で述べるとおり、日本神話の舞台であり、天皇家や各豪族の原郷でもある「高天原」は、本来、朝鮮の伽耶地方にあって、そこから北九州へ移動したことが「天孫降臨」であった。そして、筑前甘木地方が「第二次高天原」となり、同時にそれは「第一次邪馬台国」でもあったと考えるのである。

筆者の考えでは、二世紀末近くの「倭国大乱」に際して、甘木の高天原すなわち邪馬台国は隣の狗奴国すなわち熊襲の攻撃を受けて、そこから筑後川を遡って豊後の日田に逃避行をした。そして、さらに豊前の中津を目ざして落ち延びて行った。そのことを『記・紀』では「天孫降臨」とダブらせて描いているというのである。そして、その証拠の一つとして、日田は甘木と中津の中間に位し、しかも道が八方に通じていることが、「天孫降臨」の途中で猿田彦が出迎えをしたという「天の八衢」

にふさわしいというのである。そのときの出迎えをした猿田彦が中津からほど近い豊日別神社の祭神になっているとなると、筆者が立てた「天孫降臨すなわち甘木放棄・逃避説」を支持しているようにみえる。

しかも、この豊日別神社は、筆者が「第二次邪馬台国」に比定される宇佐の八幡神宮との間で放《ほう》生会《しょうえ》という儀礼を共有しているのである。つまり、この二つの神社には切ってもきれない深い関わりがあることがわかる。

そもそも宇佐八幡とは何かについては、その信仰の内容と形態から鍛冶神説・真言仏教の不動王説・仁聞菩薩説・綿津見神説・ハルマン神（朝鮮の信仰）説などすでに数多くの見解が発表されている。そして、小倉山の上にある八幡宮の社殿は三連になっており、その第一の御殿の祭神は「応神天皇」、第二の御殿が「比売大神」、第三の御殿が「神功皇后」となっている。この「比売大神」というのはアマテラスとスサノオが誓約をしたときに生まれた宗像の三女神のことである。しかし、もともと宇佐の地には八幡宮の裏にある御許《おもと》山の磐座《いわくら》信仰がおこなわれていたともいう。

ところが、近年、近江雅和氏が『記紀解体』という著書で説くところによると、宇佐には「西アジアから到来した大元神尊」の信仰がからんでいるという。この説の内容については次章で述べることにするが、近江氏の見解に従って考えてみると、「豊の国」の海人族である海部氏の祖先がどうやらアラビヤ方面とつながりをもっていたことと、同じく「豊の国」に勢力をもっていた秦氏がユダヤ系であったことが、宇佐に西アジア的なものを導入した原因ではないかと思われる。

そのことは、宇佐八幡で古く奈良時代から続けられている祭事にも現われている。宇佐の二大祭事の一つは「放生会《ほうしょうえ》」といい、旧暦の八月十三日から三日間おこなわれており、それは神亀元（七二四）年に起こった大隅隼人の反乱の制圧軍に宇佐八幡の神官たちが協力し、多数の隼人を殺したのでその霊を慰めるためのものだとされているが、その実態は八幡宮へ神鏡を奉納する儀式になっている。この儀式は、実際には香春《かわら》の採銅所で鋳造された鏡をひとまず行橋市にある豊日別《とよひわけ》神社に運び、そのあと神事や供養をおこなってから宇佐の本宮に納められる。

この場合、前にニニギの一行が甘木にあった高天原から日田を経て落ちのびたとした先の宮処と宇佐が一三〇〇年以来も密接に関係があったことには何か大きな意味がありそうである。

宇佐八幡のもう一つの重要神事に「行幸会」とよばれるものがある。これは、「我れこそは八幡の神なり。我が為に池の薦草で方舟《はこぶね》を作り、御神体とせよ」という神託により、この行事は始められたという。そこで、神官たちは豊前下毛郡の大貞の薦《こも》神社の池で刈られた真薦でもって方舟の形をした長さ一尺、径三寸の薦枕《こもまくら》を作り、それを御神体として神輿に乗せて担いで宇佐八幡周辺を巡り、本社に納め六年を経てから、伊予に移動し、最後は海に流すという行事になっている。それは、その名前が「行幸会」という以上は応神天皇に因むものと思われる。

ここで興味のあることは、「方舟の形をした薦枕」をつくることである。このことは、『旧約聖書』にある「ノアの方舟」と結びつくし、「薦枕」は同じく「ヤコブの石枕」を連想させるものがある。と言うのは、ユダヤ民族の祖先のヤコブが兄のエソウと争って母の故郷のカナンの地に逃げるとき、日が暮れたので石を枕にして寝たという話である。このように、宇佐が遠く西アジアとつながっていることを思わせる。

何故に宇佐八幡に応神天皇が祀られているかという謎については、前章でオキナガ・タラシ姫と武内宿禰の夫婦が近畿への進出を誉田真若との協力で達成する際の約束として、真若と宇佐女王であった海部氏の女――金田野屋姫との間に生まれた三人娘をイサザワケ王子の后妃とすることにしたことがその由来であるとした。

もう一つ、宇佐の外輪山である英彦山(一二〇〇メートル)と求菩提山(七八二メートル)や国東半島の山々では、平安時代以後には修験道の密行がおこなわれているが、とりわけ求菩提山は戦前まで「天狗の山」として恐れられており、土地の人さえ入山しなかったという。天狗伝説については、それを戦いに破れて逃げて来た筑紫の君の磐井であるとする『豊前国風土記』の記事を支持する見方もあろうが、なんと言っても天狗の特徴は鼻が高いことにある。そして、猿田彦もしばしば天狗の顔をもつように描かれている。そして、ユダヤ人の特徴は鉤鼻にあるという。そうなると、「天孫降臨」を助けて道案内したのは、「豊の国」にいた天狗すなわち秦氏で、彼らはユダヤ系の渡来者だったということになりはしまいか?

因みに、北九州市から宗像市・直方市にかけての一帯には、「猿田」という地名が密集している。宗像市から鞍手町に行く中間には猿田峠もある。そして、筆者が「天の八衢」に当てた日田市にも猿田彦に因む事物に事欠かない。こうなると、「天孫降臨」は神話ではなく「史実となった」と言うべきかもしれない。

第一次邪馬台国が筑前の甘木から豊前の宇佐に引っ越して来たと考え、第二次邪馬台国は宇佐にあり、諸国が推戴した女王ヒミコは豊後にいた海部氏の系図に名のある日女命であると推定した。

もし、そうであるとすれば、女王ヒミコはこの宇佐で亡くなったはずである。そうだとすると、この八幡のある小倉山こそヒミコの墓だと思えてくる。この山の形は前方後円墳によく似ている。そのことは市村其三郎氏のような学者も認めているし、一九三三年から一〇年がかりでおこなわれた社殿の大修理の際に、その下から立派な石棺が出たという目撃証人もいる。また、前記の猪群山にヒミコが眠っているという人もいる。あるいは、これが真相かもしれない。しかし、決定的な証拠はまだ提出されていない。

なお、前節で丹後の籠神社の神官の家系である海部氏は「豊の国」から出たと説いておいたが、籠神社の第八一代の宮司の海部穀定氏は『元初の最高神と大和朝廷の元始』という著書の中で、奈良時代までの日本には、「元初の神」の信仰があったとしている。そして、今日、籠神社の責任のある立場の人も、「豊受大神は古代イスラエルの神であり、ユダヤの神宝が伝えられていたが焼失した」という衝撃的なことを言明していることを付記しておく。このことは近江氏の「大元尊神」のことと合わせて、第10章であらためて考えることにしたい。

古墳の出土物が語るもの

一九八九年の春、日本のマスコミは考古学界の大ニュースの報道で異常な興奮状態を示した。それは吉野ケ里遺蹟の発掘成果の最終報告が出されたからである。吉野ケ里は佐賀県鳥栖市から二〇キロほど西の三田川町にある南北に細長い丘陵地帯で、一九五二年ごろから古代遺蹟の発掘が続けられていた。その最下層には旧石器時代のものも含まれ、縄文期の上の弥生前期末から後期にかけての地層からは環濠集落の遺構が出現し、望楼跡と思われる柱穴も見つかり、一〇〇戸もの竪穴住居跡が確認された。そして、そこからは石鏃・石斧・銅剣鋳型・管玉鏡片などが多数出土している。さらに、甕《かめ》棺墓を主体とする多数の墳墓群が現われ、その中には見事な有柄銅剣や高度の製作技術を要するガラス製の管玉などが次々と姿を見せている。これらの遺品の作製技術は朝鮮半島から伝えられたものであると思われ、各方面の注目を浴びた。とりわけ、吉野ケ里一帯は三世紀の時点においてかなりの程度に統制のとれた社会——初期国家が存在していたことがわかり、ここが邪馬台国そのもの、あるいはその旁国の一つに違いないとして盛んに議論が沸騰したのであった。

ところが、それから半年余まり後に、今度は朝鮮半島の最南端の釜山市の西隣の金海市内に見つかった大成洞古墳の発掘状況が報告され、その二三号と一三号古墳からは巴型銅器や筒型銅器・碧玉製品が出土したことに考古学者たちの目が集まった。と言うのは、これらのものは、従来は、日本固有のもので朝鮮からは出ることはないと考えられていたからである。それが予想に反して見つかったということは、朝鮮にいた人たちがもつ文化が日本に伝えられたことの証拠であり、さらに言うならば「伽耶地方こそは日本人の原郷である」ということになってくるからである。

こうした事実をふまえ、東アジアの考古学と歴史学の世界では急速に共同研究の気運が巻き起こり、日本と南北朝鮮だけでなく中国の代表を交えた国際シンポジウムや討論会などが各地で何度か開かれるようになり、四世紀から六世紀にかけての東アジア全体の歴史の見直しが真剣におこなわれるようになった。

そして、このような風潮は一般市民にまで広がり、一九九二年の夏から秋にかけて、東京・京都・

福岡では「伽耶文化展」が開催された。展示場で最初に目に入るのは慶尚南道の昌原《チャンウォン》にある茶戸里《タホリ》一号墳出土の「漆鞘銅剣」(BC一世紀)であった。それは、その隣に展示されている佐賀県の吉野ケ里遺蹟出土の「有柄銅剣」(BC一世紀)と意匠面でも製造技術面でも互いにきわめてよく似ており、両者は起源的に同一ルーツをもつものであることが誰の目にもはっきりとわかった。そして、続けて展示されていた鏡片・馬鐸・銅矛・鉄斧などについても同じことが言え、時代が下って五〜六世紀に至るまで、首飾り・馬冑など多くの遺品について日本列島内部で発掘されたものとほとんど同じものが伽耶地方にもあったということが視覚を通じてまざまざと印象づけられたのである。

ところで、朝鮮半島ではBC五〇〇〇ないし六〇〇〇年ごろから新石器時代に入り、BC一〇〇〇年ごろに始まる無文土器は、六〇〇〜七〇〇度で焼かれたもので、それと平行して早くも青銅器が出土している。興味あるのは、釜山市の東三洞遺蹟から縄文土器が出土していることであり、すでに当時から日本列島との交渉があったことが示されている。そして、BC三〇〇年ごろから朝鮮半島の文化は人間の移住により、あるいは海峡を渡って対馬・壱岐を経て、または直接に日本海を横切って続々と日本列島各地に伝えられて行く。こうして日本の弥生式文化が形成されたわけである。この時代は、家父長的な家族共同体の首長の墓は重さ数十トンの巨石の蓋石をもつ支石墓がおこなわれているが、同じ形式の支石墓は九州の北西部にも縄文末期(BC四〇〇年ごろ)から日本にも伝っている。

このように、朝鮮半島の考古学時代の遺物は、それ以前から日本列島とは多少の年代の相違はあっても、ほぼ平行して進化が進んでおり、相互の文化交流があったわけであるから、その意味では最近の発掘成果だけが特別に珍しいものであったわけではない。これまでにも、日本で始められたと考えられていた前方後円墳は朝鮮南部で二〇基以上が発見されている。例えば、一九九四年五月に奈良国立文化財研究所の猪熊兼勝氏が調査した全羅南道光州市郊外の光山郡明花洞古墳の場合は、全長が三五メートルという小型のものではあるが、周囲の濠からは褐色の円筒埴輪が五〇センチ間隔で並べられており、その様式は日本の五世紀のものと似ているという。

朝鮮の古代王朝の歴史

朝鮮における最初の国家建設について、『三国遺事』は「紀元前二三三三年に檀君《タングン》が阿斯達《アサダル》という土地で国を開いたのが始まりである」というふうに記している。それによると、昔、天帝の桓因《ファンイン》の庶子に桓雄《ファヨン》という神がいて、人間を救うために三〇〇〇の供を連れて太白山《タベクサン》の頂きの神檀樹《シンタンス》に天降ったという。そして、桓雄の諭しに従って人間になった熊女《ウンニョ》が桓雄の情けを受けて生んだのが最初の君主の檀君王倹《ワンクム》であるとされている。ついで、「檀君本紀」はBC一二世紀のころ、中国の周の武王が箕子《キジャ》を朝鮮《チョソン》王に封じたので、檀君は隠栖して山神になったという記事を載せ、これが「箕子朝鮮」の建国であるとしている。しかし、その実在性には疑問があるとされているが、近年、平壌付近で五〇〇〇年前の人骨を納めた墓が発掘され、それが檀君の骨であると朝鮮民主主義人民共和国では判定され、九四年には壮大な廟堂が建てられ祭礼が挙行された。ともあれ、BC四世紀よりもはるか前に「朝鮮」という国があったこと自体は認められている。

時代が進んで、BC三世紀になり中国で前漢が成立するころになると、遼東方面の燕国の王の盧綰が追われて匈奴に逃れると、燕人の衛満は郎党一〇〇〇人を集めて東方の朝鮮に亡命し、BC一九〇年ごろ王位を奪い「衛氏《ウイシ》朝鮮」を建てた。しかし、この国はAD一〇八年に前漢に滅ぼされてしまう。こうして、朝鮮民族は自分たちの国家を失い異民族の王を戴くことになる。

ところが、『三国史記』の「高句麗本紀」によると、中国の東北地方にあった半騎馬民族系の夫余《プヨ》国では、BC六一年、天帝の子の解慕漱《ヘモス》が五色に輝く五龍車に乗って天降りし、自ら王を称して国号を「北夫余」とし、その子の解夫婁《ヘプル》は夢に見た神の指示によってさらに南に進み、東夫余国を興したということになっている。そして、その国の王の金蛙《キムファ》が東夫余の王だったとき、河伯《ハベク》（水神）の娘の柳花《ユファ》を救い、生まれた大きな卵から朱蒙《チュモ》が誕生した。朱蒙は幼くして弓矢が上手な上に異才を発揮したため周囲に妬まれたので、母の柳花は危険を感じて朱蒙をよその土地に逃れさせた。こうして朱蒙がたどりついたのは卒本《チョルボン》州の沸流《プル》水の地で、新たに国を興し高句麗《コグリョ》と名づけた。高句麗の「高」は、朱蒙が自らの姓としたものであるから、国の名は「句麗」であり、日本ではそれを「クレ」と呼び、「呉」の文字を当てることがある。初代高句麗王になった朱蒙は東明王と呼ばれ、以後、その子孫は七世紀の半ばまで二八代の王位をつぐ。この高句麗王朝の支配範囲は、当初は東夫余の発祥の地の満州東南部であったが、二世紀の末になると、公孫康が遼東から北進して来て沸流水を侵したので、一九八年、第一〇代の山上王《サンサンワン》（一九七〜二二七）は輯安（集安）の地に丸都《ファント》（国内《クンネ》）城を築いた。そして、第一六代の故国原王《コグコオンワン》（三三一〜三七一）は丸都城に移ったが、北方騎馬民族の鮮卑から出た燕王の慕容の攻撃を受けている。そして、この王の時代に、高句麗の主勢力は朝鮮北部に移り、有名な第一九代の広開土王（好太王。三九一〜四一二）は、新羅と組んで百済を討ち、勢威を朝鮮の南部にまで広げた。

　朝鮮半島の中部の西側にあった百済の王朝は、夫余・高句麗系であるとされている。『三国史記』の「百済本紀」によると、百済王朝の始祖の温祚《オンジョ》王の父親は鄒牟《ムス》といい、朱蒙のことであるとされている。朱蒙が難を避けて卒本《チョボン》夫余に来たとき、夫余王には男子がいなかったので、朱蒙の偉才を知った王は二番目の娘を彼に娶らせ、沸流・温祚の二人の子が生まれた。しかし、この兄弟は自分たちが太子として認められないことを恐れ、一〇人の家臣を連れて南に走り、現在の京城《ソウル》である漢《ハン》山《サン》の地にやってき来た。しかし、兄の沸流は南西の海浜地帯が気に入り、家臣の諫めをふり切って弥鄒忽《ミスコル》（現仁川《インチョン》）に行き住みついた。温祚は河南の慰礼城《イレ》（現広州《クァンジュ》）に都を定め国を栄えさせた。ところが、沸流が選んだ土地は湿気が多く水も塩からかったため、安んじて住むことができず、沸流たちは慰礼城に帰った。沸流はそのことを恥じて死んだ、ということになっている。

「百済本紀」には、これとは別説が紹介されている。それによると、夫余王の解夫婁の庶孫の優臺《ウデ》と卒本の人の娘の召西奴《チョソノ》との間に生まれたのが沸流・温祚の兄弟である。高句麗王となった朱蒙は召西奴を慈んで妃とし、沸流兄弟も我が子のように愛した。しかし、朱蒙のところに生まれた礼《レ》氏の子の儒留《ウリュ》ができたので、それに王位をつがせ、沸流たちは南に去ったことになっている。このように、百済は中国の東北地方にあった夫余の系統をつぐ高句麗系の王朝が馬韓五二国を統一した国であったことは確かであると言うことができる。

　次に、『三国史記』の「新羅《シルラ》本紀」を見ると、新羅の発祥の地は慶尚《キョンソン》北道の慶州《キョンジュ》市にある柳山の麓ということになっている。その地方の高墟村の村長が林の中で馬が跪いて嘶《いなな》くのを聞いたので行ってみると、馬の姿は突然消え、大きな卵があった。そこで卵を割ると幼児が出てきた。そこで、この地方の六人の村長たちは、この男の子を育てた。そしてその子は一六歳になると、若いのに優秀で老成していた。そこで村長たちはこの神秘的な誕生をした男を崇め尊び君主とした。これが新羅の国の始祖王である赫居世《ヒョコセ》の出現の説話である。卵から生まれた点は朱蒙と同じである。赫居世とは「光明王」といったような意味であるが、その姓には、その卵の形が瓢に似ていたので「朴《パク》」という名が選ばれた。辰韓《チナン》では瓢のことを朴とよんでいたことがその理由であった。即位したのはBC五七年のことであり、王号は辰韓で王者のことをさしていう居西干とし、国号を徐那伐《ソナボル》とした。これは、「王京」という意味であるとか「聖林」を意味するという説もある。

最初の新羅王家は「金」を姓としているが、二代目から八代目までは朴姓であり、その中の第四代王の脱解《タレ》だけは「昔《ソク》」姓になっている。脱解王は六二歳でAD五七年に即位したとされているが、生まれたのは倭国の東北一〇〇〇里のところにある多婆那《たばな》国で、その国王が女国の王女を娶って妻としたが、妊娠して七年たって大卵を生んだ。やはり、ここでも「卵生伝説」になっている。新羅王位は、その後は「朴」姓に復したが、九代王位は脱解王の孫が継承し、一三代の味鄒《ミス》王と、第一七代以後の王位は閼智《アルチ》の子孫の「金《キム》」姓の系統がついでいる。新羅の王朝は、このように「朴」・「昔」・「金」の三つの姓の系統でつながれている。

大成洞古墳を遺している金官加羅国の建国については、『三国遺事』の中の「駕洛国記」に書かれている。それによると、後漢の光武帝の建武一八(AD四二)年の禊浴《みそぎ》の日に、村の北側にある亀旨《クジ》峯《ボン》で天から「皇天の命令でこの地の王になることになったので、この峯に降りて来る」という声が聞こえ紫の紐が垂れて来た。その端の布包みの中には黄金の卵が入っており、翌朝、卵は変じて六人の男になっていた、という。そのうちの一人が長じて初代の王である「首露《スロ》」となった。そして、国の名を大駕洛、または大伽耶とよぶことになった。他の五人の男も伽耶六国の他のそれぞれの国の王になった、というのである。なお、「大伽耶《テガヤ》」という国の名は、伽耶諸国のうちで北方の現高霊《コリョン》にあった国のことを言う場合もある。

このように、朝鮮半島の国では、すべて外来者が国民を統合したことになっている。その場合、国の新しい統治者が天から降りて来る話は、紀元前に中国の東北地方にあった夫余国の伝承と同じであり、駕洛国の王室は夫余の系統をひいていることを物語っている。しかも、天命で峯の頂に新しい王が降臨して来るというのは、日本神話の場合と共通している。しかも、天孫ニニギが降臨した先が「筑紫の日向之高千穂のクシフル岳」であるのと、首露王の降臨した土地の名が「亀旨峯」と酷似していることは興味深いだけでなく、天皇家の祖先は伽耶諸国のうちのどこかの王家の出であることを如実に物語っていると言うべきであろう。

では、これまでいろいろと推論してきたように、任那とよばれた伽耶地方は、倭人の原郷であり、その地方には多数の倭人が住んでいたということは朝鮮の史書にどう書かれているのであろうか？『魏志』には、「弁韓には鉄を産し、倭人もそれを取った」とか、「瀆盧国は倭と界を接す」とか書かれているから、その地に倭人がいたことは間違いない。しかし、『三国史記』には高句麗・百済・新羅の「本紀」はあるが、「伽耶本紀」というものはない。そこで「新羅本紀」を見ると、そこには、「倭兵、辺境を侵す」というような記事が建国直後から数多く見られる。「倭人の侵攻」の記事を拾

う と、四世紀末までに一五回あり、五世紀に至っては実に一六回の多きに達している。また、この他に伽耶の侵攻の記事が、ＡＤ一世紀に二回と二世紀に一回ある。それ以外にも、例外的に、一七三年の記事には、「倭の卑弥呼が使者を送って来訪させた」とあるのと、二四九年には、「倭人が舒弗邯の于老を殺した」という記事がある。

しかし、新羅を襲った「倭人」というのは、日本列島に住んでいた倭人のこととは考えにくい。その大部分は朝鮮半島内にいた倭人であろうと思われる。一九三年の記事に「倭人が大飢饉に見舞われ、食糧を求めて一〇〇〇余人も来た」とあるのは、九州あたりからわざわざ遠い新羅まで救けを乞いに行くはずはないからである。つまり、ここで言う「倭人」というのは、新羅の隣の伽耶にいた倭人のことと考えるべきであろう。『三国史記』は、後に新羅に統合された「伽耶」という国は最初から新羅の範囲内にあったという建前を貫き、伽耶という名を記事からできるだけ抹消し、その代わりに「倭人」という言葉を使ったものと考えられるからである。つまり、『三国史記』には一世紀と二世紀の記事では、新羅に対して侵攻したものを「倭人」と「伽耶」の二種に区別して記しているとすべきであると思う。そういう区別をした理由は、『三国史記』の編集者が「伽耶国とはそもそも韓人系の国であるべきである」と決めつけていたので、新羅に対して伽耶に住む韓人が攻撃して来たときには伽耶国が侵攻したと記し、そこに住む倭人が攻めて来た場合には伽耶国ではなく倭人の行為であると表記したのであると思われる。

しかし、実際に倭人が日本列島から海を渡って新羅を攻撃したと思われる記事もある。時代はやや下るが、四〇二年に「倭国と国交を結び、奈勿《ナムル》王の王子味斯欣を人質にした」というのは、『日本書紀』の「神功五年紀」に「新羅の王子微叱許智を新羅に返した」とあることに対応しているし、「倭人」ではなく「倭国」と書いてあることから、これは列島内の倭国ということになろう。ともかくも、この前後、日本列島から出撃した「倭軍」が対新羅戦に参加したことは事実と考えてよいであろう。

なお、近年、韓国の学者によって、『駕洛国記』や『日本書紀』に出てくる伽耶諸国の所在地の比定が試みられている。その成果については拙著『伽耶は日本のルーツ』に紹介してあるが、前述のように「金官加羅(駕洛)国」は金海、「多羅国」は陜川にあったほか、「神功紀」に出てくる「安耶」・「加羅」・「卓淳」は、それぞれ咸安・高霊・大邱に比定され、「継体紀」に見られる「伴跛」は星山のことであるといった具合である。なお、金官加羅国は『魏志』では「狗奴国」、「神功紀」では「南加羅」とされている。

伽耶人は海を渡って来た

わが国では、弥生時代の前期(BC三〇〇~二〇〇年)から北九州や北陸・山陰方面に多くの倭人たちが波状的に渡来し、水田耕作をしながら列島各地へ展開して行った。そして、弥生中期になると北九州では、「弥生銀座」と言われるように、各地から弥生式土器を含んだ遺蹟が数多く存在する。そして、最も特徴的なことは、朝鮮南部と同じ形式の碁盤型の支石墓が造られるようになったことである。これは遺蹟の規模と出土品から王侯墓と判定され、この時期に階級国家が発生したことがわかる。また、北九州各地では大型甕棺墓が群集する共同墓地も出現している。そして、副葬品として、多紐細文鏡や青銅製の武器も埋められている。注目すべきは鉄製の刀剣などの出土品である。それが最も稠密に分布するところは武装集団が所在したことを意味するからである。

そのような場所は弥生中期には東松浦半島の付け根から博多湾岸沿岸、さらに内陸にかけてと遠賀川の沿岸と、そして有明海の東岸のやや内陸地域にあり、弥生後期になるとそれは筑後川の右岸一帯の平野部に及んでくる。

こうした事実をふまえ、考古学者たちは、北九州の弥生遺跡群をそれぞれ『魏志』に名のある邪馬台国につらなる国に当てはめようと試み、一般に次のように考えられている。魏使が上陸したという末盧国は、東松浦半島の付け根に広がる唐津平野の一帯であり、その地の宇木汲田遺跡や半田葉山尻遺跡がその時代ものであるとする。次の伊都国は福岡県前原町の糸島に相当し、その南方にある三雲遺跡・井原鑓溝《やりみぞ》遺跡・石ケ崎遺跡が同国のものであると比定している。そして、奴国は博多湾岸の春日丘陵一帯に展開しており、須玖《すく》岡本遺跡がその代表的なものであるとする。湾の背後には可也山があり、日向峠があることも、伽耶からの渡来者が「朝日が直刺し、夕日が日照る国」と感動した土地にふさわしい。さらに、不弥国はその東方に当たるとし、そこにある立岩遺跡に比定している。

博多湾岸は多多羅ケ浜と呼ばれるが、タタラと言えば韓国の陜川《ハプチョン》にあった多羅国を思い出す。もしかすると、その製鉄用のタタラを持った連中がここにやって来たのかもしれない。この海岸の東から北にかけて「海の中道（通称、向浜）」の半島が博多湾を抱えるように伸びており、その突端はかつての志賀島で、現在では陸続きになっているが、この島からは、天明四（一七八四）年に『漢委奴国王』と刻まれた金印が地中から発見されている。この金印は、一辺が漢代の一寸（二・三四センチ）の方形で、紐（持ち手）は蛇の姿をしており、漢の皇帝から授けられた本物であろうと判定されている。

このように博多湾沿岸には弥生中期（AD一〜二世紀）の遺蹟が多く、このあたりに幾つかの小国家があったことは確実である。また、邪馬台国は二世紀末近くまでやや内陸の甘木にあったというのが、前述のとおり筆者の考えである。

しかし、二世紀末近く「倭国大乱」があり、これらの国々は東に移動し、魏使が到来した三世紀後半には、末盧国は宗像大社がある神湊に、伊都国は内陸の糸田に、奴国は豊前中津に移転し、邪馬台国も筑前甘木から日田を経て「豊の国」に遷ったというのが『天皇家と卑弥呼の系図』に説いた筆者の考えである。なお、博多湾岸には古くから安曇海人族が住んでおり、これと神湊を根拠地としていた宗像海人族はその船運力を利用して伽耶系の倭人たちを朝鮮半島から九州に何度となく運んだに違いない。そのうち、騎馬民族系の王に率いられた一団がこの地に渡って来て「伊都国」や「奴国」を建てたものと考えられる。

なお、これらの小国家群を建てた渡来集団のリーダーたちは、すべて伽耶諸国の王族であったと考えられる。その渡来順や発進地・到来地については、拙著『伽耶は日本のルーツ』において、一応、次のようなシナリオを作ってみた。

まず、西暦紀元前後、ウガヤ（大伽耶）とよばれた洛東江の中流の高霊にあった王族の一派は、恐らくは安曇海人族の手を借りて渡来し、博多湾岸に奴国を建てた。そして、その集団の指導的な一部はやや内陸に入り、甘木地方に邪馬台国を作った。次いで、ほぼ同じころ、恐らくは高霊よりはやや下流の大邱あたりにあった卓淳国か上流の星山にあった伴跛国から宗像海人族と組んだ集団が対馬・壱岐を経て肥前の東松浦半島と神湊に進出して末廬国を作ったと思われる。それより少し遅れて洛東江の支流の黄江に沿った陜川にあった多羅国からは天の日矛の一族が渡来し、博多湾の糸島に伊都国を建て、さらに近畿方面へと進出して行った。多羅国からは四世紀以後にも「タラシ族」が渡来している。

その他、咸安にあった安羅国からは出雲への進出がおこなわれ別の文化圏をつくった。もう一つ、後に物部氏となる集団も遠賀川の下流に渡来している。また、瀬戸内方面にも後に大三島に根拠地を置いた大山祇(和多志)族の手引きで伽耶系の渡来者があったはずである。そして、最後に、狗邪韓国とよばれた金官加羅(駕洛)国のあった金海地区から九州に入ったのが有明海から肥後方面に勢力を張った集団で、狗奴国として邪馬台国と対立することになる。ざっと以上のようなことを叙述した。

その他、山陰・北陸方面への渡来もあった。また、二世紀末近くの「倭国大乱」によって、早い時期に渡来していた集団が後に渡来して来たものに土地を奪われたこともあったに違いない。さらに、東海・四国などに展開して行った者がその土地で豪族化していったことも考えられるが、それらはやがてヤマト王朝の下に統合されていく。

なお、高句麗・百済では夫余国以来の伝統で「五族制」による社会統制がおこなわれていたが、『日本書紀』や『先代旧事本紀』が記す「神武東征」の軍団にも「五伴緒」という組織があるところを見ると、天皇家や古代の諸豪族の社会が北方騎馬民族系の構成をもっていたことは疑いないとしていいと思う。そのことは、大成洞古墳などから馬具が出土したこととともに、古代日本国家の形成の秘密を解く鍵がようやく揃ったことを意味しているわけである。そのへんの事情については、拙著『ヤマト国家成立の秘密』などによって考えていただきたいと思う。

スサノオとは何か？

ヤマト国家は朝鮮からの渡来王朝であるとすれば、『記・紀』の編集者は当然そのことを意識していたはずである。もしそうであれば『記・紀』の神話の中に何らかの形でそのことが描かれていないはずはない。そう考えた場合、誰しも真っ先に頭に浮かぶのはスサノオ（須佐之男・素戔嗚）のことであろう。この神はアマテラス（天照）大神の弟として位置づけられている。ところが、日神（アマテラス）の田を荒らした罪によって千座置戸（賠償）を負わされて高天原から根の底つ国に追放されたとされているが、『書紀』の「一書」には、スサノオは子のイタケル（五十猛）を率いて新羅国に降り、曾尸茂梨《そしもり》に赴いたとしている。しかし、「この土地にはいたくない」というので埴土をもって舟を作り、出雲の国に渡り大蛇退治をしたことになっている。また、イタケルは多くの樹種をもって天降りし、「韓地に植えず筑紫より始めて大八洲国をすべて青山にした」と記している。そして、スサノオも「韓郷には金銀があるが、わが子が支配する国に浮宝（舟）がなくてはまずい」と言い、自分の髭を抜いて杉や桧をつくり、木種を配布して紀伊国に至り、その後に「熊成峯に居しまして、遂に根の国に入りき」と記している。

これはどういうことであろうか？「ソシモリ」という言葉については、それは「牛頭」という語の朝鮮語の読みであるといわれ、牛頭山という地名は大伽耶があった高霊の西にあり、他にも朝鮮には牛頭がつく地名が二か所ある。また、「熊成」についても「クマナリ」という地名は「雄略紀」にも現われ、忠清南道の公州と金海市の近くにも二か所ある。しかも、スサノオは京都の祇園の八坂神社の祭神とされており、そこでは「牛頭大神《ごず》」とよばれているのである。つまり、スサノオは朝鮮と二重・三重に結びついている。

それだけではなく、『古事記』が記すスサノオの係累を見ると、スサノオと大山津見神の娘の神大布比売との間に生まれた大年神の子の神の名を見ると大国御魂・韓神・曾富理神・白日神・聖神など九柱になっている。「曾富理《ソホリ》」は韓国の首都のソウルと同じく朝鮮語で「都」のことであり、「白日」は新羅に通じる名である。

このように、『記・紀』が語るスサノオ像について考えると、「新羅」という言葉が朝鮮半島を代表していると解釈すれば、スサノオこそ「朝鮮系の神の総合」ということになるであろう。つまり、高天原では天皇家の先祖としてのアマテラスと朝鮮系の人びとの祖先であるスサノオとが同居していたのであり、その両系統を姉・弟の神という擬制で表現したものということになるであろう。姉・弟ということは、倭国の支配者としては天皇家があくまで主流であるべきであり、新羅で象徴される朝鮮系は傍流であるという位置づけをしようということであろう。

現在でも皇居内には園神・韓神が祀られており、天皇家の祖先が朝鮮にいたことを証明している。しかし、韓神の祖父とされているスサノオは氷川神社や八雲神社・八坂神社・熊野神社の祭神として民衆の神として尊崇されている。また、一部の他方ではスサノオは「蘇民将来」のことであるとされたり、荒神様とか道祖神として民衆を守る神とされている。

さらに、『記・紀』が「出雲神話」の中に、朝鮮の神であるスサノオとは関係のない「八岐大蛇を退治した英雄」という虚像の姿で紛れ込ませたため、それがもともと出雲の土地の神であったスサノオと融合させられてしまった。そのため、「スサノオは出雲の大神である」といった誤解が生まれ、人びとを混乱させている。このへんの事情は前著『ヤマト国家成立の秘密』の中に述べておいたし、後日あらためて論考することにしたい。

以上のように、『記・紀』の編集者は、ヤマト国家の建設者である天皇家を中心とする主流派の引き立て役としての地位を巧みにスサノオに負わせ、この二系統がともどもに高天原すなわち伽耶地方から渡来したという事実を神話を通じて描くという手法を用いたわけである。

なお、アマテラス・スサノオ・ツクヨミ（月読）のいわゆる三貴神の誕生の由来は、『古事記』はイザナギ・イザナミの両神が禊ぎをしたときに生まれたとしているが、『日本書紀』では、「天下の主たる神を生もう」と念じて生んだとしている。このことは、歴史編集者が「ヤマト国家は三系統の融合したものである」といった意識をもっていたことを物語っていると解釈すべきであろう。この場合、ツクヨミはアマテラス・スサノオの両者にとって固めの脇役ということになろう。

ここで断っておきたいことがある。それは、天皇家の祖先が朝鮮から渡来したといっても、それは現在の朝鮮・韓国人の祖先と同族であったということを意味してはいないということである。西暦紀元の少し前ごろ、朝鮮半島には農耕に従事する韓人と海洋性の民である倭人とがいて、そこにアマテラスやスサノオで象徴される北方の騎馬民族系の王族が優れた文化をもって倭人を支配し、またそれとは別に外来の王者が韓人の国——馬韓や辰韓など——を建てたということである。そのことを裏付けるかのように、唐代に成立した『翰苑』という書物が引用する『魏略』には、倭人について「その風俗は、男子はみな顔や体に文身（入れ墨）をしている。その旧語（伝説）を聞くに、太伯の後裔と自らいう」と記されている。この太伯というのは周の太王の長男で、江南の地に移り呉の始祖となったという人物のことである。この呉という国は漢人が海洋性の異民族とみなしていたもので、BC四五九年に越を破り、その二一年後に逆に越に滅ぼされた国である。このように、一般に倭人のルーツのほうは、漁労や農耕をおこなう海人系であり、それがBC三世紀に秦の中国統一によって住まいを奪われ、朝鮮南部や九州方面に移住し、アマテラスやスサノオを奉ずる騎馬民族系の王朝の支配下に入ったものと考えれば、右の「太伯の後裔説」も理解し易くなる。

なお、『古事記』の出雲神話には大国主の神と協同して国造りをした少名毘古那の神は「波の穂によって天の羅摩《かがみ》船に乗って渡来した」とあるし、その直後には「海を光《て》らして依り来る神あり」と記されているのが御許山（大和の三輪山）に祀られた神すなわち大物主の神ということになっている。つまり、日本の国土の経営には海の彼方からの渡来者が深く関わっていたことを八世紀のヤマト国家の人たちは神話の形式で認めているのである。こうした神話の神々がそれぞれ具体的にどういう氏族の先祖のことをさし、その業績が何を物語るものであるかについては、別の機会に論じたいと思っている。

というわけで、天皇家や古代氏族たちが朝鮮半島方面から渡来したといっても、それはあくまで

『記・紀』その他の文献から読み取られる合理的な解釈のし方なのであって、それを「皇室の尊厳を冒瀆するものである」とか、「日本帝国主義の朝鮮支配を合理化する議論である」とか言って批判しようとする見解はまったく見当はずれでナンセンスなことである。

第10章　ウガヤ朝が朝鮮にあった

日本文化のオリエント起源説

文武天皇は新羅の文武王ではないかという疑問から始めて、日本古代史を遡ってくると、常に朝鮮半島との関係が大きく浮かび上がってきた。そして、天皇家をはじめ諸豪族がかつて住んでいたという「高天原」というのは朝鮮半島の南部の伽耶地方のどこかのことであり、そこから海を渡って多数の倭人を引きつれて日本列島に進出してきたことを「天孫降臨」という形で『記・紀』は記してきたのであると判定できるようになった。また、伽耶にも「降臨伝説」があることからすると、さらにそれより以前に、われわれの祖先は世界のどこかから朝鮮半島にやって来たのである、といったことさえ考えたくなる。

そのようなことは、日本列島に見られる動物や植物の渡来系統や民衆の使う道具や風俗・慣習などからも推論されているが、果たして、そういう何千年も昔のことについて文献的に遡って調べることができるのであろうか？　それは単なる夢物語に終わるのであろうか？

ところが、はるばる外国からやって来て日本人を初めて見たヨーロッパ人の目には、この民族がきわめて不可思議に映るらしい。そこで、まず、そういう実例についてみることにしたい。

元禄三（一六九〇）年、オランダ船に乗って鎖国時代の日本にやって来たドイツ人の医師のケンペルは、五代将軍綱吉に謁見し、江戸や大阪・長崎で医術を教え二年後に帰国したが、彼は帰国後の一七二七年に『日本誌』という絵入りの著書を出版した。その中で彼は、主として言語の類似を根拠として、「この民族は疑いなく、直接にバビロン人の一部が流れてこの島に辿り着いたに違いない」と説いている。この本は自然科学者らしい精緻な描写で当時の日本の姿を紹介しているので、ヨーロッパ人にとって東洋の国について好奇心をもって迎えられ有名になり、各国で広く愛読されただけでなく、アジアの神秘的な国を知るための貴重な情報源として利用されている。そして、この本の一部は蘭学者の手によって和訳されているが、その内容が幕府の鎖国政策を批判する点があったため、惜しくも絶版を命じられる運命に遭っている。

ケンペルが、日本民族の起源はバビロニアに発していると説いているのを受けて、日本でも明治の末に愛媛県出身の国粋主義的な思想家の木村鷹太郎という哲学者が『日本太古史』という書物を著し、日本文化の「オリエント起源説」を奔放な筆法で展開し大いに世間を驚かせたのである。

そもそもバビロニアというのは、湾岸戦争で有名になった現在のイラクにあった古代国家のことである。そこは、ティグリス川とユーフラテス川の二つの下流の一帯に当たり、世界の四大文明の発祥地の一つであるメソポタミアを含む地域のことである。そこには、紀元前三〇〇〇年ごろシュメール人がウルという都市国家を建てている。「目には目を、歯には歯を」という言葉で有名な「ハムラビ法典」はBC一八世紀シュメール人の王がつくったものである。次いでこの地にはアッカド人が統一国家をつくり、紀元前二〇〇〇年ごろから一〇〇〇年近くの間バビロニア国が栄えたが、明治の日本人にはまったく馴染みのない土地であった。しかし、その文化はヨーロッパの近代文化との接続性をもっており、彼らが楔型文字を用いて綴った文章はほとんど完全に解読されているのである。

木村鷹太郎は、日本人の起源がバビロニアにあったとする根拠の一つとして、日本の神や貴人の名前に付くミコト（尊・命）やミカド（御門・天皇）というのは、バビロニア語のミグト（天降る開拓者すなわち神）に由来すると説いている。また、秋津神とは同じくスメル語の火神アグからきているとし、天皇を意味するスメラギは文字どおりスメルすなわちシュメールのことであると唱えている。さらに、バビロニアのラガシ市の主神は日神であり、ニンギルスといい、それが天孫ニニギノミコトの名前になったと唱えている。また、『旧約聖書』にはユダヤの指導者のモーゼがエジプトに囚われの身となっていた多数のユダヤ人の一行を引率してその地から脱出しようとしたとき、行く手を阻んでいた紅海の水が割れて底が現われたという話があるが、木村はその光景が現在も下関海峡でおこなわれている「和布刈《めかり》神事」とそっくりであると指摘している。「和布刈神事」というのは、海峡を挟んで二つの神社の神官が深夜に海の底のワカメを刈る儀式であるが、その状況は海が割れ波が騒ぐという状況が見立てられており、そこにはまさしくモーゼの一行の苦難と神の祝福を祭事に取り入れたものであるとしか言いようがないほど似ているというのである。

その他、木村は、高天原をバビロニアの北方のカフカズ（コーカサス）のアルメニアにあったとし、その地には須佐之男を連想させるスサという地名もあることを説くなど数多くの事例をあげて「日本の原郷はバビロニアにあった」ということを力説している。なお、言語学者や文化人類学者たちは、カフカズ地方こそインド・ゲルマン語族――ヨーロッパ系の白人の発祥地であると考えていることも付記しておこう。

そして、それより半世紀近く後の第二次世界大戦が始まろうとするころ、三島神社の神官だった三島敦雄らが組織した「バビロニア学会」と「スメル学会」では、両学会の共著として『天孫民族六千年史』という書物を刊行した。それは、物資統制の時代であったにもかかわらず、政府筋から用紙の特別配給を受けて一〇〇万部も売れる大ベストセラーになっている。それは日本人こそ世界に冠たる先祖をもつという雄大な構想が「大東亜共栄圏」の樹立を国策としていた当時の日本人から歓迎されたからであった。

この書物も木村の著書も、いわば自説に都合のいいことだけを理論的な整合性を無視して羅列したものに近く、学問的には問題にならないという批判もあったが、その説くところは「とても偶然ではこれほどの一致は考えられない」と大衆には感じられるもので、それなりの説得力のあるものであった。

ところで、古代オリエントの一角のパレスチナではヘブライ人が高い文化の花を咲かせていた。このヘブライ人はユダヤ人ともいわれ、彼らの歴史は『旧約聖書』によって今日まで伝えられている。明治初年に日本に来たイギリスのキリスト教徒のマクレオドは『古代日本の縮図』という本を著わし、「紀元前八世紀にアッシリヤによって壊滅したユダヤ王国家の一二支族はやがて東進して日本に来て、その指導者は前六六〇年に神武天皇となった」という説を発表した。この前六六〇年というのは『日本書紀』に記されている「神武天皇即位の年」のことであり、そのころの日本は縄文晩期に当たるから、この点に関しては今日の常識としては成立すると言うわけにはいかない。

しかし、この本は彼が日本旅行中に集めた貴重な資料をもとに編集した全一二巻の絵入りの大著で、ヨーロッパではあまり評判にはならなかったが、世界各地に散在していたユダヤ人からは高く評価されている。この本の特色は、日本民族が複数の人種から構成されていると述べている点にある。彼に言わせると、蝦夷とよばれたアイヌはヤペテ（古代シュメール人など）族であり、サムライはセム族すなわちユダヤ人の子孫であるという。そもそもユダヤ人とは、その昔、現在のイスラエルのあるパレスチナに住んでいた古代の優秀な民族だったが、『旧約聖書』によると、前一一世紀から二〇〇年ほどダビデ王やソロモン王のもとに栄華をきわめたが、北のイスラエルと南のユダの二国に分裂し、あいついでシリアと新バビロニアに滅ぼされて滅亡し、一二支族で構成されていた人びとは世界各地に散って行ったことになっている。

ところが、大正時代の日本では小谷部全一郎というアメリカ帰りのキリスト教徒が著した『日本及日本民族之起源』という書物で、「ユダヤ起源説」を詳細に展開している。彼は、北海道のアイヌに注目し、本州の各地に残されているアイヌ語で説明できる地名を数多く示すなど、博識ぶりを披露している。そこで、その第八章「神祇及祭祀の比較研究」の小見出しを抜粋してみよう。

○総説　○禊の事　○鳥居の由来　○神殿の構造及び檜材使用の制定　○獅子飾と獅子舞　○榊と注連縄　○自然石にて神殿を築く事　○石を立てて神を祀ること　○神を数うるに柱の語を以て

する由来　○神は雲の上に御座すとする由来　○祭司神職は頭髪を剃らぬ事　○白色を貴ぶ事　○塩を撒く由来　○屍に触るるを忌む事と守札　○手洗盤と鳩と賽銭箱　○神酒と初穂　○拍手と低頭礼拝の事　○祭典と神輿　○神楽舞

となっている。右のタイトルを見れば、誰しも気づくように、われわれが日本独特の神を祀る作法と信じていることが、すべて古代ユダヤの信仰の形式と同じであるというのである。また、小谷部は、パレスチナのヨルダン川は「禊川《はらいがわ》」で、ユダヤ教ではミソギは最も重大な儀式とされていたと説いている。さらに、古代のイエルサレムの神殿には一六メートルの高さの二本の柱が建てられており、神官は純白の衣を纏い、祭壇に酒と初穂を捧げ、木の枝で祓いをし、拍手低頭の礼をおこない、塩を撒いて清めをする……などの事実をあげているのを見れば、まさしくこれは日本神道の姿そのものではないか、と思わざるをえない。

日本の神社の祭事の方式は、奈良時代に神祇官であった大中臣氏によって定められ、全国的に画一化されている。もし、それが古代ユダヤの祭事と似ているとすれば、大中臣氏すなわち藤原氏の祖先がユダヤ系であったからと考えざるをえない。その点に関しては、「東アジアの古代文化を考える会」の会員の榎本出雲氏らは、「藤原氏は白を尊び、鹿に乗ってきた」という伝承があることなどから、BC四世紀ごろに秦国の北にいた北狄、すなわちスキタイ・サカ族系であるとしている。「狄」というのは「鹿」のことであり、サカ族は白色を尊んでいたから恐らくそれが正解であろう。サカ族にユダヤ系の集団が含まれていたと思われることはすでに述べた。また、秦氏は朝鮮から渡来した弓月王（融通王）の子孫であり、秦の始皇帝の末裔であるというから、これまたユダヤ系の出であ

パレスチナで発掘された古磁器の模様

（小谷部全一郎著『日本及日本国民之起源』）

る可能性が濃厚なことは前章で触れた。ただし、天皇家の祖先については、後に見るように夫余国から出ていると考えたい。その夫余国には、BC二世紀に匈奴に追われた月氏が入ったと思われ、月氏は騎馬民族のスキタイと深く係わっていることだけを指摘しておく。

その他、ユダヤ教のラビ（導師）のトケーヤをはじめ、「ユダヤ起源論」を説く著書は多い。それらによると、音・玉・畑・酒など日本語と同じ発音の古代ユダヤ語は三〇〇〇語もあり、阿部・蒲生・境・三島などと同じ発音の人名・地名はイスラエルには無数にあるという。それ以外にも、京都の八坂神社の祇園祭りはユダヤの聖地の「シオン」の祭りであるとか、各地の祭りなどの囃子《はやし》言葉が古代ユダヤ語で解されるとか、日本にはユダヤ起源と思われる例はきわめて多い。

西アジアと日本はつながっている

一九七〇年代から「東アジアの古代文化を考える会」では、日本古代史をめぐる数々の問題点について、それが東アジア全域からさらには広く西アジア地域と密接につながっているとの見地で多くの優れた研究が発表され、なかなか示唆に富む見解がいくつも世に送られている。そこで、ここではそれらのうちで日本文化の起源をアラビアあるいはメソポタミアないしバビロニアに求める説を一、二紹介しておこう。

その一つは、会員の川崎真治氏が『世界最古の文字と日本の神々』などの著書で唱えるものである。川崎氏は若いころ航海士の経験をもち、西暦紀元前のウルやシュメール語について詳しく、アジア各地で発見される粘土板や石に刻まれている線刻文字の解読を精力的に手がけている。川崎氏によると、「紀元前一〇〇〇年ごろより前には、全アジアには共通の神がいたことが日本を含めアジア各地の遺物から読み取れる」という。

例えば、古代メソポタミアの天神アンは六〇という数の暗喩をもち、その子のエン・リルは五〇という数の暗喩をもっていたが、中国の殷の時代の甲骨文などに「滝里羅」とか「五〇」という文字が風の神と関係して刻まれており、日本でも出土する埴輪に西アジアの風神を描いたものがあり、「神風の伊勢の五十鈴川」というような形でメソポタミアとのつながりが見られるという。川崎氏は多くの著書で「日本語のルーツはエジプトや西アジアにある」とか、「日本各地で見つかる石などに記された絵のような記号はシュメールなどの文字として読むことができる」と説いている。川崎氏の魅力的な論説の詳細はここで紹介する余裕はないし、その当否を判定することはできないが、今後、若手の研究家によって川崎氏の所説が正しく評価される日を待ちたいと思う。

もう一つは、榎本出雲氏によると、アラム語とよばれた古代アラビヤ語と日本語の間にかなり多くの一致する言葉があるという。例えば、日本語の「香り」という語はアラビヤ語の「樟脳」を意味する「カフール」から出ており、「匂い」は同じく「芳香」を意味する「ニーフ」が語源であるという。また、「隼人」はアラビヤ語で「大蛇」、「蝦夷《えみし》」は同じく「悪い蛇」、「阿波・安房」は「蝮《まむし》」のことであるという。それ以外にも、アラビヤ語が東アジア各地に地名や種族名となって広く分布しているという。そして榎本氏の説を継承して元新聞記者だった近江雅和氏が『隠された古代――アラハバキの謎』と『記紀解体』という著書で説く意見に耳を傾けよう。近江氏は、日本全国的に広く祀られているアラハバキ神に注目した。アラハバキ神は「荒脛」などと書かれ、製鉄とは関係があるとされながら正体不明の神とされているが、近江氏はその神が西日本では「大元尊神」とよばれていることに目を向け、それはアラビア南部のヤマン（イエメン）で信仰されていた最高神のことであるという。

近江氏に言わせると、「アラ」はアラビア語のアラァ（唯一絶対の根源神）のことであり、ファキ（輝かしい）を付ければ「アラファキ」になる。また、「ハバキ」とはアラビア語のバーキー（現在するもの）であるとすれば、ヤマンの人は自らを土地生え抜きの正統者として誇る言葉になるという。また、高天原についても、アラビア語では「タク（丸天井）」と「マ（……のもの）あるいはマア（光沢・輝き）」と「ハラァ（唯一の）」の合成語と考えられ、山脈を北東に背負うヤマンこそはそれにふさわしいというのである。そして、近江氏は、ヤマンにいたアラハバキ信仰をもつ一団はアラビヤを追われてインドに移ってアーラヴィ（林住族）になったとする。そして、その神であるアラハバキは、仏教が支配的になると仏の守護神であるアーラヴァカ・ヤクシャという鬼神とされ、中国に輸入されて外道の明王（日本では鬼子母神・夜叉）とされてしまった、と解している。さらに、三世紀後半になると中国に入ったアーラヴァカ・ヤクシャは、蜜教僧によって受け入れられ、九世紀に空海の手で日本に到来して大元尊神となったと推論している。

アラハバキ神信仰と言っても馴染みのない人が多いと思うが、それは弥生時代の日本に入ってきており、丹後の籠神社や宇佐八幡の原初神として迎えられ、蜜教が到来した後、仏教側の圧力により名前が変えられたのであろうと近江氏は言う。籠神社と宇佐八幡ではその祭神を天火明命や応神天皇であるとしているが、この二つの神社は伊勢の皇大神宮と並ぶ重要な神社で、その起源がアラビアにつながるとなると、高天原ヤマン山脈説も有力に思われてくる。

では、もし、西アジアの文化が日本に伝えられたとすれば、それはどの道を通って来たのかであろう？　高天原すなわち日本民族の起源が、バビロニアやパレスチナあるいはアラビアなど西アジア方面にあったとすると、それが、いつごろどういう経路で日本に到達したかについても、ある程度の推論ができなくてはならないと思う。

陸路の場合、ペルシア（イラン）北部から中央アジアを経由して中国の西域の天山南北路を通るいわゆるシルク・ロードが考えられる。秦の始皇帝をユダヤ人だとする説があることは前にも述べたし、古代日本の名族の秦氏がユダヤ人だとする見方も有力である。また、それより北のウクライナ・カザフからモンゴルのステップ（草原）を抜けるコースも開かれている。

古代ギリシヤのヘロドトスの著した『ヒストリア』によれば、黒海の北から北東の一帯には、スキタイとよばれる民族が住んでいたと記されている。広義のスキタイには遊牧・騎馬系と農耕系の二系統があるが、騎馬系スキタイは壮麗な黄金文化をもっていた。そして、注目すべきことは、第9章で紹介した南伽耶の大成洞古墳から出土した馬具やケトル（湯沸かし）は騎馬系スキタイ固有のものであり、その王者の墓の様式として木槨のある棺もまたスキタイ様式であることである。つまり、高句麗から三韓国さらには倭国の王者のルーツとして北アジアが考えられてくる。そして、前に述べた「サカ族」は遊牧スキタイであるから、彼らによって西アジア系の文化が北アジアの騎馬系スキタイに伝えられていたことは十分に考えられる。天皇家の祖先を騎馬民族とする立場からはそう考えたくなると思う。

もう一つ、海の道があった。現在でも、ペルシア湾岸やアラビア南岸ではパピルス（葦の一種）を編んで隙間にアスファルトを塗った籠船が用いられている。それに乗り海流を利用しながらインド洋を海岸沿いに東進して東南アジアを経て日本列島に辿り着くことは可能であるという。現に、日本神話には「目無しの籠船」が登場するし、宇佐神宮にも薦枕（水草を編んだ物）を方船に入れて流す神事が今日もおこなわれていることはすでに紹介した。

日本民族の原郷がどこにあるかと言っても、それを一つにしぼることは正しくない。日本列島には多方面からいろいろな文化をもった人たちが渡来しており、それらが渾然として複合された形で「日本文化」が形成されているからである。したがって、それらのうちの最も優れた文化をもった一族が主流となって人びとを引っ張っていったというのが正しい言い方である。その場合、主流となり強い影響力をもったもの一つが西アジアのユダヤ系の文化であり、純朴な列島原住民はその指導の下で神社を拝む仕来りを守りながら今日に及んでいるものと理解できるのではなかろうか。

ところで、古代エジプト人がハム族とよばれるのに対して、アラブ人そしてユダヤ人はセム族とよばれている。セム族の特徴は、内と外の区別が厳格であり、外聞を気にし、何事につけ長老の決定に従い、本音と建前を使い分けることにあるようである。そのため商売取引には長じている。ところが、こういう性格は個性が確立している欧米のキリスト教徒にはそれが裏表のある嘘つきに見え、不純に映るらしい。このセム人の気質がわれわれ日本人にもそのまま当てはまるとしたら、それはどういう理由によるものであろうか？

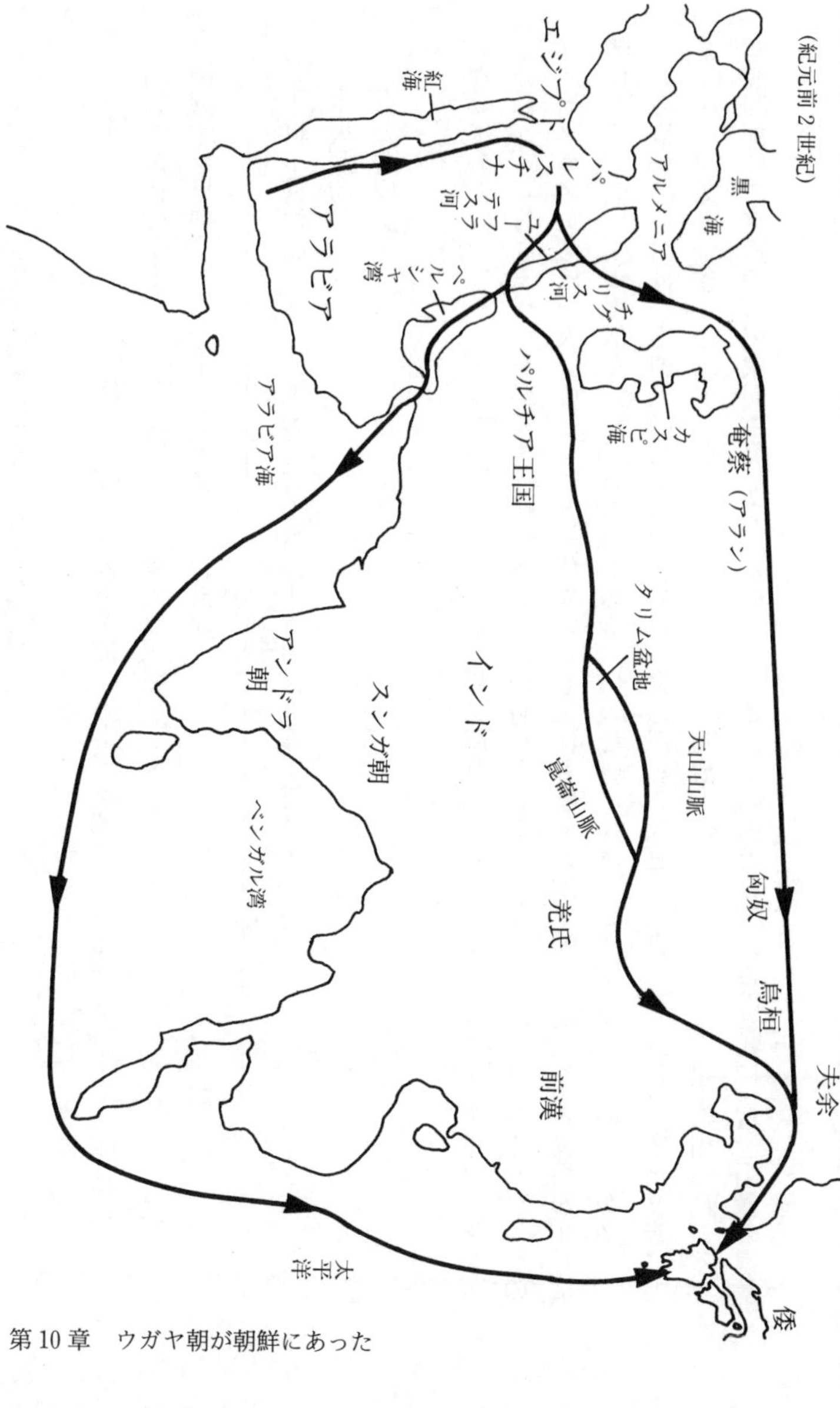

アラビア、パレスチナの高天原起源説による日本民族の大移動推定図

「古史・古伝」が伝える「ウガヤ王朝」

『古事記』が伝える天皇家の祖先の神の系譜は、

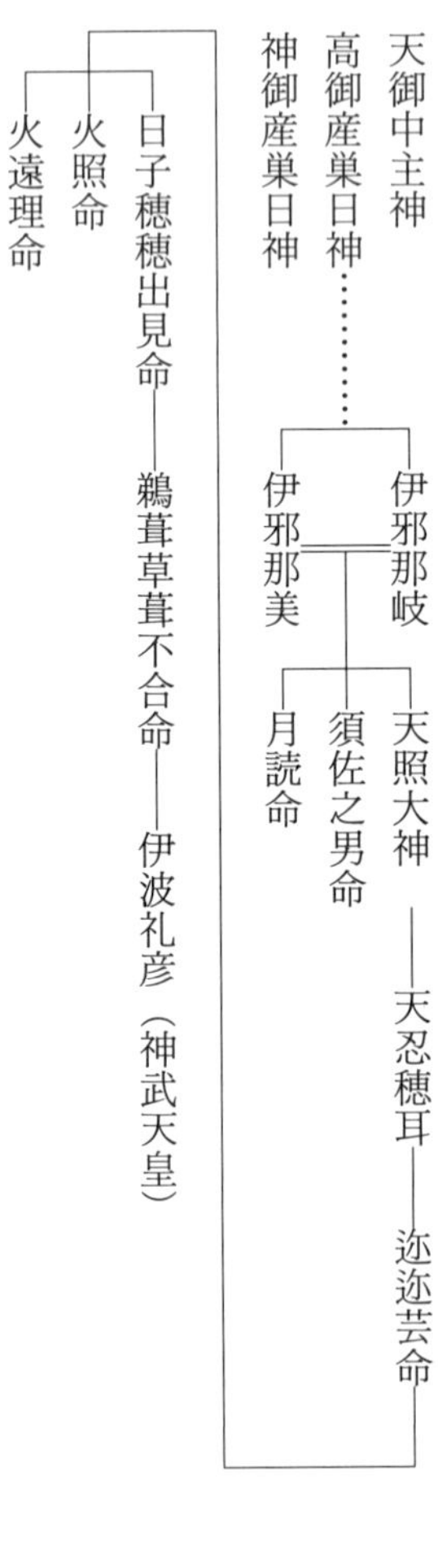

となっている。つまり、天孫ニニギノミコトが下界に降りてからヒコホホデミ、ウガヤフキアエズのいわゆる「日向三代」を経て第一代の神武天皇の時代になることになっている。ところが、このウガヤフキアエズは一人ではなく、五一代ないし七三代も続く長期王朝だったとする文書が相互に関係なく別個に四つも伝えられているのである。いったいこれは、どういうことであろうか？

その第一のものは、山梨県の富士吉田市の宮下家に伝わる『宮下文書』あるいは『富士文書』とよばれる古文書の写しと称するものである。これは、明治十六（一八八三）年に富士吉田市にある小室浅間神社の宮司の吉田家から発見されたものである。その内容は、太古の時代に富士山麓の家基《かきつ》都にあった「高天原」をめぐる歴史とそれに先立つ数千年にわたる歴史ということになっている。その原本は、秦の始皇帝の時代に中国から渡来した徐福が太古の日本の歴史を調査して記録したという『十二史談』を元としたもので、それ以外に徐福は『神朝五紀略』・『不二山高千火峰由来記』・『不二山高天原変革史』・『支那震丹国皇代記』・『神代文字略解』などの本を著わしているという。

徐福というのは、道教の方士でBC二〇九年、不老不死の霊薬を求めていた秦の始皇帝をたぶらかし、授かった数千人の童男童女を連れて東海の蓬莱を目指して船出したが再び祖国に帰らなかったと『史記』に記されている人物である。徐福の実在性については、近年になって中国で証明されたという。また、日本全国には二〇か所以上の徐福渡来伝説地がある。

『宮下文書』の内容を概観表で示すと……

神朝五紀の変遷

世紀	呼称	神皇の代数	期間
第一神朝	天之峰火雄ノ世	七代	八二二年間
第二神朝	天之御中主ノ世	一五代	一八五〇年間
第三神朝	高天原ノ世（前期）	七代	五〇七年間
第四神朝	豊阿始原ノ世	五代	四八八年間
第五神朝	富士・高天原ノ世（後期）	五七代	合わせて
	九州・宇家潤不二合須ノ世	五一代	二七四一年間
合計		富士九一代・九州八五代（ママ）	六四〇八年間

この第一神朝と第二神朝とは日本にあったのではなく、遠く西の大陸の内部にあったとしているところが他の史書に見られない『宮下文書』の特異な点である。この文書の説くところによると、第二神朝の最後の高皇産霊神《たかみむすび》は、「この土地は世界を治めるのにふさわしくない」というので、皇子たちを派遣させて富士山のある日本列島にたどりつき、ここに第三神朝が建てられたという気宇壮大な話となっている。

この第三神朝は五〇七年間続き第七代目の伊弉諾尊で終わり、ついで五代・四八八年間にわたる「豊阿始原朝」が始まる。それは、天照大神・月夜見尊・瓊瓊杵《ににぎ》尊・彦火火出見尊と続き、第五代が鵜茅葺不合尊《うがやふきあえず》であるが、このとき、外寇があって高天原は東西に二分されることとなり、西の九州の阿蘇山の麓に別の王朝ができたというのである。

以後、第五神朝――「宇家潤不二合須《うがやふきあえず》ノ世」は、東の富士では五七代、西の九州では五一代続き、その最後の弥真都男王尊のときに「神武東征」が敢行されることになる。

ところで、現在伝えられている『宮下文書』なるものは、延暦十九（八〇〇）年に富士山の大噴火によって宮殿も阿祖大神宮も炎上したため、その神官たちは相模に避難し、相模川河口近くに寒川神社を創建し、伝来の文書をそこに保管してあったものが筆写を重ねて伝えられてきたものであるという。

次に、貞応二（一二二三）年に源頼朝の庶子であった豊後（大分県南半）の守護職の大友能直の家臣七名が全国に派遣され、文献・資料を収集して編集に当たり執筆したものであるという『上記《うえつふみ》（上津文）』がある。その原本は大分県立図書館に保管され、写本は内閣文庫や国会図書館にも所蔵されている。『上記』はその「序文」に、編集史料として『常陸国新治文』・『高千穂大宮司家文』・『日向国主元雄伝書』・『出雲国造上世記』・『常陸鹿島国造文』・『伊豆加茂三島伝書』・『尾張中島逆手記』・『伊勢度合文』・『摂津住吉大世座記』・『肥後八代県文』・『阿波田村記』・『筑前御老家文』・『豊前御老家文』・『薩摩霧島文』・『越白山舟人文』の一五種の文書を利用したとしている。その中には富士の『宮下文書』の名は見られないが、この時代には全国にかなりの古い文献があったということだけはわかる。

『上記』の最大の特徴は「豊国文字」という特殊な文字でそれが綴られていることであろう。この文字は、ニニギノミコトの時代に八意思兼尊《やこころおもいかねのみこと》が高天原の言葉を普及するために創作したものであるとしている。その字体は、日本のジプシーとよばれた放浪の民のサンカ(山窩)が使用していた文字に似ている。その内容は、「序文」のほか、『前篇』宇宙開闢〜ホホデミ朝、『中篇』ウガヤ朝前記、『後篇』ウガヤ朝後期となっており、『宮下文書』と同じく「神武天皇」より前に七三代の「ウガヤ朝」があったとしている。

第三のものとして、中世から戦国時代にかけて紀伊の南北牟婁《むろ》郡に勢力を張っていた豪族の九鬼家に伝えられる『九鬼《くかみ》文書』がある。それは、「歴史秘録」・「古代和字」・「神道宝典」・「太古秘想」・「兵法武教」・「病理医薬」・「渡来秘法」・「筆録群像」そして「九鬼宝物」の九篇から成っている。その筆者は個人ではなく九鬼家の遠祖である天児屋根命の時代に記録された神代文字で書かれていたものを藤原不比等が漢字に書き改めたものであるという。『九鬼文書』の「歴史秘録」にも七三代に及ぶ「ウガヤ朝」が含まれている。それによると、

第一期　造化準備作用時代　　　　　二三代・二万三〇〇〇年
第二期　造化時代　　　　　　　　　三一二代・五万年
第三期　修理固成時代　　　　　　　一四四代・二万余年
第四期　万国統治神理時代　　　　　四九代・八〇〇〇余年
第五期　鵜茅不合葺天皇時代　　　　七三代・一二〇〇年
第六期　神武天皇時代（神倭朝）　　一二二代・二五二六年

となっている。

右の時代区分の第三期には、天御中主から伊弉諾《イザナギ》に至る『日本書紀』で馴染みのある名の神々も現われ、第四期の後半に瓊瓊杵《ににぎ》の高千穂王朝が出雲王朝を引き継ぐという形になっている。

第四のものとして『竹内文書』とよばれるものがある。これは、昭和十一（一九三六）年に皇室に対する不敬の罪で起訴された皇祖皇大神宮天津教の管長竹内巨麿が神典としていた『神代の万国史』のことである。ただし、その原本は大戦中の空襲によって焼失している。この天津教というのは神秘的要素の強い新興宗教であり、教組の竹内巨麿は自称「武内宿禰の第六六代の子孫」であると唱え、古代において政治的に失脚した先祖から伝えられたのが『竹内文書』であるという。戦後、復元された『神代の万国史』には、近代以後に現われた人名や地名が用いられており、明らかに偽作であるが、その歴史時代以前の構成は、「天神七代」・「上古二五代」・不合朝「七三代」となつており、神武天皇は「フキアエズ朝」の第七三代目に当たるという。

以上見てきた四つの文書のうち、最後に出現した『竹内文書』は明らかに明治以後の偽作であるが、それ以外のものは相互に無関係に編集されたものであるだけに、その内容には違いがあるものの、そのすべてが五一代ないし七三代にわたる「ウガヤフキアエズ王朝」があったとしていることは、単に荒唐無稽の一言で見逃すことは許されない。

何故なら、神社の神官にしても守護や大名にしても、正史に反する虚偽の歴史を創作する動機も理由も考えられないからである。世間を驚かしたり、自分の家系を神秘化したりするのに役立つわけではないし、何一つメリットはないであろう。仮りに、歴史の偽造をしたとしても、「五〇代以上のウガヤ王朝」などという発想が偶然、三つの歴史偽造者の頭の中に共通して生まれるはずはないからである。

また、「豊国文字」とか「神代文字」で書かれており、それが「五〇音」に基づいて作られていることが偽造の証拠であるという人もいる。しかし、そういう文字が昔は民間で使われていたことは否定できないし、『万葉集』や『古事記』の時代におこなわれていた「母音調和」という八七文字の使い分けは日本列島住民の本来の発音習慣とは反するものであるから、この古代文字否定説は成立しないと思う。古い神社や村の隅の石碑などに現代人には読めないが明らかに意味をもった記号が刻まれている例はいくらでもあるし、漢字を知っている古代人や中世の人がわざわざ独自に奇妙な文字を創作して秘密でもない文書を記すことなど想像するほうが無理であろう。

そうなると、これらの文書が作られた動機は、徐福の編集というのは権威づけの作為であるとしても、すべて自分の手元にある大量の文書あるいは伝聞の資料を編集しようという純粋なものであったとしか考えられない。そして、何よりも言えることは、戦国時代以前には各地に多くの史料が失われずにあったということは事実として認めなくてはならないということである。しかも、その中に「神武東征」以前に長い「ウガヤ王朝」があったという伝承が確実に存在していたとしなくてはならないと思う。そうでなければ、右に見たような文書が相互に無関係に創作できるはずはないからである。

ただ、これらの文書はすべて歴史時代以後の史実については基本的に『記・紀』と同じ筋に沿って、さらにその内容を豊富にした形になっていることが気にかかる。とりわけ、「神武東征」というようなそのままでは史実とは言えないものを、これらの文書は申し合わせたように採用していることの理由を説明できなくてはならないであろう。

この件については、これらの文書は権力の検閲を受ける心配はないとしても、すでに朝廷の手で正史として『日本書紀』が厳存している以上、自分の手元にある資料を最大限に利用しながらも、可能な限り編集される「歴史」を「正史」と矛盾しないように手直しする配慮を怠らなかったことの結果であると考えるべきであろう。

ともあれ、「ウガヤ王朝」が実在したとすると、それは天皇家の祖先が朝鮮にいた時代があり、その時代のことを「ウガヤ王朝」とよんでいた伝承があったとしか考えられない。ところが、『記・紀』はそれをたった一代に圧縮して「正史」として確定してしまったため、かえって長期間の「ウガヤ朝」のほうが奇怪に見えてきたのではなかろうか？

『契丹秘史』あるいは『倭人興亡史』

第9章までに見てきたところでは、西暦紀元前の伽耶地方に、倭人集団を支配する王朝があり、その統率者は北方騎馬民族系であったらしいことは、その地方から出土する馬具類から推定することができた。しかし、その王朝について、『宮下文書』や『上記』などのいわゆる「古史・古伝」に書かれている「ウガヤ王朝」なるものがそれに相当するのではないかと思われてくる。

そこで、一つだけ気になることがある。それは、伽耶諸国のうち高霊にあったとされている国の名が「大伽耶《うがや》」とよばれていたことである。もしかして、天皇家の祖先はかつて自分たちがいた大伽耶の名を「天孫降臨」のあとに据える一代の神話として『記・紀』に書き込ませたのであろうか?

では、天皇家の祖先が朝鮮にいた時代、さらにはそれより以前の歴史を記した文書は世界のどこかに存在しないのであろうか? ところが、そういう文書らしいものが二つ見つかっているのである。そのうちの一つは、明治三十八(一九〇五)年、日露戦争に従軍した主計将校の浜名寛祐が奉天(現審陽)にあるラマ教の寺院で発見しているのである。それは全文が僅か三五〇〇の漢字で書かれたもので、一見しただけでは何が述べられているのか理解しがたい難文であった。しかし、その中に「ヤマト」とか「アキツシマ」と読める箇所があったことから、浜名はそれは契丹《きったん》人による日本や韓国の古代の歴史の要約であると考え、二〇年後の大正十五(一九二六)年に『日韓正宗溯源』という名でその全訳を出版したのである。

契丹というのは、五世紀に満州(中国の東北部)の熱河のシラムレン川流域から発した遊牧騎馬民族で、ヨーロッパ人からはキタイとよばれていた国のことである。やがて部族の統合が進むと次第に勢力を拡大して長城地帯にも侵入して唐・宋帝国を脅かし、一〇世紀になると契丹族の国家として遼（九一六～一一二五）が建国され、耶律阿保機が太祖を号した。彼は漢人を役人に登用して制度を整え、文化を高め大いに国を発展させた。しかし、一二世紀になると東の女真《ジュルチン》族に攻められ、元帝国のもとに滅ぼされてしまう。契丹の人種系統はわかっておらず、一般にはモンゴル系であると考えられている。また、この民族には漢字とよく似た固有の契丹文字が作られている。しかし、発見された文書は漢文であり、そこには固有名詞らしい語句がきわめて多く、漢字をあたかも「万葉仮名」のように用いて契丹語の発音により外国の地名や人名を表わしていることがわかった。この書物の筆者は、どうやら阿保機に仕えた耶律羽之であると推定されている。

　全体としてその文章は「何々いわく」というふうに出典を示して古文章を紹介しながら、簡単に事実のみを伝えるという形をとっている。そこで、この文書を内容的に分類してみると、神話が二〇章、歴史が二〇章そして古頌が六章で構成されていることもわかった。ただし、その解読は困難をきわめるものであった。

　さて、浜名氏が公開したこの文書は何人かの研究者によって解明が試みられ、題名としては『東族古伝』・『神頌叙伝』・『契丹古伝』などいろいろと付けられてきたが、ここでは浜田秀雄氏（本来の専門は土木工学）の読み方に従い『契丹秘史』（新国民社）とよぶことにする。

　その第二章を見ると、例えば次のように書かれている。（もともとは句読点はない）「恭惟、日祖名阿《ア》乃《ノ》沄《ウ》翅《シ》報《フ》云《ウ》戞《カル》霊《メ》明。澡乎、辰《シ》沄《ウ》珥《ミ》素《ス》佐《サ》煩《ボ》奈《ナ》。清悠気所凝、日孫内生」となっている。

浜田氏はそれを、「紀元前二〇〇〇年ごろに沖縄から奄美大島の加計呂麻島に移住して来たカケメに女子が生まれ、その島のスリ浜で産湯をつかった」というような意味であると解している。そして、紀元前五世紀にインドを統治していたシスナーガ王朝のことを「神祖」といい、この王朝はベトナムに侵入してアバンティ王朝（日祖）を建て、沖縄に女神アマミコを持ち込み、北朝鮮の月支を占領したとしている。さらに、浜田氏はインド史・中国史と照合しながら『契丹秘史』の解読を進め、BC五世紀から四世紀にかけて、インドで栄えていたナンダ朝は、その勢力をベトナムから沖縄を経て中国の遼東半島まで伸ばしていたと考えている。浜田氏によれば、この文書には、沖縄の「聞得大君」のことや「饒速日」という文字も見られ、日本神話の「高産巣日《たかみむすび》神」の起源にまで触れられているという。

浜田氏が『契丹秘史』と名づけた同じ書物のことを、同じく新国民社による鹿島曻氏は『倭人興亡史』と名づけ、まったく別の読み方を示している。鹿島氏の所説は本書で一、二度引用させていただいているが、例えば、右に掲げた文章の読み方は、「謹んで考えると、日祖の名はアノシフウカルメ（天之神皇彦霊命）である。水清きカルーン河のほとり、スサで身を清め、清悠の大気のうちに日孫を生んだ」としており、続く章には「日孫シウクシウ・アメミ・スサナミコ（須佐男命）と云う。日祖は乳を与えて育てたのち、高天使鶏に命じて空を飛び日孫を天降らしめた。日孫はわれわれの神祖である。思うに日孫はカモ（壇君桓因。朝鮮の建国の神）と読み、高天使鶏と読む。またシウクシウとは東大国皇を意味する」というふうに書かれているとしている。そして、鹿島氏は日神の渡来を朝鮮を経由したものと解釈している。ただし、「神祖は月支国に都し、平壌と名付けて神京とし、ヤチクシウク命（次大王達成）に命じて治めしめた」と訳している。さらに、「また、シラヒキ命

（白日王）に命じて新羅に居らしめ、高虚村と名づけて仲京とした」と読める部分があるとしている。

浜田氏が『契丹秘史』と名づけた本では、そこに書かれている歴史の主流はインドのシスナーガ朝系を「神祖」とするものと考えているが、鹿島氏はそれを『倭人興亡史』とよび、北アジア系の歴史と解釈し、それが扶余・辰国・高句麗・ウガヤなどに分れていくというふうに説いている。その件については次の節で述べる。

さらに同じ書物について、古代アラビヤ語やペルシヤ語に精通している榎本出雲氏は、その名を『契丹古頌』とよび、全編を精密に解読している。それによると、第一章は「神は輝《かがや》く体のものであり名付けようがなく、能くものを象る鑑のようなもので日神の体であって、その発音はカッカビン（鏡）と云う」ということになり、第二章は「日祖の名はアダウン・シホウ・ウカレ・メイといい、シンウンジ・スサハナ（川の名）で禊ぎをし、清悠の気凝る所に日孫が生れた」となり、第三章には、「日孫がコマカケ（高天使鶏）に乗って天降りしたことを記しているという。このように、『契丹古頌』が説くところは、天照大神とニニギノミコトを連想させ、その「降臨」のことを思わせる内容になっている。そして、榎本説では、第四章以下は、第一四章までに中国の東北地方などにいた辰沄氏とその後裔の「寧義氏」、満洲族の靺鞨・粛慎の歴史を説き、「耶摩駘記（耶馬台国記か）と秋洲（アキツシマか？）」のことなどについて述べ、第二一章から四〇章にかけては「ヒミコ（卑弥呼か？）氏」の歴史について語っているという。ここで「辰沄氏」というのは、「契丹部族」の祖先であり、「尊皇」を建国の基本理念としていたという。

榎本氏によると、『契丹古頌』には、中国の正史では語られていない史実——西周の文王と武王が殷をいったん滅ぼして後、徐珂すなわちモンゴル方面にいた騎馬民族の「サカ（塞族）」が殷を再興し、国号を辰沄殷とし、ここから後の扶余（夫余）国が生まれた——というような隠れた史実を明らかにしているという。

『桓檀古記』の語るもの

ここにもう一つ貴重な文献がある。それは、一九五四年の秋、鹿島氏が韓国の太白教徒の李裕岦という人から贈られたというもので、朝鮮総督府の焚書政策の対象とされていた歴史書でありながら、李氏が甕の中に入れて四〇年間にわたり必死になって隠してもっていたものであるという。その本の由来は、太白教の宣川桂延寿という人が、一九一九年に妙香山檀窟庵で「三聖紀」・「檀君世紀」「北扶余世紀」・「太白逸史」という四書を合本としたものであるという。

一九一〇年に大日本帝国は韓国を併合し、その統治機関として朝鮮総督府を設置し、「民心薫育」をはかるためと称して、一九二五年に黒板勝美らを委員とする修史委員会を発足させている。ところが、この委員会は資料収集と称して朝鮮本土と対馬にあったありとあらゆる古文献や器具類の物件を強権を発動して集め、現実にはそれを利用するのではなく、すべて廃棄・焼却してしまったのである。『桓檀古記』はその悪魔の手を免れた貴重な資料であるというわけである。

さて、『桓檀古記』の内容であるが、その名が示すように、古朝鮮の始祖である桓因《ファンイン》檀君《タングン》が開いた朝鮮の歴史が描かれている。それまで、『三国遺事』に述べられている「檀君朝鮮」とは幻の王朝であるかのように思われていたが、近年、朝鮮民主主義人民共和国の学者たちは、中国の東北の遼河の河口近くの王倹《ワンクム》が「檀君」の城のあった場所であるとしている。この地の遺蹟からは多数の青銅器を含む遺物が発見されており、今から四〇〇〇年以上前に朝鮮にはかなり高度の文化があったことが判明している。

『桓檀古記』について、さきに紹介した川崎真治氏は西アジアの古代文字や言葉についての該博な知識をもって鹿島氏と協同研究を重ね、その全体像の把握に努めたところ、この書物は朝鮮だけの古代史ではなくアジアの全域にわたる民族興亡の歴史であるという結論に達したという。そこで、鹿島氏は、この書物と『倭人興亡史』(『契丹秘史』)を中核とし、それに『神皇紀』(『宮下文書』のこと)などの日本の「古史・古伝」を加えて総合的に検討した。そして、得られた研究成果を『倭と辰国』という著書に展開している。『桓檀古記』の内容を時代順に編年すると、夏から漢に至る中国史の部分と、日本の超古代史に相当する部分とに分けられるとしているという。そのうち後者についいて鹿島氏はそれを「辰国史」と名づけている。そして、その内容こそ『宮下文書』・『上記』などの「古史・古伝」に書かれている五一ないし七三代にわたる「ウガヤ王朝」のことであるという。

では、鹿島氏が「辰国史」として描く「ウガヤ王朝」とはどういうものであろうか?

やや煩雑となるが紹介しておこう。鹿島氏によると、『宮下文書』が掲げる七代の「第一神朝」というのは殷の第一王朝と一致し、同じく一五代の「第二神朝」は殷の第四王朝のことであると考えている。そして、『宮下文書』がいう「第三神朝」の最後の高皇産霊命とは、『倭人興亡史』(『契丹秘史』)に出てくる「日祖・アノシフウカルメ」のことであるとしており、「アメミ・スサナミコ」の名で須佐男命も登場しているとしている。また、『宮下文書』では高皇産霊命の三人の子――国常立・国狭槌・名不祥の三者によって「第三神朝」が開かれたとしているが、鹿島氏はそれを『桓檀古記』に結びつけ、国常立が扶余、国狭槌が辰国、名不祥のものが箕子朝鮮の王家の始祖となったと考える。その場合、須佐男命は箕子朝鮮の王統に入っているとする。鹿島氏は、著書『倭と辰国』でこのへんの「歴史」について『宮下文書』を援用しながら「ウガヤ王朝とは辰国史だった」と唱えている。

前述のように、朝鮮の史書『三国史記』の「高句麗本紀」では、BC六一年、天帝の子の解慕漱《ヘモス》は五色に輝く五竜車に乗って松花江流域の訖升骨城《コルスンコルソン》に天降り、自ら王を称して北扶余国を興した。その次の解夫婁《ヘプル》は天帝の命によって南下し、東扶余国を建てたが、金蛙はその子であり、河伯の娘の柳花を娶って朱蒙《チュモン》を生ませる。この朱蒙がBC三七年に高句麗王朝の初代の王となり、東明王とよばれている。このことを『上記』の「ウガヤ朝」に当てはめると、その第三八代王（彦天皇）が高句麗の初代王の父であれば、高句麗の第九代の故国川王（AD一七九～一九七）とは、「ウガヤ朝」の四八代の彦天皇ということになるわけである。「ウガヤ朝」が五一代であるとして計算すれば、一世紀というのは「神武」に相当する人物がいた時代に近いことになる。

ここで、中国史に目を転じて『魏志』の「夫（扶）余伝」と「高句麗伝」の記事を見ると、「夫余は玄菟郡（漢が建てた地方官庁）に属していたが、漢末に公孫度が遼東で力を伸ばしたので、夫余王の尉仇台はその勢力下に入った。尉仇台は公孫度を討ち、その娘を妻としたが、彼が死ぬと簡位居が立ち、その庶子に麻余がいた。次いで麻余の子の依慮が六歳で王となった。その後、公孫度（一八九～二〇四）は楽浪郡の南半を支配して帯方郡を建て、満州南部から朝鮮の西海岸寄りをその手に収めた。公孫度の死後、その子の康は軍を出して侵略して来た伯固の子の伊抜奇・夷模を討った」という意味のことが書かれている。『桓檀古記』には「高句麗王の罽須は公孫氏を討った」とある。この人物はどうやら尉仇台と同一人物であるらしい。そこで、鹿島氏は、次のような仮説を立てた。それは「高句麗王の罽須と夫余王の尉仇台とは同一人物であり、それが辰国王としての神倭磐余彦すなわち神武天皇である」というものである。そして、彼に破られた公孫度は大物主であるということになるという。それを系図化すると、左のようになる。

【高句麗王朝】

①朱蒙……⑧新大王（伯国）┬発岐
　　　　　　　　　　　　├⑨故国川王（伊夷範）
　　　　　　　　　　　　├⑩山上王──東川王（憂位）
　　　　　　　　　　　　└罽須（夫余王尉仇台・神武）

【ウガヤ王朝】（『上記』）

第三九代彦天皇……第四八代彦天皇……第五一代彦天皇──イワレ彦天皇

そこで年代を調べてみよう。故国川王の在位は一七九～一九七年であり、東川王は二二七～二四八年である。ところが、『後漢書』や『魏書・東夷伝』には、「桓霊の間（一四七～一八九）、倭国大乱、相攻伐して年を経る」とある。そして、邪馬台国の女王卑弥呼が共立される。そこに魏の使者が倭国に至り、卑弥呼は二四七年ごろに死ぬ。

右の鹿島氏の仮説を認めるとすると、高句麗の朱蒙はBC一世紀の末の人物であり、そのときが『上記』でいう「ウガヤ朝」の第三八代彦天皇であったというのであるから、その初代の即位年代は一代を二〇年として計算して遡ればBC七六〇年ごろということになる。そうであるとすれば、「ウガヤ王朝」というのは『宮下文書』の「第五神朝」のことであり、「第二神朝」がBC一一〇〇年ごろに終わった殷王朝であるというから、その後の七代続いた「第三神朝」というのはBC一一〇〇〜九〇〇年ということになり、五代続いたという次の「第四神朝」はBC九〇〇〜七六〇年ということで、ほぼ年代的には矛盾がなくなることになろう。そして、鹿島氏は「神武天皇」は実在の夫余王の尉仇台で同時に高句麗王の罽須であるとするならば、それは二世紀末の「倭国大乱」の時代ということになり、そのころ邪馬台国の女王卑弥呼がいたことになる。

筆者に言わせれば、「神武天皇」の実在を認める点を除けば、「ウガヤ朝」が朝鮮にあったという鹿島説は年代的に成立不能とする理由はない。とりわけ、日本の天皇家の祖先が夫余の王族から出ているとする点は大筋において正しいと思う。問題は、夫余王が騎馬民族であったか否かであり、しかもその祖先が西アジアにつながっているとすれば、それが東アジアにやって来た経路であろう。恐らくは中央アジアを北上してモンゴル平原を東進したものであろう。ただし、それはあくまで推測であり、今後、多くの研究家によってその点について合理的な裏づけがされることを待ちたいと思う。

右のような鹿島氏が描く古代アジア諸民族の興亡についての壮大な歴史のアウトラインは、他の書物には記されていないだけに、もしそれが真実であるとすると、古代日本史だけでなく、中央アジアから中国に至る古代史は全面的に書き替えられなくてはならないことになる。しかし、日本の「古史・古伝」はもとより、ラマ寺で発見された古文書や韓国で秘匿されていた史書については、アカデミズムの世界では完全に無視されており、それを手にして考えてみようというような気運は残念ながら存在しない。

とは言え、これらの書物はその編集動機が何であれ、執筆者はそれなりの資料を基礎とし、自らの信念に基づいて後世に残すべきものとして綴られたことは間違いない。しかも、在野の若い歴史愛好家の間では、これらの文献の真実の意味を知るための貴重な資料として、一切の偏見を去って真剣に研究が進められているようである。また、川崎真治氏は古代文字の解読を通じて西アジア文化がアジア全域に伝えられたと説いているし、榎本出雲氏や近江雅和氏は「アスカ王朝」の「サカ人」(スキタイ族)が東アジアにやって来たと唱えている。これらの説は、古代のシュメール語やペルシア語あるいはアラビア語の研究を通じて、中央アジアや東アジアの諸民族の人名・地名ないし普通の言葉が西アジアに起源をもつという論証を通じて展開されているものである。しかも、この方面の研究は現在着々と進みつつあるという。したがって、今後、古代西アジア地域の言語の知識が深まれば、それと平行して歴史の謎の解明についても目を見張るような大きな成果が現われることが望まれるのではなかろうか。

本編は「正史」を中心に若干の「異端」とされている文献によって日本古代史の真相に迫ろうとしてきた。そして、これまでわれわれが知っていた「歴史」以外に「隠された歴史あるいは知られざる歴史」があるらしいということに気がついた。しかし、過去の探索は残された文献によるだけでなく、口伝えの伝承や考古学上の遺物による方法もある。

早い話が、一九九四年には青森市内の三内丸山遺蹟では、縄文中期（四五〇〇年前）の米作農耕をする大集落が発見され、直径約一メートルもある巨大な柱跡も見つかり高さ二〇メートルもある建物があったと推定され、従来の考古学の常識は完全に覆された。また、同じ東北地方の環状列石遺蹟で有名な秋田県の大湯の三キロほど西の黒又山については、東海大の情報技術研究所の渡辺広勝氏らの地下レーダー探査により、地中に巨大な墳墓を思わせる人工構造物が埋もれていることが認められており、その頂上からは縄文土器も発見されている。そこで、現地では「黒又山は人工のピラミッドである」として村をあげての調査と研究が開始されている。さらに、国東半島では日本最大のストーン・サークル（環状列石）が発見されたことはすでに述べた。

このような考古学の世界における革命的な発見とその真相の探求はその緒についたばかりであるが、やがていつの日か右に紹介してきたような古代史の「解明」についても、さらに一歩も二歩も検討を進めた新しい歴史の読み方の案が提出され、いまだに霧に包まれたままの古代史の世界に薄っすらと一条の光明が射す日が必ずやって来るものと思われる。そのことを心から期待しながら、ここでひとまず本編の筆を擱くことにしたい。

あとがき

本書は『伽耶は日本のルーツ』の続編という意味をもつものであるが、同時に『ヤマト国家成立の秘密』で「倭韓連合王国はあったか?」という疑問を投げかけ、「その存在の証明は目下のところできない」としておいたことについて、さらに一歩踏み込みたかったことも執筆の動機の一つとなっている。そして、筆者としては、これまでの著作を通じて得られた認識をさらに発展させ、日本民族の形成に関して朝鮮半島のもつ意味をさらに具体的に追求し、さらに広くアジア全域に目を向けたいという思いから、これまで日本古代史について抱いていたもろもろの疑問の解決をはかりたいと願ったことが本書を世に送る気持ちを高めたというわけである。

筆者が高校教員をやめ日本の古代史に関心をもつようになって最初に感じた疑問は、『日本書紀』は何故に新羅のことと蘇我氏のことをことさらに悪く書くのであろうか、ということであった。また、『書紀』の欽明天皇や天武天皇についての叙述が他の天皇の場合と著しく異なることや、日本の歴史書でありながら、朝鮮関係の記事が余りにも多いことなど、内部に数多くの矛盾がある一方で、他愛もないことをいかにも意味ありげに述べていることも筆者にとってなんとも理解に苦しむ疑問であった。

本書では、まず最初に聖武天皇と文武天皇に関して常識では説明のつかない疑点が多いことに目を向け、そのあとにもヤマト国家のあり方について次々と不可思議な謎に出会い、それらの問題を合理的に解釈するためには思い切った仮説を導入しなくてはならないことを説いてみた。そして次第に歴史を遡っていこうとすると、そこにはさらに別の疑問が生まれてきて道をさえぎろうとした。そして、それらを解き明かしさらに前の時代の真相に迫ろうとすると、ヤマト国家と朝鮮との関係が一層大きな意味をもっていることがより明瞭に浮かび上がってきた。

そうして、ついにはイリ王朝・タラシ王朝以下の天皇は、ほとんどが百済あるいは新羅からの渡来者であるのではないかと考えることによって、『記・紀』に秘められている多くの謎も合理的に解釈されていくことがわかってきた。さらに、アマテラスやスサノオの神話として語られていることを含め、邪馬台国時代に目を向けると、古代の日本の歴史は大筋において朝鮮半島との関係を軸として動いていることが判明した。このことは、けっして主義・主張の問題ではなく、虚心に『記・紀』を読みさえすれば誰でも了解できるはずのことであり、政治がらみの利害や思惑などとはまったく無縁な純然たる考察によるものである。

ところで、民族について考えるとき、最も重要なことは、それは人種や国籍とはまったく別の次元の問題であると同時に、自国民至上思想という危険な思想の罠に陥ってはならないことである。早い話が、本書の最後の章で紹介した「日本文化の西アジア起源説」は戦前の日本で大歓迎を受けており、当時の日本としては「頂点に天皇を戴く日本民族は世界で最古のしかも高度の文化をもった民族である」と受け取られていた。しかし、今日では同じ見解が「日本民族は単一民族ではないし、日本文化は列島内部で自成したのではなく、アジアの諸地域の文化が重層的に複合したものである」とする歴史の解明の重要な視点を提供する根拠としての意味をもつものとなったわけである。

前著『伽耶は日本のルーツ』でも説いたことであるが、天皇家の祖先がある時期に朝鮮半島にいたということは間違いない。しかし、そのことは「天皇家が今日の朝鮮・韓国の人たちの祖先の後裔である」などということを少しも意味してはいないことをあらためて確認しておきたい。すなわち、今から二〇〇〇年前に朝鮮半島には、倭人と韓人とが共存していたのであり、どちらも紀元前数世紀の時代にアジア大陸から別個に朝鮮にやって来たのであり、その倭人や韓人たちを統合したのはアジアの北西の方から渡来してきた騎馬民族系の王族——天皇家の祖先や新羅の王家であったというのである。

そもそも民族というものは、「同じ言葉を使い、歴史的に形成された共同体の一員としての連帯意識をもっている社会集団」のことである。したがって、どの民族も当然のことながらその内部に多くの矛盾をもっている。国によっては複数の人種が抗争し、貴族と民衆の対立があり、資本家と労働者がいがみ合っていることもあろう。にもかかわらず、「われわれは一つ」という共同体意識をもって自らを律しているのが民族なのである。したがって、もし自分の民族について誇りをもつべきであるとすれば、それは「自分たちを一つのものとして結びつける歴史的に形成された洗練された文化」について言うべきなのであり、民族愛の根拠が経済力や軍事力の大きさであってはならないはずである。そのことを忘れ、いたずらに他民族を軽蔑したり、妬んだりすることは悲しむべく、嘆かわしいことと言わざるをえないであろう。

ところで、古代において日本民族の形成と統一国家の成立にとって決定的に重要な意味をもった最初の政治的出来事は何であったかについては、それが「応神王朝の誕生」であることにはほとんど異論がないのではなかろうか。筆者は、一八八九年に『天皇家と卑弥呼の系図』を著し、北九州にいたオキナガ・タラシ姫が後に応神天皇となる幼児を抱えて近畿地方に進出したことの具体的経過をシナリオの形で提出し、それを軸としてヤマト国家の歴史の復元を試みた。そして、応神の父は銅の産地であった香春あたりにいた土地の有力者である武内宿禰であると推定した。

本書では、その武内宿禰も、したがって応神天皇となった幼児も、どちらも百済の王室の出である可能性を示し、以後の歴史の展開についても前著から一歩踏みだしたより合理的な推論を展開することができたと思う。そして、応神以前の九州や近畿・中国の歴史の展開についても、欽明以後の飛鳥王朝以後の統一国家の歩みについても、数多くの疑問を残しながら、前著で述べたことが本書の吟味によってより一層内容の充実と合理的解釈の道が開かれるようになったと自負している。

また、古代の日本列島においてまがりなりにも民族統一が実現し、「日本誕生」と言えるようになった時期を問われるならば、それは七世紀後半の天智・天武の時代であったと答えることになろう。

そして、本書ではさらに第10章でいわゆる「古史・古伝」や『契丹秘史（古頌）』とか『桓檀古記』などを紹介し、天皇家の祖先が遙か西アジアに起源を有し、西暦紀元前の時代には朝鮮南部に数百年にわたって住んでいたとする文献が存在することを示した。しかし、このような文献はいわゆる正統派の歴史学者たちは「異端の書」として見向きもせず、その名前を聞くだけで一様に顰蹙の情を表わしている。そうした現実があるため、これまで拙著に対して多くの方から身に余る讃辞を頂戴しているが、本書でこの種の書物を扱うことに対しては、「こういう種類のものに首をつっ込むべきではないよ」と言って真顔で忠告してくださる方もあるであろう。しかし、筆者としては古代史に関わる多くの謎や疑問に答えるためには、これらの文献のとり扱いは絶対に必要と思うのである。それはけっして奇を衒っているわけではなく、あくまで合理主義の立場で問題を追求したいと思うだけでのことである。これらの文献の信頼度は現在のところ未知数と言うべきであろう。しかし、何につけても予断と偏見は禁物であり、食わず嫌いでは新天地は開かれないと思う。しかも、世の通説をはじめ、どのような論説についても、それに一方的見解に寄り掛かったり一部の妄説に溺れたりしないための批判精神だけは常に備えているよう心がけていきたいと思う。

そこで、生意気な言い方をお許しいただけるとすれば、一部に醜い足の引っ張り合いがあるものの筆者の目には古代史の世界の現状は前途洋々であると感じられる。それと言うのは、近年ではこの世界では専門分野の異なる人たちの発言がこのところとみに増えつつあることと、勤勉で才能に恵まれた若手の篤志家の人びとの力によって、アジア全体の歴史の研究は急速に進み、その未来の展望は大いに明るくなりつつあるように思われるからである。

最後に、本書ではいろいろな諸賢の御説を引用・紹介させていただいた。そのことについては篤く御礼申し上げる。そして、それらについての筆者自身の考えは賛否ともにあまり表面に出さず、できるだけ読者の判断に委ねるようにしたつもりである。その点には、「もっと自説を述べよ」というご意見もあろうかと思う。しかし、今回はこれでお許しをいただきたい。それとともに、読者の皆様の忌憚のないご意見やご叱正を賜りますよう、心からお願い申し上げる。

一九九五年　陽春

著　者

【参考文献】

日本書紀
古事記
続日本紀
新撰姓氏録
魏志・東夷伝
三国史記
三国遺事
万葉集
懐風藻

青銅の神の足跡　谷川健一　集英社
海人と天皇　梅原　猛　朝日新聞社
壬申の乱　北山茂夫　岩波書店
大化の改新　北山茂夫　岩波書店
二つの顔の大王　小林恵子　文藝春秋社

倭王たちの七世紀　小林恵子　現代思想社
聖徳太子の正体　小林恵子　文藝春秋社
聖徳太子はいなかった　石渡信一郎　三一書房
卑弥呼と宇佐王国　清輔道生　彩流社
騎馬民族の落日　佐々克明　産能大出版
日本書紀の暗号　林　青梧　講談社
日本にあった朝鮮王国　大和岩雄　白水社
古事記と天武天皇の謎　大和岩雄　六興出版
天武天皇隠された秘密　関　裕二　KKベストセラーズ
宇佐宮　中野幡能　吉川弘文館
虚構の大化改新と日本政権誕生　加治木義博　KKロングセラーズ
神功皇后発掘　高橋政清　叢文社
東アジア古伝承と日本原住民　田中勝也　新泉社

幻の日本原住民　田中勝也　徳間書店
倭の五王と継体天皇　吉田　修　講談社
北陸古代王国の謎　熊坂利雄　新人物往来社
応神陵の被葬者はだれか　石渡信一郎
三一書房
日本書紀の秘密　石渡信一郎　三一書房
消えた邪馬台国　安藤輝国　香匠庵
奈良朝政争史　中川　収　教育社
藤原仲麻呂　岸　俊男　弘文堂
神々の体系　上山春平　中央公論社
邪馬台国推理行　高木彬光　角川書店
邪馬台国の東遷　奥野正男　毎日新聞社
卑弥呼の道は太陽の道　古村　豊
実験古代史学出版部
徐福伝説の謎　三谷芙沙夫　三一書房
古代日朝関係史　金　達寿　筑摩書房新社
伽耶から倭国へ　金　達寿他　竹書房
韓半島からきた倭国　李　鐘恒　新泉社

日韓国古代国家の起源　金　延鶴編　六興出版
日本の中の朝鮮文化　金　達寿　講談社
渡来人の遺蹟を歩く　段　熙麟　六興出版
図説韓国の歴史　金　両基監修　河出書房新社
古代朝鮮文化と日本　斉藤　忠　東大出版会
記紀万葉の朝鮮語　金　思燁　六興出版
古代朝鮮語と日本語　金　思燁　講談社
騎馬民族国家　江上波夫　中央公論社
古代海部氏の系図　金久与市　学生社
記紀が伝える邪馬台国　福本英城　芸文社
高天原の謎　安本美典　講談社
失われた九州王朝　古田武彦　角川書店
ヤマト言葉の起源と古代朝鮮語　朴　炳植
成甲書房
偽られた大王の系図　鈴木武樹　秋田書店
消された帰化人たち　鈴木武樹　講談社
辰王天皇家の渡来史　渡辺光敏　新人物往来社
日本ユダヤ王朝の謎　鹿島　昇　新国民社

日本及日本国民之起源　小谷部全一郎　炎書房
日本民族秘史　川瀬　勇　科学情報社
ユダヤと日本・謎の古代史　M・イトケヤー　産能大出版
古代ユダヤは日本に封印された　宇野正美　日本文芸社
天皇家とユダヤ人　篠原央憲　光風社書店
日本太古史　木村鷹太郎（『旧約聖書日本史』八切止夫・日本シェル出版による）
天孫民族六千年の研究　バビロニア学会・スメル学会（『天皇アラブ渡来説』八切止夫・日本シェル出版による）
記紀解体　近江雅和　彩流社
桓檀古記　鹿島　曻　新国民社
倭と王朝　鹿島　曻　新国民社
倭と辰国　鹿島　曻　新国民社
契丹秘史―瀬戸内の邪馬台国　浜田秀雄　新国民社
神代の万国史　竹内義宮　皇祖皇大神宮
ウエツフミ全訳　吾郷清彦　霞が関書房
神皇記　三輪義熙　隆文館
世界最古の文字と日本の神々　川崎真治　風涛社
天皇家と卑弥呼の系図　澤田洋太郎　新泉社
ヤマト国家成立の秘密　澤田洋太郎　新泉社
伽耶は日本のルーツ　澤田洋太郎　新泉社
復元　日本古代国家　澤田洋太郎　彩流社
異端から学ぶ古代史　澤田洋太郎　彩流社

中　国（本部）	満州・朝鮮	倭　（日本）	年　代
黄河文明	BC2333？　檀君朝鮮	縄文中期	BC3000
黒陶文化		縄文後期	2000
	BC12世紀　箕氏朝鮮		1600
殷王朝（〜1050ごろ）		縄文晩期	1000
周王朝の華北統一			1050
周の東遷			770
720〜403　春秋時代			
越、呉を破る			496
403〜221　戦国時代		弥生前期	400
越、滅亡			334
	BC195　衛氏朝鮮	BC219？　徐福渡来？	
221〜210　秦帝国		（BC1〜AB1世紀）	
202〜AD1　前漢王朝	BC108　楽浪ら4郡設置	弥生中期	
王莽の新（〜23）	BC57　新羅建国	（2〜3世紀）	AD　8
後漢王朝（〜208）	AD42　駕洛建国	弥生後期	25
魏・呉・蜀の三国時代	3世紀　魏使到来	2世紀後半　倭国大乱	220
西晋（〜316）		247　卑弥呼死	265
五胡一六国時代（〜439）	4世紀後半	4世紀　倭の五王	316
東晋（江南〜420）	新羅・百済の統一		317
前秦、一時、華北を統一	391　倭、海を渡り攻撃	（400〜500）	376
北魏、華北を統一（〜535）		古墳中期	439
南朝、宋・斉・梁・陳	532　金官加羅、降伏		5〜6世紀
隋、天下統一（〜618）	663　百済滅亡		589
唐、天下統一（〜907）	668　高句麗滅亡	600　隋に国書	618
	676　統一新羅（〜935）	645　大化改新	
		672　白村江の戦い	
		672　壬申の乱	
		701　大宝律令	
		710　平城遷都	

アジアの古代史対比年表

年　代	西　ア　ジ　ア	中央・北アジア	南・東南アジア
BC3500	シュメールに都市文明		
2850	ウル第1王朝		(BC2500ごろ)
1850	バビロニア王国成立		インダス文明
1450	アッシリアの台頭	BC2000ごろ　アーリア人、インドに侵入	
1230	モーセのエジプト脱出		
1000	ダビデ王時代		
965	ソロモン王時代		
926	ユダヤ王国の分裂 (十支族の放浪)		
625	新バビロニア・メディア	サカ族(スキタイ)の侵入	
558	アケメネス朝ペルシア成立		
525	アケメネス朝ペルシアの全オリエント統一		このころ仏教成立
492	ギリシア・ペルシア戦争始まる		マガダ(642〜)
334	アレクサンドロスの東征始まる		ナンダ(413〜326)
4世紀	セレウコス朝シリアの支配		321　マウリア王朝
250	アスナ(パルチア、安息)国・バクトリア(大夏)		220　アンドラ王朝
150	アスカ朝、ローマと対立	サカ族、インド侵入。大月氏建国	
AD 1〜		45　クシアナ朝(〜AD300)	北インドにアスカ王朝
4世紀	ローマ帝国西アジア支配	鮮卑、モンゴル支配	200ころ林邑起こる
226	ササン朝ペルシア成立		
395	ローマ帝国東西分裂	4世紀　柔然起こる	320　グプタ王朝
6世紀		エフタル(白匈奴)活動→	インドへ侵入
622	ヘジラ(マホメット)	562　突厥起こる。	
642	ササン朝滅亡	583　突厥東西分裂。	
661	サラセン、ウマイア朝 サラセン帝国強盛	657　西突厥滅亡	606　バルグナ王朝 670ごろ、シュリビジャヤ朝(〜1377)
909	ファティーマ朝		802　カンボジアにアンコール王朝(〜1434)

朝鮮王朝系図

①②③は王位継承順位
年号は在位年

【高句麗(高氏)】

- ①東明王(朱蒙) B.C.37-B.C.19
  - ②琉璃明王 B.C.19-A.D.18
    - ③大武神王 18-44
      - ⑤慕本王 48-53
    - ④閔中王 44-48
    - (再思)
      - ⑥太祖大王 53-146
      - ⑦次大王 146-65
      - ⑧新大王 165-79
        - ⑨故国川王 179-97
        - ⑩山上王 197-227
          - ⑪東川王 227-48
            - ⑫中川王 248-70
              - ⑬西川王 270-92
                - ⑭烽上王 292-300
                - (咄固)
                  - ⑮美川王 300-31
                    - ⑯故国原王 331-71
                      - ⑰小獣林王 371-384
                      - ⑱故国壌王 348-91
                        - ⑲広開土王 391-412
                          - ⑳長寿王 412-91
                            - (助多)
                              - ㉑文咨明王 491-519
                                - ㉒安蔵王 519-31
                                - ㉓安原王 531-45
                                  - ㉔陽原王 545-59
                                    - ㉕平原王 559-90
                                      - ㉖嬰陽王 590-618
                                      - ㉗栄留王 618-42
                                      - 太陽
                                        - ㉘宝蔵王 642-68

【百済(扶餘氏)】

- 朱蒙
  - 沸流
  - ①温祚王 B.C.18-A.D.28
    - ②多婁王 28-77
      - ③己婁王 77-128
        - ④蓋婁王 128-66
          - ⑤肖古王 166-214
            - ⑥仇首王 214-34
              - ⑦沙伴王 234
              - ⑪比流王 304-44
                - ⑬近肖古王 375-84
                  - ⑭近仇首王 375-84
                    - ⑮枕流王 384-85
                      - ⑰阿莘王 392-405
                        - ⑱腆支王 405-20
                          - ⑲久爾辛王 420-27
                            - ⑳毗有王 427-55
                              - ㉑蓋鹵王 455-75
                                - ㉒文周王 475-77
                                  - ㉓三斤王 477-79
                                - (昆支)
                                  - ㉔東城王 479-501
                                    - ㉕武寧王 501-23
                                      - ㉖聖王 523-54
                                        - ㉗威徳王 554-598
                                        - ㉘恵王 598-99
                                          - ㉙法王 599-600
                                            - ㉚武王 600-41
                                              - ㉛義慈王 641-60
                          - 余信
                    - ⑯辰斯王 385-92
          - ⑧古爾貢 234-86
            - ⑨責稽王 286-98
              - ⑩汾西王 298-304
                - ⑫契王 344-46

【新羅（朴氏・昔氏・金氏）】

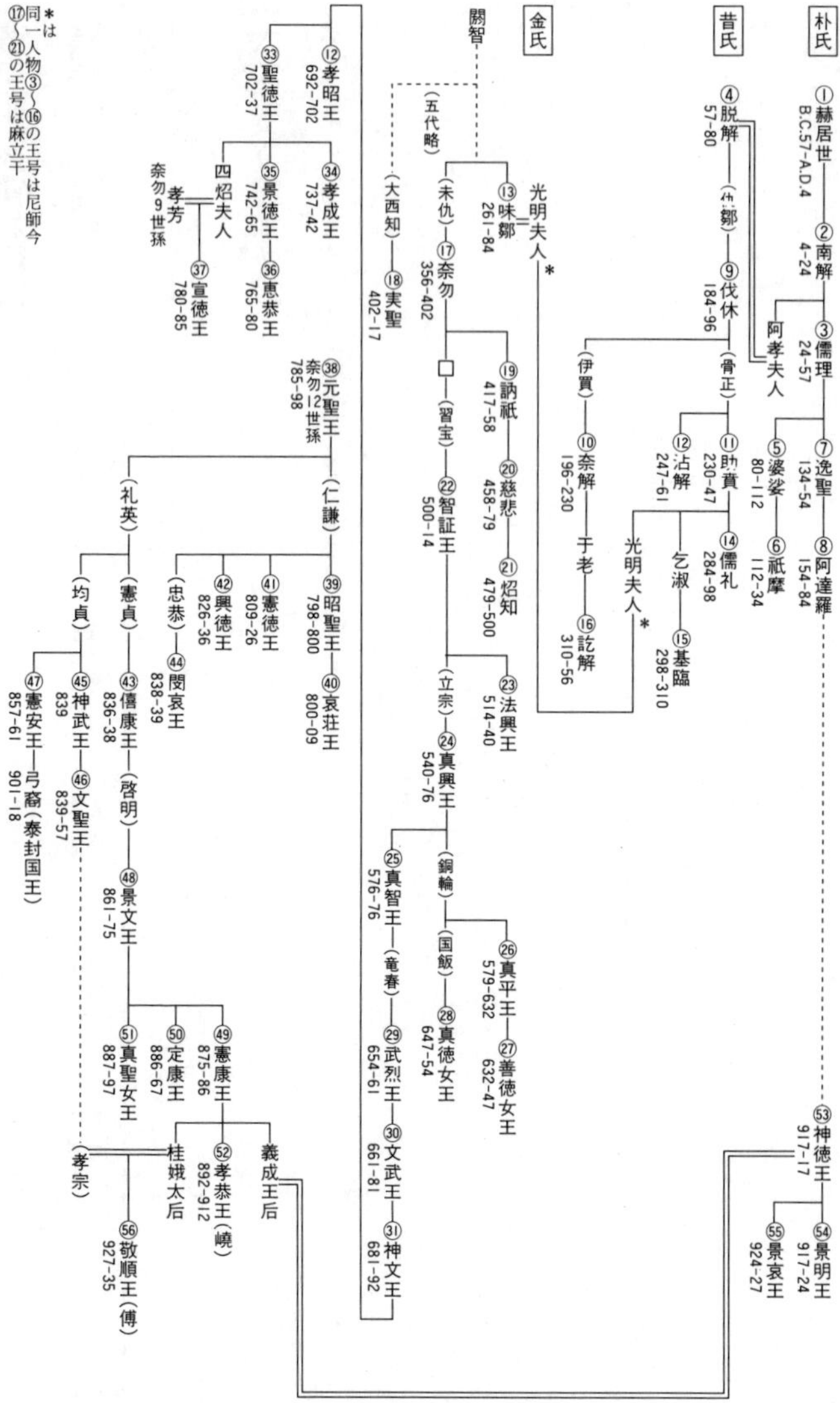

朴氏
①赫居世 B.C.57-A.D.4
②南解 4-24
③儒理 24-57
⑦逸聖 134-54
⑧阿達羅 154-84
⑤婆娑 80-112
⑥祇摩 112-34
阿孝夫人
昔氏
④脱解 57-80
（仇鄒）
⑨伐休 184-96
（骨正）
⑪助賁 230-47
⑭儒礼 284-98
⑫沾解 247-61
乞淑
⑮基臨 298-310
光明夫人＊
（伊買）
⑩奈解 196-230
于老
⑯訖解 310-56
⑬味鄒 261-84
光明夫人＊
⑯神徳王 917-17
⑭景明王 917-24
⑮景哀王 924-27
金氏
閼智
（五代略）
（末仇）
⑰奈勿 356-402
⑲訥祇 417-58
⑳慈悲 458-79
㉑炤知 479-500
□
（習宝）
㉒智証王 500-14
㉓法興王 514-40
（立宗）
㉔真興王 540-76
（銅輪）
㉖真平王 579-632
㉗善徳女王 632-47
（国飯）
㉘真徳女王 647-54
㉕真智王 576-76
（竜春）
㉙武烈王 654-61
㉚文武王 661-81
㉛神文王 681-92
（大西知）
⑱実聖 402-17
㉜孝昭王 692-702
㉝聖徳王 702-37
㉞孝成王 737-42
㉟景徳王 742-65
㊱恵恭王 765-80
四炤夫人
孝芳 奈勿9世孫
㊲宣徳王 780-85
㊳元聖王 785-98 奈勿12世孫
（仁謙）
㊴昭聖王 798-800
㊵哀荘王 800-09
㊶憲徳王 809-26
㊷興徳王 826-36
（忠恭）
㊹閔哀王 838-39
（礼英）
（憲貞）
㊸僖康王 836-38
（啓明）
㊽景文王 861-75
㊾憲康王 875-86
㊿定康王 886-67
51真聖女王 887-97
（均貞）
㊺神武王 839
㊻文聖王 839-57
㊼憲安王 857-61
弓裔（泰封国王） 901-18
義成王后
52孝恭王（嶢） 892-912
桂娥太后
（孝宗）
56敬順王（傅） 927-35

＊は同一人物③～⑯の王号は尼師今
⑰～㉑の王号は麻立干

【南加耶（金官加羅）】

①首露王 42-199 ― ②居登王 199-259 ― ③麻品王 259-91 ― ④居叱弥 291-346 ― ⑤伊戸品王 346-407 ― ⑥坐知王 407-21 ― ⑦吹希王 421-51 ― ⑧銍知王 451-92 ― ⑨鉗知王 492-521 ― ⑩仇衡王 521-32 ― 武力 ― 舒玄 ― 庾信

【大加耶（高霊加羅）】

①悩窒朱日 …… ⑨異悩王 ― 月光太子 …… ⑯道設知王 ?-562